キネマ旬報物語

前途は遥けく、行路難く

掛尾良夫

田中三郎、徳川夢声、田村幸彦
（左から）1920 年代

田村幸彦、早川雪洲（右）1920 年代

クララ・ボウと田村幸彦（この写真は 1931 年 5 月 11 日号で掲載された）

1940年代、大映国際部時代

執務中の田村幸彦

田村幸彦（後列右から４人目、1943 年６月９日、大映多摩川撮影所）

田村幸彦（右から４人目、1940 年代、大映国際部時代）

田村幸彦（前列右から３人目、1942 年５月５日、築地芳蘭亭にて）

田村幸彦（前列左端、1942 年 11 月 25 日、築地芳蘭亭にて。
すでにハリウッド・メジャー日本支社は撤退していたが、外国の関係者も参加した宴席）

田村幸彦、溝口健二、宮川一夫、永田雅一、一人おいて成沢昌茂（左から、戦後）

田村幸彦（中央、1940 年代）

これらの写真は田村幸彦氏のお孫さんである南裕子さんのご好意で提供いただきました。

当時の映画関係者との貴重な写真であり、敢えて掲載しました。

田中三郎と田村幸彦

『キネマ旬報』は１９１９年7月11日に第1号が刊行された。２０１９年で創刊１００年を迎える。現存する映画専門誌では、間違いなく世界最古の歴史がある。

アメリカのエンタテインメント業界誌『バラエティ』（Variety）は１９０５年に創刊されており、キネマ旬報より長い歴史をもつが、内容は異なる。『バラエティ』はエンタテインメント・ビジネス情報を基本とした映画業界関係者が読者対象だが、『キネマ旬報』は映画批評を中心にしながら、業界誌的側面も兼ね備え、一般映画ファンと映画業界関係者を対象としてきた。

『キネマ旬報』を創刊したのは、田中三郎、田村幸彦《よしひこ》、増戸敬止郎、日浦武雄の四人で、蔵前にあった東京高等工業（東京工業大学の前身）の学生だった。学生時代、最後の夏休みに何かやろうということで、好きだった映画の雑誌を出そうということになった。これが、『キネマ旬報』の始まりである。Ｂ５判４ページ、つまりＢ４を二つ折りしただけのものである。彼らは、紙質（アート紙）にこだわったというが、とても売り物とは思えない、現在なら映画館に置いてあるチラシ程度のものである。価格は10銭だった。当時の物価をみると、山の手線の初乗りが5銭、かけそばが7～8銭だったというから、Ｂ５、４ページで10銭はそう安いものではない。しかし、彼らの作戦は月に3回発行、30銭で12ページなら、競合の映画雑誌より割安ということだった。〝旬報〟とは上旬、中旬、下旬と月に3回出すということである。

映画に関わる仕事をしているほとんどの人は〝映画が好きだ〟ということが原点になっていると思う。そこから、映画会社（配給、劇場）勤務や、プロデューサー、監督をはじめとする製作スタッフといった仕事に就く。また、度を越して映画を見ることが好きになると、映画の仕事よりも見ることが優先し、映画評論家になったりする。しかし〝映画が好きだ〟から始まって、いきなり映画雑誌を創刊するというのは、相当に変わっている。ここに、その後『キネマ旬報』の中心メンバーとなる田中三郎、田村幸彦の特異なキャラクターがあると思う。二人は映画評論家になってもおかしくないほど映画が好きであったが、同時に、多くの映画評論家が苦手とする事業欲があった。

わたしは、１９７８年7月にキネマ旬報社に入社し、２０１３年まで編集者、また取締役の立場で経営者として『キネマ旬報』と関わってきた。田中三郎、田村幸彦と同様、編集と経営を経験してきたことで、ふたりには特別な親近感をもった。

創刊１００周年を控えて、『キネマ旬報』の歴史について調べていた２０１１年、情報誌『ぴあ』が創刊39年で休刊した。『ぴあ』は１９７２年、中央大学の4年生だった矢内廣氏が映画サークルの仲間と創刊した。矢内は、ほぼ半世紀前に田中、田村がやったように大学在学中に雑誌を創刊した。映画好きの青年が雑誌を出すという偶然の一致に少し驚いた。

大学は違うが私と同学年だった矢内氏と創刊メンバーとは、当初から交流を持っていた。私がキネマ旬報社に入社してからは雑誌編集者同士として彼らと併走し、客観的に彼らの姿を見つめて来た。そこで、私は『ぴあ』の創刊から休刊までを追った『ぴあの時代』（２０１１／キネマ旬報社）を上梓した。

田中三郎（１８９９年6月4日～１９６５年8月6日）、田村幸彦（１９００年1月23日生まれ）をはじめとする四人の学生は１９１０年代、輸入された外国映画を夢中で見て、映画の虜になり、市販されている映画雑誌には飽き足らず、自身で雑誌を発刊するまでにいたった。10代の多感な少年だった彼らを魅了した映画とはどのような作品だったのか。

映画の誕生は１８９５年12月28日、ルイとオーギュストのリュミエール兄弟が開発したシネマトグラフで撮影した作品をパリで有料上映した日とされている。そのころ紡績の研究でフランス、リヨンに留学していた稲畑勝太郎はリュミエール兄弟と親交を結び、シネマトグラフの将来性に着目した。そして、シネマトグラフの興行権を買い付け、映写技師を伴って１８９７年1月に帰国した。同年2月に大阪で有料上映を行った。これが日本で最初の映画興行だった。

当初は写真が動く見世物だったシネマトグラフは、20世紀に入ると専門に興行する小屋（常設館）で上映されるようになった。シネマトグラフは活動写真と呼ばれ、安価な娯楽として大衆の支持を集め、またたく間に全国に広がった。そのころ、日本の芝居は女性の役も男性が演じ、女優という職業は存在していなかった。日本もの（映画）は、芝居をそのままフィルムに収めたことから、女性の役も女形《おやま》が演じた。また、歌舞伎の世界では映画に出演することは、〝板（舞台）から泥（地上での撮影）に落ちる〟と蔑まれた。

一方、外国ものはフランスのジョルジュ・メリエスの「月世界旅行」（02）の特撮の開発、アメリカのエドウィン・S・ポーターの「大列車強盗」（03）のプロットのあるストーリーとパン撮影など、斬新なテクニックが用いられていた。

田中が生まれた１８９９年、田村が生まれた１９００年は活動写真が産業として普及し、飛躍する時代だった。
20世紀に入ると、恒常的に映画を上映する常設館が一気に都市部に普及した。東京だけでも次のように各地で常設館がオープンした。
1903年、日本最初の映画館と言われる浅草電気館、続いて神田錦輝館が開館。
07年、神田新声館、浅草三友館、
08年、浅草福寿館、浅草大勝館、浅草富士館、
09年、浅草オペラ館、東京渋谷館、八丁堀電気館、
10年、浅草帝国館、新宿荒木町第四福宝館、下谷第六福宝館、麻布一ノ橋第三福宝館、本所第五福宝館、新橋第一福宝館、
11年、桜田本郷町第二福宝館、浅草金龍館、浅草パテー館などだ。
このように常設館の開館の勢いは、大阪、神戸、京都でも変わらなかった。そして、大衆娯楽は寄席、演芸から映画へと急速に変化していった。
田中、田村をはじめ、後に彼らと共に『キネマ旬報』で活動することになる森岩雄、飯島正たちは、10歳にも満たない年齢ながら、前記の劇場に足を運んでいた。
彼らが10代となる1910年代に入ると、活動写真は質量ともに飛躍的に向上していった。また、時代は明治から大正に変わり、庶民の生活も娯楽の形も変わり始めた。
ところで、このころの外国映画は活動弁士（活弁）の説明がついて上映されていた。この活弁がつくことによって、全国津々浦々の劇場で外国映画が受容された。映画を通して海外文化を日本の国民に紹介することに、この活弁は大きな役割を果たしたと言える。しかし、活弁士は時に

は誇張、曲解でウケをねらうこともあり、そんな風潮をインテリ学生層は苦々しく思っていた。また、既述したように日本ものは演劇をそのまま映像化していたことから、女性の役は女形によって演じられ、そのことにも批判的であった。インテリ学生たちは、活弁や女形を批判する、そんな思いを発信する場（雑誌）が必要だったのだ。

『キネマ旬報』創刊のいきさつを追ってみよう。田中三郎については、岸松雄『人物・日本映画史』（ダヴィッド社）の「田中三郎」、また田中三郎が1965年に66歳で亡くなったときに非売品として発行された『追悼　キネマ旬報　田中三郎』（田中会事務所・発行）に掲載された田中自身が以前に執筆した「『キネマ旬報』を創刊した頃」を参考にしている。

田中三郎は1899年6月4日、広島市で生まれた。父、勘七は皇族、梨本宮《なしもとのみや》家の馬術指南で、三男、三女をもうけ、三郎は末っ子だった。長兄、鉦太郎は18歳、次兄、次郎は3歳離れていた。次姉をのぞき二人の姉は夭逝していた。梨本宮は北清事変（「北京の55日」（63）で描かれた義和団の乱）のため、広島の大本営に出仕。勘七もその供として広島にいた。三郎が生まれたのはその頃。田中家が東京の本邸に戻ったのは、三郎が生まれた翌1900年。当時、宮家にめしかかえられていた家族は二十以上あったというが、それぞれの暮らしはそれほど余裕のあるものではなかったらしい。青山七丁目にあった本邸が麹町一番町に移されたため、勘七の一家も近くの麹町六番町から出仕することになった。

小学生になった三郎は活動写真が大好きで、活動小屋の元祖と言われる神田錦町の錦輝館へ欠かさず通った。錦輝館は1897年、ヴァイタスコープ（筆者註・エジソンが発明したキネトスコープの改良型）による興行が行われた劇場である。

6年生になった三郎は自分で考えたストーリーを紙テープに鉛筆で描いた。手描きの紙フィルムである。そこにはなんと遠景、近景、クロースアップまで描かれていた。後年、キネマ旬報編集部に入った岸松雄は、押し入れにしまわれていた紙フィルムを見せられて、その精緻な出来栄えに驚いたという。

このように活動小屋の常連となり、また幼少時期を麹町で過ごした記憶も、その後の三郎に大きな影響を与えたと私は想像する。麹町六番町は今のＪＲ四谷駅近く、都心の一等地であり、その空気を吸って生きた影響である。これは、その後、映画を通して出会う同世代の若者たちに共通する東京の山の手意識、映画、音楽、文化すべて外国ものや最先端カルチャーを好むスノビズムである。それは高踏的なエリート意識でもあるが、彼らはそのことに無自覚であり、無邪気にその姿勢を出版活動で表現した。また、当時の一般大衆は、高学歴の子弟のお遊びなどにかまっているヒマはなかったのだろう。

宮家に仕えているとはいえ、勘七家の家計は決して余裕のあるものではなかった。小学校を卒業した三郎は静岡で製茶会社に勤務する18歳年上の長兄、鉦太郎に預けられることになる。三郎が入学したのは静岡中学。野球の名門校だ。三郎も野球部に入部し、一塁手をつとめた。実際、この頃の野球人気は相当なもので、後に三郎はキネマ旬報社内で野球部をつくり、松竹蒲田撮影所チームと対戦したりするほどだったというエピソードもある。

三郎の成績はズバ抜けてよかった。それは学費を免除されるほどで、三郎が五年生のときには、明治天皇が静岡御用邸に行幸され、御下賜金を賜る大役に選ばれた。

１９１７年の春、三郎は中学を卒業。官立で授業料も安く、次兄も同じ高校を出ていることから、墨田区、蔵前の高等工業学校に入学することにした。中学の成績が良かったため無試験で入学を許された。その頃、梨本宮家は以前の青山七丁目に本邸を戻しており、三郎は市電で、現在の「こどもの城」がある青山車庫前から浅草蔵前の高校に通った。

ここで三郎は運命的な出会いをする。それは、生涯、同じ世界で生き、友人総代として田中の弔辞をよむことになる田村幸彦との出会いである。

そのころ田村は日比谷にあった府立一中に通いながら映画館通いに明け暮れていた。特に赤坂にあった、一中の先輩、徳川夢声が弁士を務める葵館が田村のお気に入りだった。田村はアメリカの映画雑誌を購読し、ファン・レターを書き送るほどの活動狂だった。

横道にそれるが、ふたりが出会ったころの時代背景を説明しよう。

日露戦争に勝利した日本だったが、１９０５年8月のポーツマス条約での合意は国民の満足するものではなかった。9月、日比谷公園では戦争継続、講和条約破棄の国民大会が開催され、群衆が暴徒化、日比谷焼き討ち事件が起きた。

１９１０年には日本による朝鮮の併合（植民地化）、１９１２年7月30日、明治天皇が崩御して年号は大正となった。同12年、中国では孫文による辛亥革命によって中華民国が成立した（孫文を経済的に支えたひとりに日本人の梅屋庄吉がいた。梅屋は香港で写真屋を営んでいたとき映画と出会い、Mパテー商会を設立するが、孫文への支援などで経営が悪化、1912年、横田商会、福宝堂、吉沢商店と合併して日活＝日本活動フィルム株式会社を設立する）。1914年には第一次世界大戦が勃発し、1917年にはロシア革命が起こる。1918年、第一次世界大戦は終わった。

また1916年には、神奈川県葉山の〝日陰茶屋〟でアナキストの大杉栄が東京日日新聞の記者、神近市子に刺される、いわゆる〝日陰茶屋事件〟が起こった。これは、大杉をめぐって、内縁の妻の堀保子、愛人の伊藤野枝、そして神近の四角関係によるもので、猟奇的な事件として話題になった。瀬戸内晴美（寂聴）の小説『美は乱調にあり』や吉田喜重監督「エロス＋虐殺」（70）でも描かれた事件である。

こんな時代に彼らは10代を過ごすが、恵まれた彼らは特に政治的な活動に関心を示すこともなかった。

それでは、彼らはどんな映画と出会い、その虜になっていったのであろうか。そのころの映画界の出来事と話題作を見てみよう。

1911年

フランス映画「ジゴマ」（10）が日本で公開される。怪盗ジゴマと探偵ポーリンの活劇映画「ジゴマ」は爆発的なヒットとなってシリーズ化へ。日本の亜流作品までも作られ、子供たちに悪影響を及ぼすと上映禁止になるほど、一つのエポックとなる話題作だった。

1912年

6月、浅草金龍館、浅草国技館で「南極実況活動写真」が公開に。この作品は、Mパテー商会時代の梅屋庄吉が白瀬中尉の南極探検（10）に撮影班を同行させて製作した記録映画。連日、浅草国技館は満員となった。

1913年

島村抱月、松井須磨子が芸術座を創立。前年に誕生した日活が向島に撮影所をオープン、グラス・ステージが評判となる。

1914年

松井須磨子主演によるトルストイの原作の舞台『復活』と主題歌《カチューシャの唄》が空前の大ヒットとなる。同年、日活向島撮影所が映画化した「カチューシャ」(14)も大ヒットを記録した。監督は細山喜代松、主演のネフリュードフ役は関根達発、カチューシャ役は女形の立花貞二郎であった。

イギリスのキネマカラーの東洋での特許を取得した小林喜三郎が天活(天然色活動写真株式会社)を設立。小林は1915年に三葉興行を設立し、1919年にはD・W・グリフィス監督の超大作「イントレランス」(16)を高額の入場料で上映し、その売上で国活を設立した。三葉興行は現在も存続している(2018年5月27日に閉館した渋谷のシネマパレスは同社が経営していた)。

1915年

ユニヴァーサル映画の連続活劇「マスターキー」(14)、「名金」(15)が大ヒット。

1916年

ユニヴァーサル日本支社が業務開始。ユニヴァーサル映画からは、子会社のブルーバード映画社の中編青春映画シリーズが公開され、都会の若者たちに大きな影響を与えた。ブルーバード映画社は1916年から1919年の3年間しか存在しなかったが、多くの映画が日本で公開され、アメリカより日本で好評を得た。アメリカの美しい自然と街並を背景にした青春物語は、都会の若者たちの憧れの世界として映り、後に映画界に入った監督たちの作品には、ブルーバード映画の影響が色濃く現れ、旧弊から脱し、新しい日本映画を目指した。

イタリア映画「カビリア」(14)が帝国劇場で封切、特等席5円という高額が話題となった。チャップリン（アルコール先生とも呼ばれていた）の「醜女の深情」(14)、「チャップリンの拳闘」(15)などが次々と上映。さらに、短編喜劇を集めた「ニコニコ大会」も各劇場でヒット。

浅草ではオペラが上演され人気となる。熱狂的なファンは〝ベラゴロ〟と呼ばれた。宮沢賢治、サトウ・ハチロー、小林秀雄、徳川夢声、東郷青児、川端康成などが挙げられる。

1917年

「シヴィリゼーション」(16)が大ヒット。小津安二郎は三重県松阪市にいるころ、「シヴィリゼーション」（監督：トーマス・H・インス）を見たのが映画の道を志すきっかけとなったと言われている。

警視庁、活動写真取締規則を公布。フィルムの検閲、劇映画の15歳未満児童鑑賞禁止（1920年に廃止）、男女客席の分離、弁士の免許制度など。

尾上松之助のトリック活劇映画、（忍者、妖怪もの）が大人気となる。

1918年

後に日活多摩川撮影所長となる立花（根岸）寛一が根岸興行部へ入社、オペラ上演で芸能の世界に入った。

シベリア出兵の様子が〝ニュース映画〟で上映され、ニュースが映画館で人気を呼ぶ。

１９１９年
「イントレランス」が帝劇で上映され、特等席10円～４等席50銭という破格の入場料金ながら、大ヒット（カレーライスが15銭と比べると驚くほどの高額である）。松井須磨子が病死した島村抱月を追って自殺。
チャップリンの「犬の生活」（18）、帰山教正《かえりやまのりまさ》の「生の輝き」（19）、「深山の乙女」（19）が公開。

１９１７の15歳未満児童鑑賞禁止は大きな話題となったが、実際の運用はいいかげんだったようだ。１９０８年、日本橋小網町生まれの植草甚一は、鑑賞禁止時代について「そのころの映画には甲種興行と乙種興行とがあって、未成年は乙種が見られるだけだった。けれど浅草でやることが多かったが、甲種興行の映画館の窓口で切符を買うとき、わざと背伸びして幾つときかれると十八と答えたものだった。」（『植草甚一自伝』晶文社）と記している。また、１９１０年高輪生まれの双葉十三郎も「子供が見ちゃいけないっていう期間があって、そういう大人の恋愛映画をやっているときは入れてくれなかった。ただ、ぼくを映画館に連れて行った人たちは、それぞれ地元の映画館の人たちと仲良しだったので、ぼくもお目こぼししてもらっていたから、ずいぶんそうした映画も見ました。見てもよくわかんなかったけどね。」（『ぼくの特急二十世紀』文春新書）と記している。入場できない映画に潜り込んだことより、10歳になるかならないかの年のころから、日常的に映画を見ていたことが、後年、ふたりが映画界に大きな足跡を残すことにつながったわけだ。

蔵前高工時代

1917年の春、田中三郎、田村幸彦は墨田区蔵前にある東京高等工業学校（蔵前高工）の応用化学学科に入学した。

ここで、当時の教育制度について説明しておこう。

1910年代においては、義務教育は尋常小学校6年間。卒業後は旧制中等教育学校（5年間の旧制中学校、高等女学校、実業学校）、高等小学校（2年間）などに進学した。『数字でみる日本の百年』（（財）矢野恒太郎記念会）など、いくつかの資料から見ると、1915年当時の進学率は旧制中等教育学校で15％、高等小学校で50％程度だったと推定される。この旧制中学は、名称は中学だが、現在の高校に受け継がれている。そして、田中たちのように旧制中学を卒業すると旧制高校をはじめとする高等学校に進学する。一高〜八高まであった、いわゆるナンバースクールが有名である。田中が蔵前高工に入学した1917年、日本の人口は5413万人であり、1920年の資料で高等学校の在学者は88，000人（3学年で）にすぎなかった。わずか1．6％である。いずれにしろ、この当時で高等学校に進学するのは超エリートといえるだろう。

東京高等工業学校は文部省が1881年に創立した東京職工学校をもととし、1901年にこの名称に改められた。技術者のエリート・コースの教育機関である同校は関東大震災で校舎が倒壊、それを機に大岡山（現・東京工業大学がある）に移転するが、当時の学校があった場所は、現在の都営浅草線、蔵前1丁目駅の近くである。

では、この蔵前高工は当時の高校の序列において、どのような位置にあったのであろうか。

東京府立一中（現都立日比谷高校）を卒業し、一高を目指して2浪し、映画説明者（弁士）になった徳川夢声は『夢声自伝（上）』（講談社文庫）で次のように書いている。

「当時、全国の中学校で、一高入学者は一中が最も多かったのではないかと思われる。私の級を例にとって見ても、卒業生百二十名のうち、二十数名は一高に入ってる。一中～～一高～～帝大～～出世　右の段取りこそ、いわゆる「出世街道」なのである。私たちの間で、一高の次に人気のあったのが一ツ橋高商（今の一ツ橋大学）、次が蔵前高工、次が江田島海軍兵学校、次が外語、次が海軍機関学校、次が陸軍士官学校というような順位であった。早稲田の理工科が出来たのは、ちょうどこの頃であって、これは案外に人気が上がりかけていた。地方の高等学校では、京都と仙台がやや人気があった。いずれにせよ、向陵（一高の別名）、一ツ橋、蔵前、江田島、外語あたりまでで、それ以下のものは、問題にされなかった。」

つまり、日本で最難関中学である一中生の人気ナンバー3が蔵前高工だった。しかも田中はここに無試験で入学を許可された秀才だった。

なお田村幸彦の一中の先輩でもある徳川夢声は、その後『キネマ旬報』の編集スタッフとは深い関わりも持つことになる。

蔵前高工は校則、学業とも厳格。授業を少しでも怠ければ、講義はわからなくなってついて行けなくなる。すごい数の生徒が落第したが、その一方、体力を整え、頭脳をやすらげるサークル活動も盛んだった。

そんな中、田中は、当時音楽界では名声の高かった外山国彦（1885〜1960、バリトン歌手）が指導する音楽部に入部し、増戸敬止郎と出会う。増戸には高等師範付属中学（現筑波大学付属中学）出身の都会人らしさ、洗練されたスタイルがあった。東京育ちながら静岡で中学5年を過ごした田中は、そんな増戸に心ひかれてしまった。

音楽部の部室は本校舎の屋根裏のような製図室で、片隅にオルガンや粗末なピアノが置かれていた。部室に外山先生が来るのは月に数回だったため、田中たちはいつも、そこでピアノやオルガンを弾いたりしていた。

田中はそんな時間を過ごしているとき、増戸がショパンの曲を流麗に弾きこなす姿に驚愕していた。増戸は高等師範時代から堀内敬三（1897〜1983／作詞・作曲家、慶応大学応援歌『若き血』）や、1930年、松竹の音楽部長となってルドルフ・フリムルのオペレッタ「ザ・ヴァガボンド・キング」の中の一曲に詞を付けて編曲した。五所平之助監督（『親父とその子（29）』の主題歌『蒲田行進曲』など）と親しく、音楽は得意であった。そして、理科系だけに製図が得意の増戸が楽譜を作り、こんにゃく版（平版印刷の一種）で印刷して仲間に配って歌を練習していた。四人の親しいグループができたが、その中に、田中の生涯の友となる田村幸彦がいた。

田中は、仲間のうちで、特に田村幸彦と親しくなった。苗字のアイウエオ順によって、ふたりは教室の席順からはじめ、あらゆることで常に隣同士だったからだ。田村は府立一中の出身で、前述した徳川夢声の後輩にあたる。後に詳細を記すが、田村こそ、日本で初の字幕映画「モロッコ」（30／日本公開31）の翻訳、字幕制作者である。また、ほとんど知られてないことだが、ディズニー・アニメ「ダンボ」(41) が1954年に日本で公開された時、初めて日本語吹き替え版を制作したのも田村だった。そして、田村と夢声はその後の人生で不思議な交錯を重ねることになる。

田村はいつも、参考書を持ち歩くかのように、『Motion Picture News』、『Motion Picture World』といった外国の映画雑誌を携えていた。

田中が「これを読んじゃったの? 借りてもいい?」と訊くと、田村は「ねえ君、ウチに持って帰って寝ながら読んだり、電車の中で見りゃいいんだ。その号はすっかり読んじゃったんだから、ごゆっくりどうぞ」と田中に親切に答えた。

田村は大の外国映画好きだった。田中も前述した通り活動小屋の元祖ともいえる神田の錦輝館に通った実績があった。静岡で映画から離れていた田中の映画熱がぶり返すようになったのは、まさに田村の影響だったわけだ。

そして田中と田村は、蔵前から現在の地下鉄ひと駅分の距離にある、浅草六区の活動小屋に足しげく通うようになる。浅草六区は、1903年、日本初の映画常設館としてオープンした電気館をはじめ10館を超える映画館があり、さらに、演芸場、寄席などが集まる、日本最大の興行街であった。観客は、地方から上京して商家で働く小僧さんから大学生まで、あらゆる階層の人たちで、彼らはそれぞれ好みの出し物の小屋を選んだ。とはいえ、人気となるのはやはり大衆向きのもの。当時のスーパースター、尾上松之助(目玉の松ちゃん)の映画は1917年には、浅草の富士館、千代田館、遊楽館に毎月3本ずつ、1カ月9作品が3カ月続けてかけられ、合計なんと27作品が上映された。

既述したように、当時の日本の活動界では、女性の役も男がいわゆる〝女形〟として演じていた。日本ものは、小説や芝居のストーリーを、固定したカメラで撮影した映像を見せるだけの、活動写真の魅力で観客を楽しませるものにすぎなかった。つまり、芝居を映しただけのもので、映画としての完成度は、外国ものに比べはるかに劣っていたのだ。芝居で見慣れていた〝女形〟を、〝そういうもの〟として受け入れることができた田中に対し、田村はそれが我慢ならず、必然的に外国ものを上映する、帝国館、キネマ倶楽部、電気館といった劇場の常連となった。見る映画の選択などは、情報量の多い田村が田中をリードしていた。

彼らが蔵前高工に入学した1917年頃、外国ものはアメリカ映画が勢力を伸ばしていた。それ以前は、ヨーロッパ映画が質、量ともに勝っていたが、1914年に第一次世界大戦がはじまり、その影響から作品数も内容も大きな打撃を受けていたからだ。

また、サイレント映画の時代は、弁士の存在がとても大きかった。映画を活かすも殺すも、弁士の実力次第であり、観客も弁士の顔ぶれで見る映画を選んだくらいだった。また、外国文化に馴染んでない地方から上京した小僧さんたちも、外国ものをある程度受け入れられたのは、弁士の説明によるところが大きかった。しかし、田村、田中たちは、映画を分かりやすく伝えるための、そんな弁士の曲解にも我慢ならなかった。田村、田中は、赤坂、葵館の徳川夢声のインテリジェンスあふれる説明を好んだのだ。

映画に人が集まるようになって、活動小屋の近くには、映画スターのブロマイドを置く店がいくつかできた。ヨーロッパ映画に代わってアメリカ映画の人気が沸騰すると、アメリカ・スターのブロマイドも飛ぶように売れるようになった。

ある日、学校の帰りに田中は、神田・三崎町の田村の家に寄った。そこで、田村は棚から貴重品を扱うように、八ツ切りサイズの外国スターのポートレイトの山を取りだし、田中に見せた。田村は外国の映画雑誌を愛読するだけでなく、ファン・レターを送り、返事の手紙やポートレイトの蒐集も趣味としていた。田中は、田村の映画への熱の入れように、すっかり感心してしまった。

田村は、アメリカのスターにファン・レターを送っていたころのことについて、1939年7月11日に発売された『キネマ旬報』創刊二十周年記念号で〈二十年以前（一）〉という文章を残している。

「僕は中学時代から映画の魅力の虜と成り、その頃全盛を極めて居た連続映画や、ブルーバード映画に熱を昂げていた。（中略）僕は中学四年生の時に、当時御贔屓であったマートル・ゴンザレスと云う美しいブルーバード映画のスターに、覚束ない英語のファン・レターを出したことがあるが、別に写真を送ってくれと書きもしなかったのに、セピア色の美しい写真を四枚、チャンとサインをして送ってくれたのが病みつきと成り、その後もアメリカのスターたちに手紙を送って、英語の勉強に資して居たが、貰いためた写真が黒甕社（後述）の設立された頃には何百枚も蓄って居た。」

田中が田村の家で見せてもらったのは、このコレクションである。

ブルーバード映画については既に触れたが、当時の若者たちに大きな影響を与えたことから、田中純一郎の『日本映画発達史』（中央公論社刊）より、ブルーバード映画について、少し長いが引用しよう。

マートル・ゴンザレス

「ブルーバード映画というのは、ユニヴァーサル映画社の中にある一プロダクションであるブルーバード映画社（Blue Bird Photoplay Inc）から発売された映画の総称で、一篇の映写時間を五十分程度とし、人生や恋愛に憧れをもつ夢多い青少年の、やわらかい情操に向くように、ロマンティックな物語を骨子とし、背景や、出演俳優にもどぎついものは避けるようにして、明るい人情劇風なねらいを持った映画である。アメリカ的なスリルやサスペンスに満ちている活劇や喜劇は、見ていては面白いが、それは見世物としての面白さであり、日本人の生活感情に合うべくもなかったが、ブルーバード映画に盛られたナイーブな人間感情は、若い活動ファンの共感をよぶに充分だった。（中略）日本映画では空想もできないような、美しい自然の背景の前で、若いアメリカの俳優たちが演じる夢のような場面が多く、また、都会の片隅であるかなきかに生活する平凡な人生の平凡な姿が、自然のままにうつし出されたりして、忘れようとしても忘れがたい印象を与えられた。このことは、やがてわれわれが経験する、日本映画の青春期ともいうべき、映画芸術協会（蔵前高工の先輩であり、先駆的映画雑誌『フィルム・レコード』を創刊した帰山教正が設立）の作品や、松竹蒲田作品等に、少なからぬ影響を見ることができるのである。」

田中純一郎の指摘するように、ブルーバード映画は1910年代後半の短い期間に公開されたのだが、衣笠貞之助（1896年1月1日）、山本嘉次郎（1902年3月15日）、小津安二郎（1903年12月12日）といった後に映画作家になる若者たちに多大な影響を与えた。

また、映画作家だけでなく、後に映画評論家になる森岩雄、飯島正たちも夢中になって見ていた。このように、日本映画にあきたらない若者たちは、特に示し合わせたわけでもなく、同時多発的にそれぞれがこの会社の映画に魅せられていた。

田中純一郎は同著で、ブルーバード映画の代表作としてリン・F・レイノルズ監督「沼の少女」（16）をあげているが、田村が初めてファン・レターを送ったマートル・ゴンザレスはこの作品に出演している。「沼の少女」は日本では1916年10月14日、金春館《こんぱる》で上映され、彼女は日本で大変な人気者となった。しかし、彼女は1918年、全世界で猛威をふるったスペイン風邪により27歳で生涯を閉じてしまった。

1900年生まれの田村が「沼の少女」を見たのは16歳だった。そして、英語の映画雑誌を読み、英語でファン・レターを送ったというのだから、そうとうな活動狂だったといえよう。

このブルーバード映画を配給したのは、播磨ユニヴァーサル商会という会社だった。この会社はユニヴァーサル社の極東支配人トム・コクレンとシンガポールで巡回興行を行っていた播磨勝太郎が1916年に設立した会社である。そして、トム・コクレンはその後、パラマウント日本支社長となり、田村幸彦の人生に大きな影響を与えることになる。

田村の影響で、田中の映画熱はすっかりぶりかえしてしまった。しかし、田中が面白がったのは、映画を見る事以上に、田村がファン・レターを送るのを手伝い、返送されるサイン入り写真を管理するといったことのように思える。

ファン・レターを出す顔ぶれを相談し、レターを出した日と返事が到着した日と写真の枚数を数え、しまいには船舶便の横浜港出入予定日までチェックした。スターを選び、ファン・レターを書く、いわゆるクリエイティブは田村、レターの発送、返信の管理といった実務は田中というのがふたりの役回りだった。その後の『キネマ旬報』の編集体制の基本となるものが、このときから始まっていたわけだ。

田村、田中がファン・レターを送っていたころは、まだ牧歌的な時代で、アメリカのスターからも、直筆の返事が送られてきた。

田中は〈『キネマ旬報』を創刊した頃〉で次のように回想している。

「あの頃は、まだ向こうのスターたちもこんなもんだっけということが、いろいろ想いだされる。太平洋はるか彼方のニッポンにも自分たちの仕事をこうも一生けんめい見てくれるファンがいるのかと、嬉しかったにちがいない。そう思えるように、送ってくる肖像写真にDear Mr. Tamura と色濃いあとにはっきりとサインしてあるのも、この頃〔原稿執筆の1960年ころ〕のようにゴム印なんかではない直筆だった。それに返事の手紙となるとまたロケイション先などから紫インキで、きっとこれは鵞ペンだなと思えるようなたおやかな筆跡で気のおけない便りを書いてくる人や、ペイパーにプーンと芳香のこもった場合もあった。アメリカでもスターのギャラかけあいにマネジャーなんかの手をまだ借りなかった頃だったにちがいない。」

この原稿は田中が亡くなる数年前から「死ぬときの遺書の意味で、昔のことを少し書いて残しておこうか」と書いていたものである。

この時期、田中、田村に、音楽部の仲間である増戸、日浦の四人は、前述した増戸の製作した楽譜の販売と、田村のスター・ブロマイドの版権販売をはじめるのだが、田中の『「キネマ旬報」を創刊した頃』と田村の『二十年以前』では発売する順序が異なっている。田中はブロマイドの版権を発売し、続いて楽譜を発売したと記しており、一方、田村は楽譜を先に売り出したと記している。

大きな問題ではないが、田中と田村はその素材を絵ハガキ屋に持ち込むとなるのだが、流れからするとブロマイドが先というのが自然である。ここでは、田中の記した順序で紹介したい。

田中と田村は、田村の自宅の神田・三崎町からほど近い神保町にあった上方屋という美術雑貨商で、絵ハガキ類の発行卸問屋に出入りするようになった。スター・ブロマイドの発行原版として、田村のコレクションのポートレイトを提供する目的のためである。熱狂的な活動狂だったふたりは、売上の重要なポイントとなる人気スターの選択、写真のポーズの善し悪しなどの判断は的確であり、お店の信用は絶大だった。

こうして、ふたりの映画熱から、奇妙なアルバイトがはじまった。スターの肖像権は当然、無断使用。そういう権利意識に対しては今では信じられないほど牧歌的な時代であったわけだ。ちなみに、ふたりの専攻は理科系だったため、経済学的知識はゼロ。店からいいように扱われ、田中も商売下手について「我々は、店の近くの、商業専門の一つ橋（東京高等商業学校。一橋大学の前身）ではなく、蔵前高工生だったから」と苦しい言訳を書いている。

この頃、映画は若者たちの間でたいへんな流行となって、東京ではブロマイドをはじめとする、映画グッズを販売する店がいくつも誕生した。後に『キネマ旬報』の同人となる飯島正は、このころのことを『ぼくの明治・大正・昭和』（青蛙房）で次のように記している。「浅草帝国館裏の横町に店を出していたサンエス堂、神田駿河台と小川町のほぼ中間にあった良古堂、新宿旧武蔵野館の横の大正堂などだが、（中略）映画に関係のある、いろんなものを売っていた。まず、俳優のブロマイドである。ことに外国の男優、女優のブロマイドは、店にいっぱい飾ってあった。」

このブロマイドの中には、田村、田中が提供したものも含まれていたのだろう。

ところで、彼らのアルバイト、今で言う海賊版の版権販売だが、どれほどの収入になったのだろうか。

田中は「銀座カフェーパウリスタで飲むワンカップ五銭のコーヒー、明大生諸君と席を共にしがちだった神保町の駿河台寄りにあったオトワという大盛り安値食堂で帰りの空腹を満たす程度にさえ不足がちだった。（中略）記録好きで出納帖を担当した私は、それからの飲み食いをできるだけ縮小したが、海外への切手代や田村君との二人の会議で可決したブロマイド大売行スター宛てに日本調ゆたかなパラソル贈呈送付の費用の調達にますます追われがちで、はじめ夢見て目ろんだ小遣いかせぎなんかには到底及ばなかった。」と書いている。

また、〝記録好きで出納帖を担当した私〟――と田中が自身の役割を記しているのも、前記した田中と田村の役回りを証明している。

ちなみに田村はこの収入について「これが仲々良く売れたので、黒甕社の同人たちは非常に気を好くしたものである。上方屋から渡される原稿料は、同人たちがカフェーパウリスタで、さゝやかな祝宴を張る費用に当てられる事に成った。」と記している。

ふたりの記したものを読むかぎり、このアルバイトは、たいしたお金にはならなかったのだ。

ここでまた横道にそれるが、銀座のカフェーパウリスタは、そのころの流行の先端を歩こうとする若者たちや映画青年たちがよく利用していたコーヒー・ショップである。『キネマ旬報』創刊初期から〈第八芸術貧燈録〉という連載を執筆、新進気鋭の映画評論家としてデビューし、ＰＣＬの設立に参加、最後は東宝の副社長にまでなった森岩雄は田中と同じ１８９９年生まれであるが、ブルーバード映画とカフェーパウリスタについて、「それまで浅草にばかり通っていた私も、ときどきは銀座にも行き、金春館の近くに出来たカフェーパウリスタでライスカレイを食べ、コーヒーを飲み、そして〝青鳥映画〟（ブルーバード映画）を見ると、ひとかどの文化生活を味わったような満足感をもったものであった。」と『私の藝界遍歴』（青蛙選書）で回想している。〝ひとかどの文化生活〟というのが、流行の先端を走る心意気だったのであろう。

１９０２年生まれの映画監督、山本嘉次郎は慶大生だったころ「いつものように最後の授業をスッポカして、これもいつものコースである銀ブラをして金春館を見て、カフェーパウリスタでコーヒーでも飲もうかと、三田の山から、のんびりと坂を下ってゆくと、チラシを配っている若い男がいた」と『カツドウヤ水路』（筑摩書房）で記している。このチラシが、前記した帰山教正が設立した〝映画芸術協会〟の第1回作品「生の輝き」であり、山本が映画界に踏み込むきっかけとなった。

また、徳川夢声は、日活直営館だった赤坂・葵館を辞め、１９２１年4月から、松竹に経営が移った金春館のために引き抜かれて弁士を務めており、しばしばカフェーパウリスタに足を運んだ。

カフェーパウリスタ（京橋区南鍋町／現銀座6丁目、交詢社の向い）は１９１１年にオープン、金春館（京橋区加賀町／現銀座7丁目、電通ビルあたり）は１９１３年にオープンしている。ちなみに〈金春〉の由来は江戸時代、このあたりに能楽の金春流家元の屋敷があったからと言われている。現在は銀座8丁目、博品館の裏側が金春通りと呼ばれ、その通りにある金春湯が銀座に存在する銭湯として知られている。

青山から蔵前に通学する田中や、中学時代、神田・三崎町から府立一中（当時は日比谷にあった）

に通っていた田村、慶大生だった山本嘉次郎たちには、浅草よりも、赤坂・葵館、銀座・金春館で映画を見る方が気分的にも馴染んでいたはずだ。山本の言う〝いつものコース〟がカッコいいライフスタイルと考えられていたのだろう。そのような西洋への憧れが日本映画を変えていった。冒頭で、田中と同世代の山の手育ちの映画青年のスノビズムと記したが、浅草ではなく、銀座で映画を見ることにも、彼らのこだわりが見てとれる。

このカフェーパウリスタは現在、銀座中央通りに面した銀座7丁目で営業している。余談だが、私は大学を卒業して広告代理店に入社したが、オフィスは銀座通りに面した6丁目にあり、隣のブロックにあったカフェーパウリスタは、少なくとも週2回程度は利用していた。1973～78年のころで、まさか60年前に映画青年たちがここに集い映画論を戦わせていたとは、知る由もなかった。

ブロマイドの原画販売は思ったほどの利益にならなかったが、田中、田村は相変わらず、増戸の作る楽譜で歌を楽しんでいた。そんなある日、田中、田村が上方屋を訪れると、そこの若主人が、彼らが持っていた五線紙の楽譜に目をつけ、その楽譜を絵葉書版四枚一組で、泰西名曲楽譜集として販売しようと話がまとまったのだ。

田中は回想で次のように記している。

「上方屋の若主人が、製図技巧の五線を土台として整然と素人ばなれに譜面化してあった私たちの楽譜に目をつけたのが、そもそものはじまりだった。絵葉書版四枚一組で泰西名曲楽譜集として発行してみようということがきまった。

四枚ずつ曲の種目をまとめたり、詠唱平易な歌詞えらびはもちろん増戸君に一任、原画提供仕事の経験があるからというので発行版代の談判などは、相変わらずそういうことは苦手でもあり、腰の弱い私と田村君が主としてやらされた。丁度その頃お店へしばしば出入りしていた書生風な画家の卵めいた気の軽い一青年に若主人がおたのみして、名曲ごとにぴったりと合い、風格を上品にするような素晴らしく上手なペン画を描いてもらったおかげか、初版集ができて発売してみると学生などの評判がなかなか良く、店の方は大乗り気だった。」

このペン画を描いた青年について、田中は回想では「その御高名は昔ばなしの拾い書きにはお伏せしておきたい」と記しているが、岸松雄の『田中三郎』によると、その後、抒情画家として女性の人気を集める加藤まさを（1897〜1977）であるという。加藤まさをは、少女小説作家、童謡の作詞家でもあり、あの「月の砂漠」を作詞（作曲・佐々木すぐる）している。田中より2歳年長の加藤は立教大学を中退しており、この楽譜が出版された1918年は21歳で、処女作である詩画集『カナリアの墓』（1920／岩波書店）が発表される直前だった。

この楽譜販売は、ブロマイドの原版を貸して礼金をもらう小遣い稼ぎと違って、ちょっとしたビジネスのようになった。そこで、発行人を決めなければならず、現在の文京区、当時の本郷区丸山新町に住んでいた増戸を発行人に、彼の住所を発行所とすることになった。

増戸には絵心もあり、古代地中海から出土したような甕を描いて、それを商標にしたので、発行社名は黒甕《クロカメ》社とし、楽譜をヴィーナス楽譜と名付けた。

1918年の暮れころだった。そのころは、授業は醸造学など一日中、実験室に閉じこもることもたびたびで、実験の工程によっては、成果待ちの時間があり、手のあくことも多く、その合間に楽譜発行やブロマイドの制作に励んでいた。

こうしたアルバイトをリードしていたのは田中と田村であった。ふつう趣味はあくまでも個人の楽しみの範囲内であるはずだが、ふたりの映画熱は度を越していた。そして、趣味が昂ずれば、どちらかと言えばオタク化していくのが若者の傾向とも言えるのだが、ふたりは、趣味を事業化する方向に向かった。確かに田村は筋金入りのアメリカ映画オタクではあったが、その後の彼の人生を見ると分かるのは、映画研究者にはならなかったということだ。そして、こうした性格の持ち主だったふたりがいたからこそ『キネマ旬報』が誕生したのだと思う。ふたりは経済的に困窮していたわけでもなく、商売は下手かもしれないが、ある種のヤマッ気があったと思う。特に田中には、その後の活動を追っていくと、その傾向が強く感じられる。

楽譜の発行は順調に進み、年が明けた1919年、楽譜も5~6集となったそんな春休みのある日、問題が起こった。

ヴィーナス楽譜で使われたヴェルナーの『野ばら』の歌詞について、版元の出版社から版権侵害で訴えられてしまったのだ。訴えは学校にも知られ、田中たちは驚き、あわてた。この歌詞は近藤朔風《さくふう》（訳詩家／1880~1915）が訳したものだが、当然、使用許諾はとっていなかった。近藤朔風は既に故人で、田中は中央線沿線のある女学校で教職舎監をしている近藤未亡人のもとへお詫びに出向いた。

そこで田中は、近藤未亡人から
「訴えるなんて出版社もとんでもない、精々世にひろめて一人でも多くの方に愛唱され、ば故人も満足でしょうから心配なく」

という言葉をもらった。

「ああいう名歌詞の作家のおつれあいだったからこそのご理解」と田中は感激すると同時に安堵した。

田中は出版社の主人と会い、未亡人との会見の顚末を伝え、いざこざは無事に解決することになった。田中は「学生のぶんざいで法的に訴えられたことはショックだった。」と記しているが、当時、彼は18歳である。結果は無事に解決したかもしれないが、普通の18歳なら、版権侵害の賠償金、親にかける迷惑、学校からの処分などを考えると、食欲不振、不眠、精神的衰弱状態にまで自身を追い込んでしまうのではないか。昔の回想ゆえ、詳細ないきさつは省略しているからこういう表現になったのかもしれないが、慌てふためいた感じはない。私は、ここに、田中のプロデューサーとしての資質、楽観主義を感じる。そのころの若者は現在の若者に比べ、大人になるのが早かったとは思うが、やはり田中は特殊なキャラクターの持ち主だったのだと思う。

しかし、事件が起きてしまったからには、その後も楽譜販売を続けるなら、印税の事前決済をしなければならない。彼らにそんなことが出来るわけもなく、4人は残念ではあったが、楽譜発行中止を決定した。

この絵ハガキによる楽譜販売が成立したのは、明治33年に私製葉書が認可されて、観光地の絵葉書が大流行した背景があった。また同時に、ラジオなどのメディアがない時代、楽譜販売の需要もあった。

春休みが終わると、田中、田村たちは最上級生となった。アルバイトがなくなり、手持無沙汰になった田中は、ボート部のボートで隅田川をこぎまわって時間をつぶした。また、田村、田中のふたりは、再び浅草六区の映画館にも頻繁に通いだした。

そのころの映画にはフィルムが染色されたカラー映画があり、ふたりは理科系だったことから、染調色技巧などの専門的な関心から映画会社を何度か訪ねたりもした。ビジネスにならないかと考えたのだが、これは、何の成果もあげることはなかったようだ。

『キネマ旬報』創刊まで

このころ、東京の主要な映画館では、上映作品の紹介や観客の感想文を掲載したプログラムを発行し、観客に無料で配布していた。熱心な活動狂たちは、この誌面で熱い論戦を戦わせていたのだ。浅草電気館は『デンキカン・ニュース』。日活・宣伝部の渡辺恒茂（１９０３〜１９６５／後に如月敏の名で脚本家となり、溝口健二監督の初トーキー作「藤原義江のふるさと」（30）など）が編集していた。同誌上で、まだ一中生だった飯島正は、純映画劇（弁士の声色や女形などを排除したもの）礼賛の論陣を張り、当時、新聞紙上で健筆をふるっていた旧来型映画を擁護する演劇評論家の吉山旭光と戦った。浅草帝国館の『第一新聞』は松竹国際部に勤めながらキネマ旬報社友となる飯田心美が編集を手掛けていた。１９２０年代にはいると、プログラムも洗練されてきた。溜池・葵館は『アフヒ』というプログラムを発行、夢声も執筆していた。新宿・武蔵野館の『ムサシノ・ウィークリー』はやはり『キネマ旬報』の同人だった岡崎真砂雄を編集長に、岩崎昶（１９０３〜１９８１）、井関里次郎（後のＡＴＧ社長、井関種雄。「墨攻」のプロデューサー、井関惺氏は甥子である）といった豪華スタッフが編集していた。熱心な活動狂たちは、全国のプログラムを交換しあい、珍しいものはブロマイド屋で売られたりもしていた。

しかし、田村、田中のふたりは、大の活動狂にも関わらず、プログラムに投稿する気にはならなかった。

「こんなの幼稚すぎる甘すぎると妙に冷静ぶって自分たちの学力をてらったものか、いやむしろ愛着の情感に溺れてみせるのがどうにも恥ずかしかったにちがいない。」と田中は回想している。そして「それでも、なんとか活動写真の将来のためにもう少し役に立つような雑誌が日本にも欲しいもんだと、私たちがやがて地道一途に考えはじめたことは、これはまったく嘘ではなかった。」と続けている。

そのころ、『活動之友』、『活動倶楽部』、『活動画報』をはじめ、数種の映画雑誌が発行されていたが、どれも彼らにとっては〝一般向き〟のもので、物足りなかったのだろう。

『キネマ・レコード』

そんな中、東京高等工業の先輩でもある帰山教正が発行した『キネマ・レコード』という映画研究誌があった。既に廃刊になっていたが、この雑誌は１９１３年、『フィルム・レコード』という誌名で創刊され、第５号から『キネマ・レコード』となり、１９１７年の終刊まで51号が刊行された。
アート紙を使用したこの『キネマ・レコード』は外国映画のスタッフ、キャスト、略筋の紹介、映画批評、撮影技術、映写技術などを科学的な切口で研究していた。田中、田村が『キネマ旬報』の創刊にあたってアート紙にこだわったのは、『キネマ・レコード』の影響とみて間違いない。また、科学技術を追求するのは、帰山も理科系の学生だったからだろう。

この『フィルム・レコード』、『キネマ・レコード』の現物を岐阜県の映画研究家である武内重弘氏に見せていただいた。後期の号は、50ページを超えるヴォリュームで、100年前の雑誌とはとても思えない完成度である。

当時は当然とも言えるが、配給会社からの資料はまったく不十分で、劇場まで追いかけてスクリーンに映るロールの文字を書き移したものだった。この映画紹介が、『キネマ旬報』に受け継がれたのだ。私も1970年代後半から10年間ほど、日本映画紹介の執筆を担当した。書いているときは、ひじょうに手間のかかる作業であるが、これが現在では日本映画、外国映画のデータベースの基礎となっている。

『キネマ・レコード』は、ファン雑誌にあきたらないアカデミックな活動狂の支持を集めた。1910年代といえば、大衆娯楽は従来の浪花節などの色物や大衆演劇から活動写真へ急速に移り変わる時期だった。それゆえ、一般大衆だけでなく、知識階級の活動ファンも少なくなかったのだ。

飯島正は「ぼくたち当時の活動狂は、一中のぼくの学年のおなじクラスだけでも、一〇人ぐらいの仲間がいたとおもう。ひまがあれば一緒になって、映画論を戦わせたものだが、特にぼくたちは、日本映画に関するかぎり、そろって純映画派で、さかんにその実現に拍手をおくり、機会があれば投書をして、純映画要望を書いた。」（前掲書）と記しているが、最高学府でひとクラスに10人の活動狂がいるというのはすごいことである。

最終学年になり、楽譜の発行を辞めて細々とブロマイドを作っていた田中は、『キネマ・レコード』が休刊になったことを受けて、「あの程度のものがなければ、大げさにいうと、活動写真界そのもの、進歩発展がおくれてしまうような気が、私にはしたのだ。」と漠然と考えていた。

そのころの多くの映画雑誌は、面白いと評判の映画のストーリーを小説風に引きのばして紹介したり、映画界のゴシップを載せたりと、そんなものばかりだったため、田中の不満は募っていた。どうして作品それぞれの印象なり感想をもっと遠慮なく思った通り書かないのか、自らの個性のはっきりした人物が、その意見を誌上で発表すればいいのだと考えていた。当時はまだ、確立されていなかった映画批評という概念についてもどかしさを感じていたのだ。

田中はこの〝遠慮なく思った通り〟というこだわりを、やがて『キネマ旬報』が軌道に乗るようになっても忘れることができず、広告主である映画会社との葛藤を生むことになる。

最初は漠然とした思いに過ぎず、自分たちが映画雑誌を作ろうとは具体的には考えていなかったはずが、そのうちに、考えているだけでは気がすまなくなってきた。

そして田中は次第に映画そのものよりも、映画雑誌を創刊することにより強い関心を持ったのではないか。後年の田中は映画よりも映画をとりまく環境に関心を寄せるようになり、仲間は田中の周囲から離れていったが、この時は、この田中の個性が「キネマ旬報」創刊の強い原動力になったと言えよう。

1914年に始まった第一次世界大戦は18年末に終結した。戦争による科学産業の好況から、田中、田村たち理科系の学生は、まったく就職の心配がなかった時代だ。蔵前の学生なら、どん

『キネマ旬報』創刊20周年
記念号

な会社でも就職することができた。

蔵前工業の夏休みは6月末から8月末までと長かった。そこで、この間に、田中、田村、増戸、日浦の四人は集まり、映画雑誌を出そうということになったのだ。しかし田村は、新しい映画雑誌の必要性は認めつつも反対だった。

ここで、ふたりがそれぞれ、創刊のいきさつに書いているので、ちょっと長いが紹介しよう。

田村は、1939年7月1日、創刊20周年記念号のエッセイ『二十年以前（一）』で次のように記している。

「或日学校の昼の休みに、同人一同が学校の近くの日浦君の下宿に集まり、食後の一服を楽しんで居た時、誰かが映画雑誌を始めないかと提案した。

その頃映画雑誌と云えば、『キネマ・レコード』が潰れたあとなので、『活動雑誌』、『活動写真雑誌』（1915年5月創刊、後に前記『活動雑誌』に誌名が変わる）、『活動画報』（1917年1月創刊）、それに『活動倶楽部』（『活動評論』という誌名で1918年12月創刊）と云う新進雑誌があったきりで、何れも月間であり外国映画よりも日本映画の方に力を入れたものばかりで、当時の外国映画ファンが要求する映画雑誌は一つも無かったのである。

どんな映画が輸入されたか、どんな映画が現在外国で製作されて居るか、と云うやうなニュースは、殆ど知ることが出来なかった。だから誰かが映画雑誌を出そうぢゃないかと云う事を云い出したには、立派な理由があったのである。

だが、僕はこれに反対した。と云うのは、そんな物を始めれば、一番映画通である僕が一番忙しい事は判り切って居たからである。毎日七時間宛学科のある学生に取って、定期に雑誌を出す事は余りに大きな負担である。然も他の連中は、やっと映画見物の面白さが判り始めた位で、映画批評一つ書いた経験がないのだから、全部の仕事は恐らく僕一人が引き受ける事に成るだらう。そんな事は僕は厭だと、本気で反対したのだが、田中三郎始め、他の二三人は、この思付きが諦められないらしく、数日に亘って到頭僕を口説き落して終った。僕と田中君とが映画界に一生を捧げる運命となったのは思えば実にこの瞬間であった。

遣らうと決心すると、僕も度胸が据わって来て、月刊ではニュースが遅れるから、週刊にしよう、いや週刊は忙しすぎるから、月に三回の発行にしようと成り、題名は田中君命名するところの『キネマ旬報』と決定した」（カッコは筆者注）

一方の田中はこのときのいきさつを前掲の〈キネマ旬報を創刊した頃〉で次のように記している。

「のろまなくせに屁理屈を人一倍いう私は、まず、一週間かわりの活動界へ月刊雑誌のたて前なんか面白くない、週刊であるべきだなどと始めた。いかにも当然の意見のようでもあったが、実はちょいとした当て推量、つまり深思いのくせらしい。仕事の資本は皆無、我々のポケット小遣い出し会い程度の力ではほかの雑誌にくらべ薄っぺらで貧弱なものしか出せる筈はない。そこを、週刊にすれば月に4・5回だから一ヶ月となると合わせて相当な厚さになろう。

定価一部5銭より高くはできないが、月額とすればやはりその4~5倍、厚さの問題はとにかく、定価の方は一月分が何十銭になる。だが買うものの効果を深く思案して小遣いをつかうほどの習慣は、活動ファンにはまずないだろうから、定価の方は大丈夫。一方、我々が紙を買ったり印刷をたのんだりする店へは、とにかく出すのは一週間に一回ずつだのに本屋さんの勘定は月末計算で一号ごとにはくれないからと、精々泣きついて支払いをのばしてもらう。

一面雑誌を売ってもらうところは、活動ファンがなるべくワンサと集まるような店を選んで後援してもらい、学生の内職なんだから一日も早く勘定をどうぞと、せがみねだって歩けば仕事の世帯向きには週刊が好転をもたらすだろう、だろう、づくめの屁理屈だった。」

しかし、いくらなんでも週刊は無理だろうということで、10日に一回ということになった。

雑誌名について田中は、「モーションピクチャー、シネマトグラフィーを使うかとなったが、長すぎるから、いっそシネマかキネマだ。そこで、誰かが『キネマ旬報』で英字名をムービータイムスはどうだろうと言って、みんなも賛成して、あっさり決まってしまった。」と田中は書いている。

この二人の原稿を読んでいると、明らかに食い違うところがある。田村は田中が『キネマ旬報』の命名者だという。一方、田中は誰かが言いだして、みんなが賛成したという。また、田村は、誰かが映画雑誌を出そうと提案したと書いているが、田中は既述したように、映画雑誌が欲しいと考えていた。

二人の原稿から、どうも田中が映画雑誌の発行を計画しており、事前に雑誌名まで考え、活動狂の田村を巧みに言いくるめてしまったと推察できる。

もうひとつ田村は重要なことを指摘している。それは「他の連中は、やっと映画見物の面白さが判り始めた位で、映画批評一つ書いた経験がないのだから」というところである。

一緒に映画館めぐりをしている田中すら自身のような映画通とは評価していない。確かに、田中は田村に刺激されて映画に関心を抱き始めたが、それほどの蓄積はない。その後に『キネマ旬報』の同人、仲間となっていく森岩雄、古川緑波、飯島正、内田岐三雄たちと比べても、映画そのものへの思いは強く感じられない。しかし、この資質の差が初期の『キネマ旬報』の役割分担、編集＝田村、経営・営業＝田中の絶妙なバランスとなっていくのである。

映画雑誌を出すと決まると、編集する場所が必要になる。そこで、学校の近くに下宿していた日浦武雄の下宿部屋が編集室となった。

田中によれば日浦は「『おくらの渡し』が古跡めいて流れる校門前の小川添い通りから、ちょいと曲がったところの家の二階に間借りしていた」とある。小川とは、古い地図を見ると、今はない鳥越川という川が隅田川に注いでいる。この部屋は、学校近くということもあり、以前から四人の溜まり場だった。

しかし、雑誌を出すとなると、日浦の二階の部屋だけでは手狭になってしまう。二階に持ち込むには重いものなどは、一階に置いてもらうように頼んだ。原稿執筆などは自宅で出来るが、編集会議などは四人がそろう放課後、日浦の部屋で行った。

次第に慣れてくると、彼らはその家で食事まで世話になった。階下から煮魚の匂いが漂ってくるときなどは、お玉さんというお手伝いさんに、「さっき奥さんが余分に煮ちゃったんだから、旬報の人たちにもご馳走しておあげよと言っていたよ」などと言って、食事までねだった。お玉さんだって、奥さんがそんなこと言っていないことはわかっていただろうが、結局、彼らにふるまっていた。

その家は、和歌山さんというお宅だった。創刊から1年近くもお世話になっていながら、彼らは旦那さんにはほとんど会ったことがない。

田中は「日浦君は山形県出身だったが、ほかの連中は手っ取りばやくいうと、ツウといえばカアだったあの時代の江戸ッ子学生だっただけに、男の御主人とお会いする機会の少い理由くらいはずっと前から、ちゃあんと判断していたわけだった。」と説明している。つまり、和歌山さんは、二号さんだったわけである。

田中たちが映画雑誌創刊の準備をしていた1918年、原敬内閣のもと、高等教育機関の増設、高等高校の大学昇格が議会に提出されていたが、順調に進んでいなかった。岸松雄の『田中三郎』によると、『キネマ旬報』が創刊された1919年、蔵前高工にも大学昇格運動が起こり、田中も昇格陳情委員として時の文部大臣、中橋徳五郎に面会を求めたりしていた。校内では連日のように学生大会が開かれ、田中はいつでも学校に駆けつけられるように、日浦の下宿に泊まり込んでいた。そのとき田中は、和歌山さんとまちがいを犯してしまったという。まだ高校生で純情だった田中は夢中になったが、彼女にしてみれば、ちょっとした心の隙だった。学生大会の先頭に立ち、映画雑誌を発行する田中が頼もしく思えたのであろう。田中もすぐに冷静になって、深く反省したという。まさに映画に描かれるような青春である。ここにも、田中が人を惹きつける魅力の持ち主だったことが見てとれる。

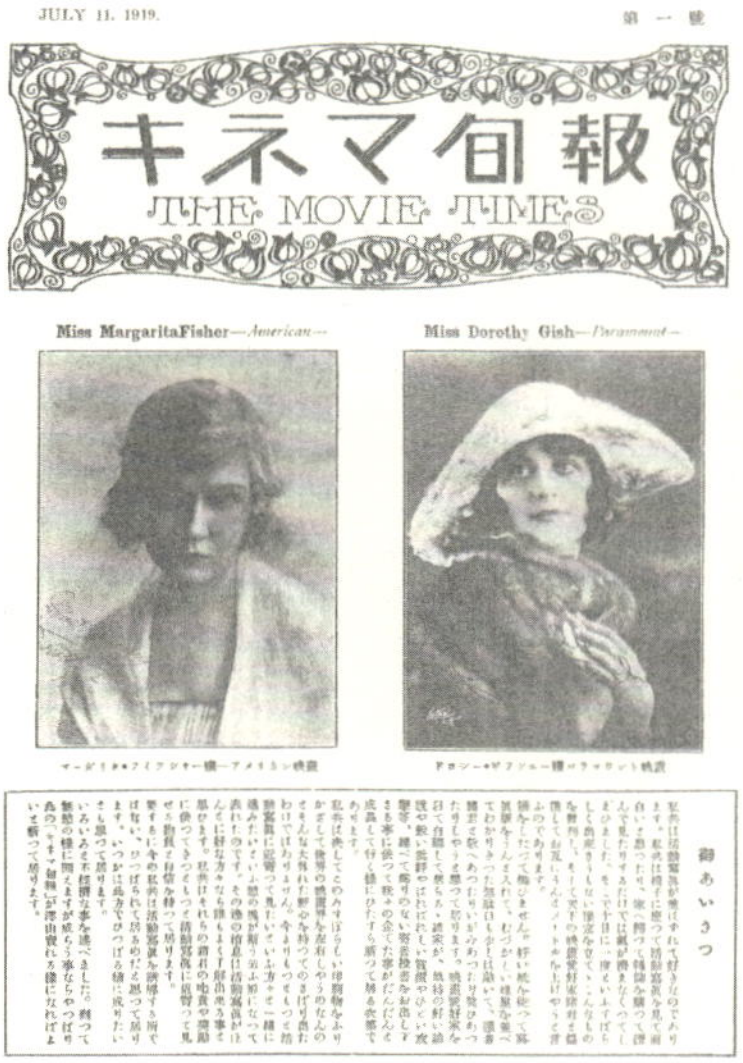

『キネマ旬報』創刊号

キネマ旬報創刊第1号

田中、田村をはじめとする四人は、１９１９年６月25日、学校が夏休みに入ると同時に第一号の編集に着手した。第一号の発行も7月11日に決まった。費用は田中の貯金１２０円が充当された。

この１２０円とは、現在の価値でどのくらいだろうか。『明治・大正家庭史年表』（河出書房新社）によれば、キネマ旬報が創刊された１９１９年、「東京・銀座のカフェーパウリスタが夏の朝食サービスを始める。献立はトーストパン5銭、フレンチトースト10銭、カレーライス15銭」とある。仮に、カレーライス15銭を現在４５０円とすれば、３，０００倍である。つまり、１２０円なら36万円ということになる。高校生で36万円の貯金があったということは、ブロマイド、楽譜の販売益を蓄えていたのだろう。やはり、田中には人一倍強い野心があったにちがいない。そして、仲間で出し合うのではなく、ひとりで負担したことからも、この創刊に期するものがあったはずだ。ここで思い出すのは『ぴあ』の創刊号の費用は矢内がひとりで負担しており、これもふたりの共通点である。

田村は創刊のいきさつについて前掲の原稿で次のように記している。

「印刷所は葵館のプロを引き受けて居た英文通信社印刷部と交渉が纏まった。これに就いては当時の葵館主任Y氏と事務員K氏の御尽力を忝くした。（僕が如何にして此の御両所の知己を得たか、と云ふ話は誌面が無いから割愛する）製版は最初印刷屋の紹介で近所の何とか云ふ所に頼んだが、すぐに京橋桶町の井澤製版に変へた。仕事が遅くて巧くなかったからだと記憶している。紙はアートでないと写真版が綺麗に出ないからと云ふので、一連確か三十五円で買込み印刷所に届けさした。たった此の一連の紙が第八号まで保ったのだから如何に発行部数が少なかった想像して頂きたい。第一号は五百部で、総頁数は4頁、早く云えば気の利いたプログラム程度であった。」

こうして『キネマ旬報』は1919年7月11日に創刊号ができあがった。印刷部数は500部だった。B5判4ページ、つまり、B4の紙を二つ折りにしただけのものである。表紙は、アメリカの女優、マーガレット・フィッシャーとドロシー・ギッシュの写真が並んでいるが、何と、写真のキャプションが逆になっている。創刊号からいきなりの誤植である。

田村は「大変な醜態であったがそれでも僕等は嬉しくて仕方がなかった。」と記している。

表紙の下部に〈御あいさつ〉という、彼らの映画への熱い思いが掲載されているので、ここに全文を紹介したい。

「御あいさつ

私共は活動写真が並はずれて好きなのであります。私共は椅子に座って活動写真を見て面白いと思ったり、家へ帰って雑誌を購って読んで見たりするだけでは気が済まなくってしまひました。そこで十日に一度といふすばらしく出来さうもない予定を立て丶こんなものを発刊し、そして天下の映画愛好家諸君と提携してお互いにうんとメートルを上げやうと言うのであります。

損をしたって構ひません。好い紙を使って写真版をうんと入れて、むづかしい理屈を並べてわかりきった無駄口も少しは敲《たた》いて、読者諸君と教えあつたりいがみあったり笑ひあったりしやうと思って居ます。映画愛好家を以て自任して居らる丶諸家が、気持ちの好い論説や鋭い批評やはればれしい賞賛やひどい攻撃等、総て偏りのない寄書投書をお出し下さる事に依って我々の企てた事がだんだんと成長して行く様にひたすら祈って居る次第であります。

私共は決してこのみすぼらしい印刷物をふりかざして世界の映画界を左右しやうのなんのとそんな大外れた野心を持ってのさばり出たわけではありません。今よりもっともっと活動写真に近寄って見たいといふ方々と一緒に進みたいといふ慾の塊が斯う云う形に表れたのです。その邊の消息は活動写真がほんとに好きな方々なら誰もよく了解出来る事と思ひます。私共はそれらの諸君の叱責や奨励に依ってきっともっと活動写真に近寄って見せる抱負と自信を持って居ります。

要するに今の私共は活動写真を誘導する所ではない、ひっぱられて居るのだと思って居ります。いつかは此方でひっぱる様に成りたいと思って居ります。

いろいろと不経済な事を述べました。到って無慾の様に聞こえますが成ろう事ならやっぱり此の「キネマ旬報」が沢山売れる様になればよいと祈っております。」

都会の青年たちとはいっても、まだ20歳前ならではの純粋でひたむきな姿勢が映画への思いを伝えている。

そして文中にある〈今の私共は活動写真を誘導する所ではない、ひっぱられて居るのだと思って居ります。いつかは此方でひっぱる様に成りたいと思って居ります。〉はその後の田中の実績を知っている私には、この時から既に彼は本気で映画界を変えたいと考えていたと推察できる。田中自身はその時まだ気づいていないが、『キネマ旬報』はその後、映画界に強い影響力を持つまでになるのだ。この時、田中も田村もそんな未来が待ち構えていることは知る由もなかったのだが。

見開きの2〜3ページは、フォックス社の俳優紹介と「サロメ」(18)の作品紹介、フィルムの調色についての〈写真科学〉というコラム、優秀映画批評(7作品)、4ページ目は、〈海外通信〉、〈時報〉、〈寄書と投書に就いて〉そして広告欄がある。

〈寄書と投書に就いて〉は、「お互に好きとなって見れば遂いろいろと其に就いて意見や主張やら批評やら研究やらを発表して見たくなるのは人情でせう。その発表の機会と手段は相当に多く有る様に見えて居て、いざとなると割合に少ないものではありませんか。その少ない機会を映画愛好家諸君の為に少しでも多くし従ってお互いに価値あることを教え教えられる様に、又この旬報の発行の他に生活の為の職業を持って居る私共の忙しさが幾分軽減して頂ける様に、且《かつ》はこの出版物が機関として一個の暖い交際組織が出来る様に——此等のいろいろな要求から寄書と投書を歓迎いたします(後略)」とある。そして、宛先は〝東京市草区蔵前片町廿一番地　和歌山方日浦武雄〟となっている。草区は浅草区の誤植であろう。

私には〈御あいさつ〉よりも〈寄書と投書に就いて〉に映画ファンの連帯を呼びかける彼らの本心がうかがえる。そして、これが現在の『キネマ旬報』に長く続いている連載ページ〈読者の映画評〉、〈キネ旬ロビイ〉へとつながっているのである。広告は、浅草電気館の番組と、楽譜で世話になった上方屋が掲載されているが、これは有料広告ではないらしい。

奥付は、編集兼発行人増戸敬止郎、住所東京市本郷区丸山新町四番地、発行所、黒甕社となっている。つまり、ヴィーナス楽譜とまったく同じである。

田村によれば、「発行名義人は、田中君も僕も親がかりの身の上なので、親父に対する遠慮から、兄さんと二人暮らしの増戸君が成る」ということである。

また、田中は発行所である増戸の自宅へは一度も訪ねたことがなく、どこにあるかも知らなかった。

苦戦した創刊時

1919年7月11日、創刊第一号が出来上がると、四人は手分けして東京中の絵葉書屋に置いてもらうために配って歩いた。地方へは郵便で発送した。売れるかどうか分からないペラペラな雑誌を快く預かってくれたのは上方屋の紹介のおかげだった。雑誌を販売するには、当時でも雑誌組合に加入し、取次を通して書店に配本するのだが、学生で資金力もないことから、自分たちで届けた。この直販方式は創刊20年を経たときも変わらず、そのころには部数も増えていたので、配本と集金のために、営業部には多数の人員が必要となった。

創刊からのいきさつについて、田村の思い出を紹介しよう。

創刊号を手にした田村と田中は喜び勇んで、その頃、最も進歩的な映画雑誌『活動評論』を発行している浅草・帝国館の支配人、森富太（その後、東京市会議員）を訪ねた。下谷稲荷町にあった活動評論社に向かい、森に「こんな雑誌をだしましたので、何卒よろしく」と挨拶した。森は貧弱な雑誌を一瞥すると「君らは実に怪しからん！」と藪から棒に怒りだし、「学生の分際で、映画雑誌などを出すとは何と言う事だ。早速止し給え！」とたいへんな剣幕だった。

田村と田中は、何という乱暴なオヤジだ、何糞！、今に見てろと発奮した。これがバネになって頑張ることができたこともあり、むしろ森には感謝したいくらいだと後に記している。

7月21日には創刊第二号を配本。同時に創刊号の残本を回収すると、何と二百部が売れ残っていた。そこで、8月1日発売の第三号は、印刷部数を３００部に減らした。

既にその頃から〝三号雑誌〟という言葉があったようで、三号出したところで、皆、元気が出なくなった。せっかくの夏休みを棒にふって、映画館に『キネマ旬報』を届け、一心不乱に働いたにもかかわらず、この結果だった。もう止めようという声も出たが、田村、田中は継続を主張して第四号の編集にとりかかった。

すると不思議なことが起こった。浅草の販売店から、第三号が売り切れたので、と追加注文が来たのだ。関西方面からも、号を追って売行きが伸びているので、四号から部数を増やしてほしいという嬉しい通知がいくつか舞い込んできた。

四号から、印刷部数は再び５００部に戻し、それが九号まで続き、十号（１９１9年10月11日号）は、特別号として８ページ、15銭の定価をつけた。

以後、比較的順調に成長を続け、12月11日発行の第十六号からは、６ページ、定価10銭と値上げした。

卒業しても、雑誌の売り上げでは生活できない彼らは、就職し、働きながら、『キネマ旬報』の発行を続けた。彼らが勤めを辞め、『キネマ旬報』の編集と経営に専念することになるのは、何とか雑誌の売れ行きが軌道に乗り始めた頃。株式会社として登記するのは、実に創刊から８年後の１９２７年だった。

創刊時の彼らの活動を知って、わたしは非常に驚いた。この経過もまさに『ぴあ』と同じである。『ぴあ』の創刊者、矢内は紀伊国屋書店の社長、田辺茂一を訪ね、田辺から日本キリスト教書販売の中村義治（その後、銀座教文館社長）を紹介されて89軒の書店に直接『ぴあ』を届けることから始まった。そして、発行部数が数万部に至っても、クルマ持ち込みのアルバイトで直販を続けた。

『ぴあ』は中央大学の4年生だった矢内廣が映画研究会の仲間たちと共に、１９７2年の、まさに『キネマ旬報』と同じ7月に創刊した。矢内たちは、リュックサックやカートに『ぴあ』を詰め込んで、一軒一軒、書店を回った。創刊号はほとんどが売れ残り、二号目は刷り部数を減らして出版した。出版では生活できないので、矢内と仲間たちはいったん就職し、働きながら『ぴあ』を出し続け、やがて何とか売れるようになると、勤めを辞めて出版に専念するようになった。

株式会社として登記されたのは創刊2年後の1974年だった。

かつて『キネマ旬報』で田中三郎、田村幸彦たちがやったこととまったく同じことが行われた偶然に、わたしは驚いたのだ。矢内たちは、学生時代、名画座めぐりに明けくれる日々を送っていたが、見たい映画がどこで、何時から上映されているか—それを調べるのに苦労していた。名画座に行けばそこはいつも、若い観客で溢れかえっている。みんな自分たちと同じように苦労しているのだろう、ならば、自分たちが必要としている情報を雑誌にしてしまおうということで『ぴあ』は誕生したのだった。

田村が指摘するように、田中には映画的な蓄積は不足していた。また、映画への研究心も他の同人たちに比べれば強く感じられない。しかし、田中は統率力、実行力、仲間の信頼を集めるカリスマ性といったところで傑出していた。誰もが〝サブちゃん〟と田中を呼んで、親しみを抱いた。周囲には常に田中を頼って人が集まり、また、田中も彼らに細やかな気遣いをした。

その人柄と事業欲から、おそらく田中は、何をやっても〝ある程度は成功〟したと思う。その意味では、たまたま活動狂の田村と親友になったことで映画ジャーナリズムの世界に足を踏み込んだとも言える。それはまた、映画の輝かしい未来を感じられる時代でもあったからだろう。もし、親友が、理科系ならではの高等数学を駆使した金融情報の分析に関心を持っていたら、経済雑誌を出していても不思議ではないように思える。ただ、田中の最大の美徳であり、それが弱点ともなるのが、無類の人情家であるという人柄である。多くの仲間が、田中の親分肌の気風の良さに魅せられるのだが、その性格から苦労を背負うことになるのだ。それが、〝ある程度は成功〟

するという書き方をした理由である。

『ぴあ』は『キネマ旬報』とまったく同じ経緯をたどったと書いた。創刊前夜、矢内は、就職して社会の歯車になるのもシャクだから何かやろうと仲間たちと話していた。そのとき、古本屋、カレー屋といった案も出たが、既存のビジネスではダメだ、新しいことでないとダメだということで、エンタテインメント情報誌の創刊となった。このくだりも、田中たちが夏休みに何かやろうという話とソックリである。

さて、創刊のころの『キネマ旬報』はどんな内容であったのだろうか。

表紙の下の、第一号では〈ご挨拶〉が掲載されたところに〈説苑《ぜいえん》〉という、社説のような欄がある。ここに毎号、彼らの映画の熱い思い、理想が掲げられる。そこには、しばしば、若さゆえの気負い、啓蒙的に過ぎる力みが感じられるが、微笑ましくもある。

第二号から五号まで4回にわたって〈映画批評といふ事〉というテーマで、彼らの理想が掲載されている。当時は、まだ、〝映画批評〟という概念が確立しておらず、そこに彼らなりの映画批評の考え方を提案している。

「(前略)此処で映画批評といふのは単に雑誌や新聞紙上に批評家が最近上場の映画を種種と批評して居る所謂批評家の記事ばかりを意味するのではなくてもっと広い意味にとって頂きたい。つまり一般観客―といっても相当頭脳の有る―が映画に接した時各自が心の中に多少なり共その映画に対して称讃とか批難を感ずる時、その称讃すべきだとか批難すべきだとかいふ気持を抱く事を此の場合の映画批評といふ語が表して居るのだと思って下さい(後略)」

彼らは批評を確立することが、映画関係者、製作者、説明者、さらには観客に映画に対する意識改革を促すことであり、それが『キネマ旬報』の使命であるとしている。

それにしても、一般観客に対して、敢えて〝頭脳の有る〟と記すところはすごい。

続いて六号目（1919年9月1日）では〈外国映画常設館市内集合を叫ぶ〉という提言である。これは、浅草の外国映画常設館に行っても、観客のほとんどは男子の学生であり、「男子の学生と同程度の教育を受けて居る女学生、女学生生活を過去に持って居る貴婦人連は何故あんなに姿を見せないだろう」と記している。その理由は、「浅草公園が馬鹿らしいんだ恥しいんだ恐しいんだそれに違いありません。（中略）浅草があざとしくて見にこられないんです。」ということである。そして、「何処にでも宜しい。入場料を上げても宜い、金春葵辺（銀座・金春館、赤坂・葵館）に外人邦人の家族的観容（原文ママ／客の誤植と思う）の多いのを見るに就けても、私共は勢一杯、東京の中心地に浅草を離れた外国――それも佳い日本物の出現迄だ――映画常設館の集合独立を叫ぶ者であります。」と結論している。

確かにいかがわしくもあったろうが、多くの庶民は浅草で映画を楽しんでいる。彼らの気持ちは分からないではないが、やはり彼らは山の手の恵まれた青年たちなのだろう。また、一般大衆に対して配慮がなく無自覚なのは、彼らがまだまだ未熟だったのだろう。

彼らと同世代の映画狂だった森岩雄は、幼年時代を浜町で過ごし、既に寄席通いをしていたことから、このへんの感覚はだいぶ違う。森は大衆が求めるものが何であるか見抜く力を身につけ、それは後にプロデューサーとしての反射神経となった。後年、東宝の砧撮影所長、プロデューサー、副社長として活躍できたのも、この時期から培われた経験によるものであろう。

この記事から7ヶ月後となる創刊第二十七号（1920年4月11日）に、徳川夢声が福原駿雄の本名で〈谷崎潤一郎氏の作品と活動写真について〉というコラムを寄稿しており、そこで、浅草公園を愛する谷崎の言葉を紹介している。

「『僕が浅草を好む訳は、此処には全く舊習《きゅうしゅう》を脱した、若々しい娯楽機関が雑然としてウヨウヨと無茶苦茶に発生しているからである。亜米利加合衆国が世界の諸種の文明のメルチング・ポットであるという様な意味に於いて、浅草はいろいろの新時代の芸術や娯楽機関のメルチング・ポットであるやうな気がする。』と氏は云う。時によると極端に貴族趣味らしく見ゆる（此れも作品を透しての話ではあるが）谷崎氏が、同時に極端な公園溺愛者である事は、ちょいと考えると不思議である。」

もちろん夢声は谷崎の生まれが日本橋であり、浅草に馴染みが深いことは承知の上での文章である。そして、夢声は谷崎が、「浅草が好きであるが故に、活動が好きになられたのか、活動が好きであるが故に浅草が好きになられたのか…」と続けている。谷崎の浅草好きを強調するこの寄稿は、理想にはやる田中、田村を牽制する夢声の先輩としての親心と深読みしたくなる。いずれにしろ田村、田中がかなり普通の感覚からは離れていることがわかる。若さゆえの理想に燃えていたということだろう。

このように、『キネマ旬報』表紙写真の下にある〈説苑〉には、まだ高校在学中の彼らの映画に対する理想が毎号掲げられている。第八（1919年9月21日）号、第九（10月1日）号では〈活動写真弁士論〉のテーマで弁士の役割、不勉強ぶりについて、第十（10月11日）号から4回にわたって〈活動写真と音楽〉と題し、劇場での音楽演奏の理想的な有り方を提案している。これは、彼らが映画館で日常感じる不満とその改善のための理想などを記したものである。要するに、商売優先の大人の興行世界に対しての怒りである。彼らの映画に対する姿勢は、1970年代、白井佳夫編集長時代の〈キネ旬紅衛兵〉運動にも通じるものだ。

この〈説苑〉でのメッセージは、その後の発言、行動からみれば、おそらく田中の主張であろう。そして田村も反対ではなかった。

彼らは観客のウケをねらって誇張、曲解を加えた弁士の説明に我慢ならなかった。彼らは弁士を廃止して、オリジナルの英語字幕だけでよいと主張した。高学歴の彼らは字幕程度の英語は読めるかもしれないが、当時、日本で英語を読める人間などほとんどいないということに彼らは配慮ができない。そこに彼らの未熟さがあったと思う。

私は活弁の果たした役割は計り知れないほど大きいと考えている。弁士による誇張、曲解があったとしても、この時代にイタリア、フランス、ドイツといった国々の映画が一般大衆レベルで広く受容されていたことは、庶民が海外文化を理解するうえでは大きな貢献を果たした。田村たちが理想とすることを実行していれば、外国映画は一部のエリート知識階級だけに受容されるものになったであろう。

戦前の『映画之友』の編集長だった大黒東洋士は、1908年、高知県で生まれたが、子どものころは、〝名金ごっこ〟で遊び、中学を卒業した1926年、高知で「巴里の女性」（23／日本公開1924）、「シーホーク」、「シラノ・ド・ベルジュラック」（23／日本公開1925）をはじめ、何十本もの外国映画を見たと『映画とともに五十年』（高知新聞社）で記している。

外国映画の上映作品の多様性は、画一的な番組しか上映しないシネコン時代の現在よりはるかに豊かだったと言える。そこには弁士が大きな役割を果たしていたと私は考える。

蔵前高等工業を卒業

1920年3月、田中、田村、増戸、日浦の四人は無事、蔵前高等工業を卒業した。日浦は卒業と同時に郷里の山形に帰った。増戸は自身の道に進んだようである。一方、田中と田村は『キネマ旬報』の発行を継続したかった。アルバイト気分ではじめた『キネマ旬報』は順調に読者を獲得していたものの、雑誌の売上で生活することはできなかった。

仕方なく、田中は、大阪市の高麗橋通りの近くの芝川商店科学薬品部に就職した。田村も東京の藤倉電線という会社に就職した。

その当時のことを、田村は前掲の『二十年以前（三）』（1939年7月21日号）で次のように記している。

「本当のお道楽仕事であったキネマ旬報もどうやら基礎が固まり、その儘棄て、終ふのは余りにも惜しかった。（中略）一番困った事は田中君が大阪へ行かねば成らなくなった事である。

僕の勤めた会社は朝七時半出勤で、午後五時迄の勤務である。朝から晩までゴムの分析をやるのが仕事で、勿論立ちづくめの仕事であるから、夕方自分の身体になると大抵クタクタに草疲れて終ふのだが、僕はそれから其の年一杯頑張って、夜だけは旬報の編集に没頭した。二十一歳の若さが其の頑張りを可能ならしめたのであらうが、到頭その年の暮に神経衰弱に成ってしまった。

慢性的睡眠不足が祟ったのであらう。」

田中は大阪の住まいを〝キネマ旬報大阪支部〟と称し関西の映画業界の情報を書き送った。

岸松雄の『田中三郎』には
「雑誌の編集に直接係ることができず、虚ろな日々を送っており、そんな気持ちを次のような歌であらわしている。

むらがりて電車待つ人その中に、ふと我もをり寂しかりけり」

と田村を手伝うこともできず、雑踏の中で居ても立っても居られない焦燥感に包まれた田中の気持ちが書かれている。

ところで、卒業して日浦が下宿を引き払ってしまったことから、彼らは新たな編集室を探さねばならなかった。

そこへ、『キネマ旬報』の印刷所を紹介してもらったときにも世話になった赤坂・葵館のY主任から声がかかった。前記の田村の回想によると
「僕が卒業して工場に勤め始めたのが四月一日であったが、その月の終りに、溜池にあった葵館の二階の一室を貸してやらうと云ふ話が、葵館の主任Y氏から持ち出された。その室というのは、楽士たちの控室であったのだが、楽士室を他に移して、廣さ約三畳の、丁度舞台の真上に当る小さな部屋を貸して呉れたのである。家賃は一ヶ月十円であった。

葵館は当時日活の市内代表館で、浅草の電気館が封切館、葵館が二番館で、西洋映画専門であった。説明者は徳川夢声氏が主席で、満都高級ファンの支持を得て隆々たる名声を維持して居た。

序《つい》でだから記して置くが、当時の封切は全部浅草の独占で、日活が電気館、ユニヴァーサルが

帝国館、天活がキネマ倶楽部で、市内館としては、葵館と、京橋加賀町にあった金春館（ユニヴァーサル専門）が押へて居た。」

とある。

赤坂葵館の当時の住所は赤坂区溜池町三〇番地、場所は現在のアークヒルズから溜池方面に下ったあたりである。編集部の場所は移動し、増戸も離れていったにもかかわらず、誌面での発行人は増戸、住所も本郷区と以前のままだった。

Y主任や夢声、さらに葵館の持ち主である日活との交渉は田村の奮闘によるものである。さらに、田中が大阪に行ってしまったことから、執筆、編集、入稿、配本、送本といった作業も、ほとんど田村ひとりで手掛けることになった。田村が心配していた「そんなことをやり始めたら、いちばん忙しくなるのは自分だから」と言っていたことが現実のものとなった。

後述するが、夢声も田村、田中との最初の出会い、葵館に彼らを迎えたいきさつを記している。

関東大震災前の赤坂葵館

田中、田村が卒業後に発行した1920年4月1日号は12ページとなっている。このヴォリュームの雑誌を、東京で孤軍奮闘する田村ひとりで発行するのはもはや不可能である。それより遡ること2ヶ月半前の創刊20号（1920年1月21日、特別号）は初めて広告が入った記念すべき号だった。日活が四分の一（10円）、ユニヴァーサルが表4（裏表紙）四分の三（20円）の広告を出してくれたのだ。以後、広告は少しずつ、しかし順調に入り始めた。特にユニヴァーサルは表4に1ページ広告を毎号出稿するようになった。

『キネマ旬報』への広告出稿で多大な協力をすることになったのは、ユニヴァーサルの日本支社長、トム・D・コクレンだったのだが、コクレンはその後、パラマウントに移り、田村の個人的な協力者にもなった。同氏は、1916年に来日し、既述したように、ブルーバード映画の配給で当時の若い映画ファンに多大な影響を与えていた。

トム・D・コクレン

田中は『キネマ旬報創刊の頃』で「前略～そろそろこの頃から、営業畑はともかく、専ら学生で優秀な映画同好の人を、編集部的な旬報同人と称して入社させはじめたようにおぼえている」と記している。

時代は、世界的には、戦争、革命、帝国主義の覇権争いが各地で勃発し、国内的には、インフレによって庶民は生活苦を余儀なくされるものの、工業、科学、紡績といった業界は輸出による好況を迎えていた。そして、庶民の娯楽、レジャーも大きく変わり始めたこの時代、多くの人々が花見、海水浴、学生野球に足を運び、なかでも映画が最大の娯楽に上りつめた。

このような時代背景のなかで、彼らはインフレの影響を受けることもなく、また、中国、ロシアでの革命、大杉栄のアナキスト活動といった政治的な状況からも遠く離れていた。

田中が「専ら学生で優秀な映画同好の人を、編集部的な旬報同人と称して入社させはじめた」と記したが、その呼びかけに集まったエリート学生たち、内田岐三雄、飯島正、岩崎昶（彼だけは昭和初期に左翼に走る）、清水千代太、飯田心美といった若者たちの多くは高い学歴と教養を有し、相当に恵まれた環境に育ちながらも、まだ文化としては認められていない新しい娯楽である映画の、それも最先端の外国ものを、ひたすら追いかけ、田中の掲げる高い理想に賛同していた。

田中、田村は蔵前高等工業を卒業して、赤坂溜池・葵館の屋根裏部屋に転がり込むのだが、そこで、大変な世話になり、また影響を受けたのが徳川夢声である。

ここで『キネマ旬報』と関わる重要人物、徳川夢声について説明しよう。

徳川夢声は田村、田中との初めての出会いについて、『キネマ旬報』1955年2月上旬号の〈旬報ベストテンと私〉と題した思い出を寄稿、次のように紹介している。

徳川夢声

「大正六、七年ごろだったと思うが、当時東京市内の映画館では、お客様にサービスするために、プログラム兼用のパンフレットを出した。浅草帝国館第一新聞の方がちょっと早かったと思うが、私が弁士をしていた赤坂葵館でも、やはりパンフレットを出していた。国学院大学を出た鹿野千代太という人がはじめたもので、最初は葉書大の上等紙に英文で印刷した。それが割に金がかかるので、そんなら、いっそのこと、四ページくらいのプログラムと記事を載せたものをこしらえてはどうか、ということになり、ある時、そのプログラムの投稿者が集って、葵館の二階の売店で小さな会をやった。そこに蔵前高工（いまの東京工大）の制服をつけた少年が現われて、私は一中にいたから徳川さんの後輩です、葵館のファンですと云うわけ、これがいま大映洋画部にいる田村幸彦君だ。

それからしばらくして、やはり蔵前高工の学生である田中三郎君や、その他の友人と集まって黒甕社というものをつくり「キネマ旬報」の第一号が出た。大正八年七月かな、アート・ペーパー四頁で大きさは今と同じ、はじめは本郷の方で部屋を借りて事務所にしていたが、しばらくして、葵館の表の方の二階に開いたところがあったので、そこへキネマ旬報社を設けた。家賃なんかとらなかった。のんきな時代で……。電熱器でコーヒーなどわかしていたが、なかなかうまかった。それが大体大正九年、十年ごろだった。」

夢声が本郷と書いたのは、雑誌の奥付の住所が編集メンバー、増戸が下宿していた本郷の住所を使用したため、勘違いしたのだろう。「家賃なんかとらなかった」は田村の記述とは食い違うが、夢声は現場のことまでは関わらなかったのではないか。

彼らの付合いのなかでは東健而（後で詳述）に次ぐ年長者の徳川夢声は、1894年に島根県に生まれるが、4歳の時に上京、飯田橋の叔母の家に仮住まいのあと、1901年、赤坂表町、豊川稲荷の近所の家に落ち着いた。夢声は父の仕事柄（帝国党という政党の事務員をしていた）、その後、何度か転居するも国会の近くに住まい続けた。近くには寄席があった。夢声は1903年、9歳の時、一ツ木通りの万年亭という寄席で初めて「伊太利の大戦争」という活動写真を見たという。右から左に兵隊が出て来て鉄砲を撃つシーンが延々と続いた。それは、フィルムを輪につなぐ、いわゆる〝タスキ〟上映だったが、それだけでも驚きは大きかったという。

だが、夢声はこれで映画ファンになったわけではない。夢声は東京でも最難関の府立一中に入学した。父親は息子に大きな期待を寄せていた。一中の同期には、後の松竹社長、城戸四郎がいた。しかし、夢声は寄席通いから落語に夢中になっていた。そして、中学を卒業すると、一高の受験に二度落ちてしまった。ちなみに同期の城戸は一高、東京帝大法学部とエリートの道を歩んだ。そこで、夢声は、高校受験を諦め、何と芝の知恵十亭から出て来る三遊亭円歌師に弟子入りを申し出た。驚いた父親は、政党に勤める人間の息子が人前で顔をさらす芸人になるのは困ると息子を制し、せめて暗闇で話す活動弁士ならどうだということになったわけだ。そして、芝第二福宝館の主任弁士、清水霊山を師匠とする見習い弁士が誕生する。夢声は中学時代にも、映画を見たのは三十回ほどで、それほどの映画ファンではなかったと述懐している。ただ、夢声が10代を過ごした時代は、知的な興味の対象として見るに値する映画は多くはなかった。6～7年遅れて生まれた田中、田村たちとこの時代背景の差は大きい。

夢声はもとより話すことが得意だっただけに、弁士という仕事には興味があった。明治が大正になった1912年ころのことで、当時、フランス映画「ジゴマ」が大ヒットしていた。

夢声が近所に住んでいた人妻（後の舞台女優・伊沢蘭奢）と関係を結ぶのもこのころのことである。夢声はその後、自宅に近い赤坂溜池・葵館、銀座・金春館、神保町・東洋キネマ、新宿・武蔵野館と一流の劇場を渡り歩き、常にトップ弁士として活躍した。夢声は葵館でトーマス・H・インスの「シヴィリゼーション」、金春館では小山内薫が心血を注いだ「路上の霊魂」（21）の説明を手掛けたが、まさに映画が芸術として昇華しはじめた時代とともに彼はキャリアを歩みだすことになった。つまり、夢声が弁士として歩みはじめると同時に、ゆたかな外国映画が続々と公開され、田中、田村たちはそれらの作品を夢中になって追いかけることになった。

その後、夢声は常に『キネマ旬報』のスタッフとは寄り添いながら歩んだ。夢声はトーキーの登場で、弁士を廃業すると、俳優、漫談家、エッセイスト、戦後のテレビ時代には司会として活躍した。そのトーキーでは、日本で最初の字幕作品である「モロッコ」の日本語字幕の制作を担当したのが一中の後輩であり、『キネマ旬報』の創刊者でもある田村幸彦だったことは皮肉なめぐり合わせである。

徳川夢声はタレント文化人の先駆者であったが、多くの作家との交流や吉田茂、鳩山一郎とのラジオ対談など、現在のその種のタレントたちほど軽い存在ではなかった。私は昭和三十二年から始まったNHKテレビの推理バラエティ「私だけが知っている」の夢声の司会が強く印象に残っている。


『キネマ旬報』が順調に売れ始めると、田中、田村は既述したように編集同人と呼ばれる編集スタッフを集めた。そのなかに、年長者の近藤伊與吉がいた。

徳川夢声と同じ1894年生まれの近藤伊與吉は1921年9月に編集部同人として参加した。他の同人たちのほとんどが学生だったから、かなりの年長者だった。新潟で生まれた近藤は1917年に上京すると、『キネマ旬報』が創刊された1919年、25歳の時、田中たちの蔵前の先輩でもある帰山教正の「映画芸術協会」設立に村田実、青山杉作らとともに参加し、第一回作品「深山の乙女」(19)、「生の輝き」(19)に出演していた。

知的な二枚目俳優として活躍中の近藤は、他の同人に比べれば、実績および豊富な社会経験もあった。近藤は〈演技上の自然主義〉(第43号)、トーマス栗原監督〈アマチュア倶楽部〉(20)の批評(第52号)、村田実監督「路上の霊魂」(21)の批評(第65号)など、体験をもとにした原稿を執筆している。しかし、近藤は1922年9月には同人を辞しており、参加期間はわずか一年間だった。近藤が早々と同人を辞したのは、他の同人たち(古川緑波を除く)が映画批評を志向しているなかで、やはり俳優、監督という仕事をしていたからだろう。近藤は『キネマ旬報』に在籍した1921年、山本嘉次郎が父親から勘当された手切れ金で設立した無名映画協会で、平田延介（嘉次郎の別名）主演「未来の大名優」を監督。近藤は『キネマ旬報』を去った後も映画言論界には大きな影響力を与え続け、その後も監督、俳優として活躍したが、1944年、50歳という年齢で夭逝した。

創刊とともに新しい時代を迎えた映画産業

田中、田村が蔵前を卒業した1920年は、映画界で大きな出来事が起こった年だった。まず、前年の12月に設立された国活（国際活映株式会社）が1月に、天活（天然色活動写真株式会社）を買収（国活は天活の巣鴨撮影所を引き継ぐが、ここは帝キネに受け継がれ、さらに河合映画に買収される。河合は大都映画となり、戦争による映画会社統合で大映に合流する）。

2月に演劇興行の大手、松竹が松竹キネマ合名社で映画界の進出。

4月には浅野セメント、東洋汽船の御曹司で海外事情に詳しい浅野良三が、旧態然とする日本映画を変革したいという理想を掲げて大正活映を設立。ブレーンとして谷崎潤一郎、監督にはアメリカ帰りのトーマス栗原が参加した。

5月、国活に吸収されることを拒んだ天活関西支社が帝国キネマ演芸株式会社を設立（帝キネは後に新興キネマと改組、戦争による映画会社統合で大都、日活製作部とともに合流して大映となる）。

映画界は新しい時代を迎えようとしていた。

前年の1919年に帰山教正が「生の輝き」、「深山の乙女」を発表した。帰山が田中たちの蔵前の先輩であり、『キネマ旬報』以前に『キネマ・レコード』という映画研究誌を発行していたことは既に触れている。帰山はこの雑誌で、D・W・グリフィスが開発したカット・バック、クロースアップなどの技法を解説し、シナリオやコンテの作り方まで紹介している。そして、「生の輝き」、「深山の乙女」では、グリフィスの映画テクニックを実践し、日本映画で初めて〝女形〟ではなく女優を起用した。そして前記した『キネマ旬報』の同人でもあった二枚目俳優、近藤伊與吉も俳優として参加している。これらの作品は野心的な企画であり、手法的には新しい挑戦が試みられていたが、その一方ではブルーバード映画の焼き直しという評価もあり、作品としては凡庸なものだったと言われている。この両作は日本映画史におけるエポック・メイキングとなるのだが、残念ながらフィルムは現存していない。

大正活映はトーマス栗原監督、岡田時彦主演で斬新な企画「アマチュア倶楽部」(20)を発表した。この作品は、トーマス栗原のアメリカ帰りならではの軽いタッチが従来の日本映画にはないもので、高い評価を受けた。女優、葉山三千子(谷崎の義妹)の水着姿も日本映画では初めてのことだった。また俳優として高橋英一(後の岡田時彦)、スタッフで山本嘉次郎が参加、助監督の末端に内田吐夢がいた。

一方、大手の松竹はヨーロッパ帰りの劇作家、小山内薫を指導者に松竹キネマ研究所を設立。野心作、村田実監督「路上の霊魂」(21)を発表した。この作品は徳川夢声の巧みな説明で興行的には何とか成功を収めたが作品的には新しい試みも未消化に終わり、同研究所もすぐに解散に。

しかし、小山内を外した松竹の映画界進出は順調に進んで行くことになる。

このような状況は、田中、田村が理想に掲げたものが少しずつ実現に向かっていることの証であった。実際に、映画界からも、『キネマ旬報』に注目が集まるようになっていった。

そして、1920年7月、『キネマ旬報』は無事、創刊1周年を迎えた。田村がある事件に直面したのは、まさにその直後のことになる。

1920年8月2日、浅草オペラ館で日活作品「尼港《にこう》最後の日」（20）が公開された。この作品はロシア内戦中の1920年アムール川の河口にあるニコラエフスク（尼港）で発生した、赤軍パルチザンによる邦人虐殺事件を扱ったものだが、『キネマ旬報』に掲載された批評が、日活常務取締役、鈴木要三郎の逆鱗にふれたのである。

これは『キネマ旬報』の基本的姿勢を表すものであるから、田村の創刊20周年記念号のエッセイの、少し長くなるが、その部分を紹介したい。

「それ迄も旬報は田中榮三氏の監督作品「八幡屋の娘」（20）とか「運命の影」（20）とか云ふ写真を取上げて、女形（筆者注・前者では衣笠貞之助が演じた）を攻撃し、映画劇に女優の採用を主張して居たのであるが、鈴木常務は、日活直営館たる葵館の一室を貸與し、日頃目を掛けて遣っておる旬報の奴等が、日活映画の悪口を云ふとは怪しからん、と云ふ訳で、館のY主任が僕に常務の邸へ謝りに行った方が良いと勧告して呉れた。編集室を追立てられては、金十円也で電話のある事務所を借りられる自信がないので、或日曜の朝僕はY氏に連れられて、常務のお邸へ「謝罪」に参上した。出て来た鈴木氏は、「君等は帰山君の映画ばかり讃めて、日活映画を攻撃するとは何事だ、向島の撮影所へ行って田中（榮三氏）に謝って来」と云ふのである。僕は内心大いに不服だったが、謝りに行く旨を述べ、その儘帰れば良かったものの、日頃考へて居た映画劇は斯くあるべしと云ふ意見を一席弁じたから耐らない。「馬鹿ッ！」と、それこそ百雷一時に落ちるが如き大声で怒鳴りつけられて終った。その場はY主任の取倣しで、どうやら納まったものの、そして向島に出向いて、田中榮三氏に遺憾の意を表し、氏が何も云はずにニヤ〻されたので、一応事件は落着したもの〻、僕の心の中には部屋を借りて広告料を貰ってるから、こんな屈辱を受けるのだ、雑誌さえ大きくなって、物質的に映画会社の援助を受けずに済むやうに成れば、思った通りの批評を、何の気兼ねもなしに書けるのだと其時その場で発心した。」とある。

田中榮三は、この事件の直後の1920年12月31日、赤坂の葵館で公開された「朝日さす前」(20)を監督し、日本映画の改革を、田村のように理屈ではなく、身を以て実践していた。この文章で、「田中榮三氏が何も云はずニヤ〻された」とあるが、映画製作の実際を知らない若い世代の勢いある言葉には、〝ニヤニヤ〟するしかなかったのだろう。そして、若さゆえの怖いもの知らずの田村の情熱も伝わってくる。

また、田村の映画への高い志と理想が鈴木常務とのこのやりとりからうかがえる。この姿勢は、やがて広告収入にたよらず、書きたいことを書ける映画雑誌『映画往来』の創刊につながっていくのである。

内田岐三雄という編集部員

１９２０年、東京で孤軍奮闘する田村は、５月に記者募集の広告を出した。それにより内田胖《ゆたか》（ペンネーム岐三雄）をはじめ数人の活動狂が参加することになった。皆、学生で無給の編集同人だ。

１９０１年生まれの内田は府立四中から一高、東京帝大法学部に入学。一高時代から、国内、海外のあらゆる映画雑誌を読みあさっており、２年生のときに創刊された『キネマ旬報』の愛読者でもあった。１９２０年11月21日号の〈編集室〉欄で「読者諸君の中に献身的に旬報記者として働いて下さろうという方がありましたら、至急批評一本書いてお送り下さい」という募集記事を見た内田はブルーバード映画〝Scandal Monger〟の批評を書いて送り、ただちに同人として採用された。帝大時代から映画仲間であった飯島正を、内田は後に『キネマ旬報』に紹介した。内田は大学卒業後、東京市の職員として勤めながら旬報の同人をかけもちするが、１９２６年、当時、編集部員であった古川緑波が文藝春秋から発刊される『映画時代』の編集を引き受けたことで、その空席に、市の職員を辞した内田が入社、後には『映画往来』の編集を担当する。その後、１９２９年、フランスに遊学、さらに田村幸彦の助手としてパラマウ

内田岐三雄

小津安二郎「肉体美」

ントのニューヨーク本社で日本語字幕の翻訳を手掛けることになる。

しかし、フランスにいた恋人のために、その仕事を清水俊二（後の日本語字幕の第一人者）に譲るまでしてフランスに戻った内田だが、その恋は不幸な結果となり、1932年、4年ぶりに帰国、再び『キネマ旬報』の編集に戻る。ちなみに、内田が自らつけた「岐三雄」というペンネームの由来は、関東大震災によって西宮の香櫨園に『キネマ旬報』本社を置いていた時、そこから5駅離れた魚崎駅に想い出があり、その駅名、ウオサキを逆さに綴ってキサオウとしたと言われている。

もし、内田がフランスに戻らなければ後に日本の字幕第一人者となる清水俊二は誕生したのであろうか。また1945年、内田は空襲のさなか、家族が防空壕に退避しているのに書庫にいて爆死してしまうが、もし生きていれば戦後も批評家として活躍をしたであろう……。内田の人生を辿ると、改めて運命というものを感じてしまう。

小津安二郎は内田について『キネマ旬報別冊　小津安二郎　人生と芸術』（1964年2月）で次のように語っている。自作について語る小津は「肉体美」（28）について訊かれ「僕の作品でどうにか恰好がついて来たというのは、この写真あたりからじゃないかな。会社がはじめて僕を認めてくれたのはこの作品だったよ。当時の旬報に、内田岐三雄がこの作品に名文の批評を書いてくれてね、まだ覚えてるよ。」と答えている。

小津安二郎25歳、内田岐三雄28歳のときのことで、まだ正当に評価を受けていなかった小津は内田の批評に勇気づけられたに違いない。「肉体美」は伏見晁脚本、斎藤達雄、飯田蝶子主演の作品でフィルムは現存していない。小津が名文というこの内田の批評を、ちょっと長いが紹介しよう。

「これは監督者小津安二郎の心境である。この映画の脚本は、監督者の扱ひ如何によっては、所謂「蒲田独特脱線喜劇」と称する穴塞げ映画に成り兼ねないものでもない、所が其の可能性が多大であったのである。が、さうした馬鹿気た事への転落は、監督者小津安二郎によって確かに食止められた。この監督者は、このどうにでもなる脚本に、本格的な扱ひを以て接した。彼はそれを正面から押して行ったのである。そしてその内に可成り深くまで己れの心境をひたし込んだのである。それは、一種の「微笑まれる寂しさ、やるせなさ」である。妻君が家の生計を立てているが為に、妻君の為には絵のモデルとなり、そしてまたその走り使ひをし、家事万端の仕事をする事を余儀なくされている、哀しき生存たる或る夫の悲喜劇である。それは人をして微笑ませる。人をして寂しさに微笑ませる。哀しき彼なるが故に微笑ませる。やるせない男は、我にもあらで道化服を着る。その横顔はうら淋しい。すねても見やうが、儚ない反抗をして見やうが、時には空を仰いで口笛を吹いても見やうが、所詮は哀しい彼である。秋の夕暮、ひとり男ありて秋刀魚を焼けば、おのづと涙流す彼である。が、浮世は総てからくり仕掛である。一朝、めざむれば彼は有名なりき矣《ならん》。彼はそこで家に納まる。妻君は、今度は画筆を棄てさせられる。画を描くのは彼だからである。そして妻君は夫の為めのモデルになるからである。――所で、此処まで読んで来られた読者は思われるだろう。これは、一つの小家庭を天地とした小味のものだろう、と。その通り。これは小津安二郎の心境である。そして本格的に扱ったとはいへ、それは依然として小味に止る。が、この監督者は未だ若い。未だ幾本と数える位にしか映画を撮ってはいない。が、とまれ、此処で彼は一先づその路程標に達したのである。彼が本当に歩き出すのは、これからである、と云って、差支ないと思ふ。そして監督の技術方面に於いても、彼は術を弄さず奇を衒はず、細心そして周到に物語を進める。そのテムポと、その適度のキャメラの動きと、身に備わった或る種の風格があるのを見る。主演者齋藤達雄は、この監督者の意を体して可成りに迄、味を出していた。が、時として彼が充分の味を出し得なかったのは、彼が未だ若いからである。飯田蝶子は達者なものである。そして、いつもの珍芸を見せなかった事は、監督者の抑制よろしきを得た故であらう。その他、端役の人々が、孰れもいい感じを出していた事が、仲々にこの映画の気分を助けていたことを特記する。キャメラは明るく好調子を見せた。」（1929年1月11日号）

ところで、この批評は小津の発言が映画雑誌などで掲載されるようになる前に書かれたものである。小津の発言を読んだことのある人は分かると思うが、ほとんど小津がこだわっていることを言い当てている。これだけ自作を理解する人がいたと、小津はさぞ喜んだことだろう。

葵館を出て「キネマ旬報社」として事務所を構える

1920年末、田中、田村は大きな転機を迎えることになる。内田が同人募集のための批評を書いている頃、田村は1920年の12月に、勤めて半年の会社に辞表を出し、松竹外国部に入社した。また田中も、翌年早々に田村を追って松竹外国部に入社したのだ。松竹では副業的に『キネマ旬報』の編集を続けることも認められた。

田村、田中の仕事は、輸入映画の字幕（サイレント映画の文字）の翻訳。これで二人は、本格的に映画界で働くことになった。

映画界に進出して間もない松竹は、日本映画の製作だけでなく、外国部という部署も設け、外国映画の輸入も始めていた。その外国部の部長として松竹にいたのが東健而だった。東健而は1889年生まれで、『キネマ旬報』に関わる人物としては最も年長だった。正則英語学校を出ていた東は英語が堪能で、1912年に発表されたジーン・ウェブスターの児童小説『あしながおじさん』を翻訳、『蚊トンボスミス』という書名で出していた。また東は、〝森田三弥子〟という女性のペンネームも使ってユーモア小説を書き、シャーロック・ホームズの翻訳も手がけ、ミステリーにも造詣が深かった。さらに〝愚教師〟というペンネームで『キネマ旬報』に映画批評を書きはじめる。

岸松雄の『田中三郎』によれば、ある映画のなかでアイスクリームに果汁がかけられたものが

飯田心美

登場したが、誰もそれがどういうものか分からなかった。見るのも初めてだから名称も分からない。それをアイスクリーム・サンデーと教えてくれたのが東健而だった。東は小石川区竹早町の自宅に田中、田村を招き、フォックス・トロットやジャズのレコードをかけて、丁寧に解説してくれたという。外国映画が好きだった田村、田中は東から多大な影響を受けた。

東は博覧強記の人物だったが、結核のため、1933年、44歳で夭折してしまう。この東と徳川夢声は無二の親友だった。そして、夢声もまた妻を結核で失うことになる。そこで、周りの仲間たちが集まり、妻を亡くした夢声と東の未亡人の静枝を再婚させることにした。1936年のことだった。

田村、田中が松竹外国部に入って間もなく、ミツワ石鹸に勤めていた〝童顔の青年〟飯田心美が入社した。

1899年、浅草生まれの飯田心美は松竹外国部入社後、『キネマ旬報』の同人になり、戦後も映画評論家として活躍を続けていた。氏の晩年に何度かお目にかかったことがあるが〝童顔〟の面影はなかったものの、小柄な方で丸いメガネが印象的だった。岸松雄の『映画人物伝』によれば飯田心美は中央商業（中央区新川にあった）卒業で、脚本家で旬報の編集者と親しかった如月敏も4歳年下の同窓とある。

さて、田中、田村が蔵前を卒業した1920年3月は、小山内薫が松竹シナリオ研究所を開設した時でもあり、そこに田中より一歳年長、1898年生まれの伊藤大輔が参加していた。伊藤はそれから4年間、松竹で奴隷のごとくシナリオを書かされていたという。松竹外国部は、やがて本社が日本橋にできるとそこに移動するが、それまでは蒲田撮影所にあった。そのとき、田中、田村と伊藤はすれ違うこともあっただろう。しかし、外国映画に夢中で日本映画に批判的だった二人に伊藤の存在は見えなかったかもしれない。伊藤大輔と『キネマ旬報』の関係が深まるのは、1927年、第4回キネマ旬報ベスト・テンで（日本映画は第2回）伊藤が「忠治旅日記　第二部　信州血笑篇」が1位、「忠治旅日記　第三部　御用篇」が4位に入ってからだ。

こうしてキネマ旬報は編集の人材も充実し、いよいよ本格的な映画雑誌としての形ができ始めた。

田中が松竹に入る直前、父勘七が1920年暮近く、梨本宮邸内の官舎で亡くなり、残された継母はそこを出なければならなかった。田中は三男だったが、ふたりの兄は地方にいたため、継母の面倒も見なければならず、葵館の近くの麻布区今井町三十五にある小さな家を借りた。『キネマ旬報』の発行所は、蔵前高校のときに楽譜販売で使用していた名義、すなわち「黒甕社」のままだったが、ふたりが揃ったからか、1921年3月にやっと「キネマ旬報社」とした。また、編集同人が増えたことから、葵館の事務所は手狭でもあり、また葵館の大家である日活の鈴木常務から一喝されたことも胸にくすぶっていたからだろうか、彼らは転居先を探していた。そして、田中の家の2～3軒隣に空家がでたことから、7月にそこを借りてキネマ旬報社の本社とした。住所は田中の家と同じだった。この旬報編集部となる家は、それから関東大震災の1923年9月1日まで、映画青年たちの青春の砦となった。岸松雄の前掲書によれば、「社の裏は崖で、崖下に無縁仏の多い墓地があった。編集同人として参加した近藤伊與吉が居候にころがりこんで、二階の窓から毎晩小便をした。」とあるように、同人に限らず、活動狂が巣くう梁山泊と化していた。

場所は現在のアークヒルズの前の六本木通りが六本木に向ってY字路になっている向かいの赤坂寄りの地域、住所は港区六本木2丁目あたりであろう。私は、〝裏の崖下に墓地があった〟ということを手掛かりにこの周辺を歩いたが、キネマ旬報最初のオフィスは特定できなかった。

そして、8月21日号から益戸敬止郎の名が消え、田村幸彦が編集人兼発行人となり、発行所も田村の自宅の神田三崎町二の五となった。これで田中、田村ふたりの『キネマ旬報』が確立したと言えよう。

飯島正の登場

1990年代まで映画評論家として活躍していた飯島正の『キネマ旬報』デビューは、1921年1月1日号でアベル・ガンスの大作「戦争と平和に就いての感想」である。飯島正は1902年に東京で生まれている。父は陸軍中将、母親の実家は銀座の交詢社《こうじゅんしゃ》の近くにあった正路喜社《しょうじきしゃ》という広告代理店を経営していた。正路喜社は戦前は業界トップを競う会社だった。飯島は活動狂になったきっかけを『ぼくの明治・大正・昭和』で次のように記している。

「（前略）実に府立一中の四年生のときの遠足だったのである。目的地は東武電車沿線の大田だった。そのかえり、当時東武電車の終点だった本所の押上で解散となり、ぼくは友達と一緒に、浅草六区に押しかけ、帝国館にはいった。そこで、当時の若者たちの人気の的だったアメリカ・ユニヴァーサル製作のブルーバード（青鳥）映画、「黒き雨」（17）というのを見た。そして主人公の青年がレイン・コウトの襟をたてて、夜、雨の中を歩いていく場面がたまらなくいいなあと思った。一瞬にして、ぼくは映画に開眼した、というわけである。その時からぼくは活動狂になった。」

飯島が一中時代に映画館のプログラムで健筆をふるっていたことは前述の通り。浅草に通うために通学の交通費や昼食代を節約した。そのために、自宅のあった上目黒（後に高輪）から日比谷の学校まで歩いて交通費を浮かせた。それどころか、日比谷から浅草までも歩いたり、永代橋から一銭蒸気に乗って浅草に出た。そして、親の監視を逃れ自由に映画が見たいがために、東京の一高ではなく、京都の三高に入った。三高の寮では梶井基次郎が同室だったという。そして1922年4月、東京帝大仏文科に入ると、既に『キネマ旬報』の同人になっていた内田岐三雄と出会い、同人になることを勧められた。以後、飯島は映画人と接することはせず、見る側の立場から批評家として生きた。戦後は早稲田大学で映画を教え、教え子から多くの映画研究者を輩出した。

飯島正

私はキネマ旬報に入社して、飯島氏の「ヌーヴェル・ヴァーグの映画体系」という連載を担当させられたが、原稿は毎号きっちりと郵送され、お目にかかったことは数回しかなかった。

飯島は前掲の自伝的エッセーで、自身のことをてらいなく書いている。旬報の同人たちは、それぞれ比較的豊かな環境で過ごしているが、飯島はその中でも突出していた。飯島は結核を患い、大学を8年かけて卒業し、その8年目に見合いで結婚することになるが、実家で新婚家庭のために土地と家を用意してくれたという。仕事は母方の実家の広告代理店の嘱託で、映画批評を書いてもいいということが条件だった。こんなことをサラリと書いてもイヤミにならないところが本物の良家の子弟と感じさせる。

創刊2年　田中、田村の絶妙なコンビネーション

１９２１年7月11日の創刊2周年記念号の編集後記には「（前略）兎に角二箇年間徐〃と然し着々と地歩を固めて来た、旬報の運命を祝福して下さい。愈々《いよいよ》第三年目に入る事になりました。映画界が段々発展して来るのと比例して旬報の紙面（ママ）等も段々増大して行き度いのですが、なかなか実行できません。先ず第三年度の奮闘を見て居て下さい。」とある。そして、〝本邦映画の進むべき路〟という彼らの提言がこの号から5回にわたって連載される。続いて9月1日号では〈映画会社同業組合設立の提唱〉、9月21日号では〝更に活動写真日《デー》の唱導〟と映画業界に向けた理想を掲げている。（これはまさに映画製作者連盟の設立と同連名が１９５６年に制定した現在の12月1日の映画の日であり、田中が〝本邦映画の進むべき路〟として提言していたことが後に業界が結集して実現したわけだ。田中の先見力、リーダーシップの証である）

そして11月21日号で表紙に〈活動写真万歳〉という記事がある。これは、文部省によって活動

写真展覧会が１９２１年11月20日より御茶之水東京博物館で三週間にわたって開催されることについてのものである。

「三四年前迄は思ひも及ばぬ事であった。七八年前迄は途方もない沙汰なのであった。文部省が、活動写真の展覧会の主催を自らやらうとは。暁き来たのである。（中略）ざっと斯うなのである。此の小冊子旬報第八十四号を、吾等が聊《いささか》かの喜びの象徴として文部当局者に捧げる。更に若き虐げられ勝ちの、ファンの胸に溢る丶得意の前に、捧げさせて貰ふ。吾等の苦衷酬ひられたり」

自分たちの努力が文部省を動かしたかのような喜びである。子供っぽいほどの素直な姿勢に好感がもてる。

この展覧会の展示物は、浅草にある〝活動写真資料研究会〟という会社の制作によるもので、森岩雄が原稿を書き、彼の友人の友成用三が図案化したものであったと、森岩雄の『大正・雑司ヶ谷』（青蛙房）に書かれている。

田中、田村と森とは、この時点では面識もなかったが、同じ映画を愛する若者として、水面下で互いに知らない所で、既に交流がはじまっていたのである。

当時の『キネマ旬報』には映画業界への提言、映画人の組織化を促す文章が頻繁に掲載された。これは彼らの映画産業に対する理想でもあった。特に田中には映画人による団体の設立や組織化、人材育成などへの関心がうかがえる。田中の周囲にいた多くの人々が、田中の人望が人々を惹きつけたことを指摘しており、また、そういった性格からか田中自身も組織をオーガナイズすることに熱心だった。

一方の田村もまた、高校生時代から田中と楽譜出版をやったように、ある種の事業欲があった。

田中の大阪赴任中に日活と葵館の賃貸契約なども手掛けた。こうした〝大人の社会との交渉事〟には、苦手と言いながらもふたりはこなすことができた。これは他の批評家志向の同人にはできないことだった。

また『キネマ旬報』がここに紹介したような映画業界に対する提言、また映画興行データの掲載、映画会社の経営者への取材も掲載したことが、ふたりの個性によるものであろう。この批評誌としての役割だけでなく、業界誌的役割も具えた編集方針が映画業界からも受け入れられたのではないか。

しかし、このふたりのツー・トップ体制も、それぞれの個性が強まるに従い、また時代の変化、日本映画の発展によって、そのバランスは崩れるようになっていく。

森岩雄の登場

1921年11月11日号から森岩雄の〈第八芸術貧燈録〉と題した連載が始まる。森は1899年2月27日、横浜で生まれた。森が5歳の時に、父は東京に転居し、日本橋浜町で株屋の経営をはじめた。森が入学した茅場町の阪本尋常小学校の卒業生には谷崎潤一郎がいた。森家の家業は隆盛を極め、家には多くの芸人たちが出入りしていた。賑やかな環境のなかで幼少期を過ごした森は、このころから映画をひとりで見るようになった。『私の藝界遍歴』（青蛙選書）で次のように記している。

森岩雄

「家が浜町に移ってから私はよく浅草に通ったものである。八歳から十歳くらいまでであったが、当時の浅草六区は東京随一の娯楽センターで、映画館は軒を並べて客を呼び込んでいた。私は十銭玉一つ持つと、浜町河岸から吾妻橋まで蒸気船に乗る。当時これを一銭蒸気と言っていたが、浅草まで往復を買うと五銭とられる。吾妻橋に上がると、そこにパン屋があって二銭出して餡パンを買う。一つ五厘で四つくれるわけだが、パン屋のオバさんは一つまけて五つくれる。それをふところにして映画館に入る。子供料金は三銭で、合計十銭になる。一度映画館に入れば、入れ替えなどいわし構わずに夕方まで繰り返して見物し、お腹がすけば餡パンをかじる。まことに豪華な映画見物を終日楽しみ、十分に堪能満足して、再び吾妻橋から蒸気に乗って家に帰ったものであった。小遣い銭が潤沢でなく、映画も二軒見たい時は、よく浜町から浅草橋、厩橋を通って往復歩いて浅草にかよったこともある。」

同書によれば、森少年が見た映画は「クォー・バヂス」（13／伊）、「ポンペイ最後の日」（13／伊）、「アントニーとクレオパトラ」、「カビリア」（14／伊）と記されているが、製作年からすると、森が見たのは中学時代であろう。贔屓の弁士は電気館の染井三郎で、「下手なくすぐりや誇張がなく、地味で格調のある上品な説明であった」とあるが、いくら早熟でも10歳の子供がこんな印象を感じるとは思えない。それでも筋金入りの活動狂だったと言えるだろう。飯島正もそうだが、活動狂の子供時代にやることは皆、同じである。

森岩雄の『大正・雑司ケ谷』によると、森家は明治の終わりから昭和の始まりまで、つまり大正の15年間、雑司ヶ谷に居住していた。雑司ヶ谷に移って間もなく、中学受験を迎えた森は府立四中の試験に落ちてしまい、京華商業に入学した。後に黒澤明が京華中学に、「酔いどれ天使」(48)の脚本を書いた植草圭之助が京華商業に入っている。森は京華商業を卒業すると設立されたばかりの成蹊実業専門学校の一期生として入学した。森の活動狂は年と共に昂じていたが、成蹊実業在学中に結核を患ってしまう。結核を患ったことで、森は人生は長くない、好きなことをやろうと、仕事でも映画を志すことを決心、近所に住む友人、友成用三(〝活動写真資料研究会〟で森に協力した)の協力で原稿用紙1200枚におよぶ『活動写真大観』をまとめた。これは出版されることはなかったものの、〈活動写真芸術の過去・現在・未来〉という論文にまとめられ、映画雑誌『活動倶楽部』に1921年8月号から4回にわたって連載された。森の批評家としてデビューである。この時、編集部には後の脚本家、野田高梧や劇作家となる高田保がいたという。この連載は映画業界で絶賛された。飯島正は〝映画の芸術的文献は、少なくとも日本においては、これをもってはじめられた。〟と1930年1月号の『新潮』に書いている。森岩雄が22歳のときである。そして、その年の秋、森は一面識もない田中三郎、田村幸彦を訪ね、意気投合。『キネマ旬報』11月1日号から「第八芸術貧燈録」の連載を始める。森が〝活動写真資料研究会〟という会社で初めて勤め人となった頃である。浅草の根岸興行部が経営する新派の「常盤座」、オペラの「金竜館」、映画の「東京倶楽部」はどこか一館の入場料を払えば三館共通で見ることが出来たが、浅草に慣れた森は〝顔パス〟で入り、映画だけでない幅広い芸能に対する受容力が鍛えられた。その根岸興行部に若き根岸寛一がいた。

森はその後、同時代では最も熱い評論家として健筆をふるい、また洋画を輸入する中央映画社に参加、同時に映画のシナリオも書いた。1925年には、森の友人でもある村田実監督のために「街の手品師」(25)のシナリオを執筆、近藤伊與吉、岡田嘉子の出演で映画化された。これを携えて、村田と森、そして後に築地小劇場に参加する俳優、武内良一はヨーロッパに渡る。ベルリンでは、三菱商事ベルリン支店の秦豊吉が彼らを迎えた。帝大法学部出身ながらエンタテインメントに関心の高かった秦は、後に東京宝塚劇場の社長、さらに戦後は東宝ミュージカルを確立するなど、実業界から芸能界に転身した人物である。森はドイツではウーファ撮影所を訪ね、「メトロポリス」(26)を撮影中のフリッツ・ラング、「ファウスト」(26)撮影中のフランク・ムルナウなどと面会している。さらに森は単身でアメリカに渡り、ニューヨークからロサンゼルスまでまわり、ロスでは上山草人の世話になり、チャップリンとの面会も果たした。この旅行記は『キネマ旬報』に連載されている。また、この費用は中央映画社の給料と『キネマ旬報』の原稿料でまかなわれたという。その後、森は日活の金曜会で企画のアドヴァイザーを務め、PCLの設立に参加、東宝の砧撮影所長、東宝副社長となった。

私は日本映画産業の最大の功労者として森岩雄と城戸四郎をあげる。城戸は伝統と古風なしきたりの支配する松竹という興行会社で映画事業を推進した。旧弊を乗り越えるには城戸の怪力、剛腕が必要だった。一方、古い映画業界の近代化という理想を実現しようとするPCLでは、森の持つ映画への熱い情熱と見識が必要だった。城戸がPCLに行ったら、またその逆に、森が松竹に行ったら、いずれもうまくいかなかったのではないか。城戸が帝大法学部出のエリート実業家から映画を学んだのに対し、森は映画評論家から経営者になった。

そんな森の驚くべきところは、これだけの映画愛の持ち主でありながら、経営者として観客の求めるものに対する反射神経を備えたバランス感覚である。それは、普通の映画評論家なら作品とその監督、脚本家、そして出演俳優の研究に力を注ぐものだが、森はそれにとどまらず、ハリウッドの各スタジオの歴史、運営方法、そしてプロデューサーにまで研究の対象としていたことだ。その研究論文は既に1920年代の『キネマ旬報』誌上で発表され、『アメリカ映画製作者論』（垂水書房／1965）にまとめられている。D・W・グリフィス、セシル・B・デミル、ルイス・B・メイヤーについての研究は、彼らと同時代を映画界で過ごし、かつ森自身がプロデューサーだっただけに説得力があり、後世の映画研究者が太刀打ちできるものではない。そのハリウッドのプロデューサー研究がPCLの設立の基礎となり、今日の東宝に継承されていると言っていいだろう。

古川緑波の登場と創刊100号を迎えた1922年

ところで、1920年の12月に松竹外国部に入社した田村だが、1921年の9月には早々と松竹を退社、ユニヴァーサル映画日本支社の宣伝部長に就任した。田村はまだ22歳だった。これは、ユニヴァーサル映画日本代表だったトーマス・D・コクレンとの信頼関係によるものであろう。このことによって、田村の志向はますますアメリカ映画に傾斜していった。

1922年がはじまると、1月1日号で古川緑波が登場する。緑波は前年の12月に同人になっていた。後に〝エノケン、ロッパ〟と並び称されるコメディアンの、あのロッパである。彼は

古川緑波

１９０３年８月13日生まれだから、原稿が掲載されたときは18歳だったことになる。緑波はその頃、早稲田第一高等学院に在学中の身で『キネマ旬報』の同人になった。原稿は〈最近の雑感〉と題されたもので、アラ・ナツイモワ（ナジモヴァ）について。

原稿の最後に、―係より― とあり、そこには、「最近本社に入られた古川君が、之から興の行くが儘に此欄を担当して呉れます。此等の記事の方面には独特の手腕のある同君の事ですから、嘸《さぞ》かし読者諸君の御満足を願へる事と存じます。」とある。

18歳にして〝独特の手腕のある同君〟と編集部からお墨付きがあることに、その早熟ぶりがうかがえる。

徳川夢声は、トーキー前夜、弁士仲間や知人の芸人を集め、〝ナヤマシ会〟という不定期の催しを行っていた。これは、観客を悩ます知的な笑いを追求したショーである。その延長線上で、緑波は１９３３年、夢声、やはり弁士だった大辻司郎、山野一郎、そして女優の三益愛子らと〈劇団・笑の王国〉を旗揚げし、コメディアンとして全盛をきわめていく。ちなみに山野一郎（１８９９〜１９５８）は府立三中出身で弁士となり、トーキー後は漫談家、俳優に転じ、『キネマ旬報』にも度々寄稿、夢声とほぼ同様の道を歩んだ。第三子の山内久は「豚と軍艦」（61）などの脚本家（妻の玲子は野田高梧の長女で、立原りゅうのペンネームの脚本家でもあり、野田、小津の脚本の清書をおこなった）である。

1月21日号には、〈高級映画常設館　東洋キネマ〉の広告が掲載されている。弁士に徳川夢声、大辻司郎、松井翠聲などの名がならんでいる。東洋キネマは、神保町の岩波ホールの裏あたりにあり、建物は長いあいだ廃墟のように1992年まで存在していたから覚えている人も多いと思う。解体されなかったのは、建物に利権者が巣食い、複雑に絡み合っていたからで、その実態は宮崎学の『突破者』（幻冬舎）に記されている。東洋キネマは一時期、徳川夢声が経営者となり、その時、支配人だった鈴木重三郎は後にキネマ旬報編集部員となった。レーニンというあだ名がある鈴木は支配人を務めながら経営はまったくの素人で帳簿すら作らなかったと、夢声は自伝で彼を名指しで非難しているから、よほど腹にすえかねたのだろう。ところが、その鈴木は、『キネマ旬報』では数字が重要な興行記事を担当するのだから不思議である。

3月に入ると、田中は1年余り勤めた松竹を退社し、遂にキネマ旬報社の経営に専念する。『キネマ旬報』は前年に自前の事務所を構えるに至ったが、これでやっと専任の経営者のもとで発行されることになったわけだ。

そして1922年5月21日発売号で創刊100号を迎えることができた。100号には、社同人という執筆者名で〈型の如くに〉と題した文章が掲載されており、その中に本連載（『キネマ旬報』連載）のサブタイトルである〝前途は遥けく、行路は難く〟という言葉が使われているので、その前後を紹介しよう。

「吾等の前に三年の月日が過ぎ去って行きました。世のあらゆるものに、推移を與へて三年の月日が流れました。或るものは生まれ、或るもの滅び、或るものは榮え、或るものは衰へ、夥しい世の中の推移をまざまざと想ひ出します。（中略）日本帝国に見るも、更に吾が活動写真界に見るも、時の推移は紛れなき不断の増大進歩なのであります。此の大勢に乗って此の『キネマ旬報』も幸ひにして栄ゆるもの育みの料を與へらる、ものの末席に列しつ、過ぎ去った三年の月日を顧み得る事は、小さな私共の事更に大なる喜びであると思ひます。此の大なる喜びに酬ゆくべく、来るべき刻々の秒分時を、張り裂けんばかりの努力を以って、より大なる収獲（ママ）、より貴き収獲（ママ）を吾が活動写真界の為に齎《もたら》さん事を誓ひます。前途は遥けく、行路は難く光明の彼岸は無限の彼方に横っております。希くは私共の行を壮として鞭ち賜わん事を。」

ものすごい高揚感と自己陶酔に溢れているが、彼らの気持ちを表していることは強く伝わってくる。

田中は父親の死で母親を引き取り、一家を構え、さらに事務所も葵館の間借りから独立し、松竹を退社してキネマ旬報の経営に専従することになった。そして創刊１００号を迎え、間近にせまった7月11日発売号で創刊３周年となる。どうしたって、気持ちは昂ってしまう。

若い彼らは、大人の事情に疎かったからこそ、恐れることなく活動写真界の旧弊を攻撃し、高い理想を掲げた。良質な洋画が輸入され、若い活動ファンは『キネマ旬報』の同人たちの提言を支持した。活動写真界も少しずつ変わり始めた。女形は廃止され、女性が女優として演じるようになった。これは時代の流れであり、『キネマ旬報』が変えたわけではない。しかし、『キネマ旬報』が時代の流れに共振していたことは間違いない。そして、彼らは活動写真界で『キネマ旬報』として、その存在を認められるれようになった。このとき、田中三郎はまだ23歳の若者だった。

早川雪洲の凱旋帰国

1922年の洋画ジャーナリズムにおける最も大きなニュースは早川雪洲の帰国である。雪洲については今さら説明の必要もないと思うが、簡単に記しておこう。1886年千葉県に生まれ、1907年に渡米、ロサンゼルスのリトル・トーキョーの舞台に立っているとき、映画人の目にとまり、トーマス・H・インス監督の「タイフーン」(14)で映画デビュー、1915年、セシル・B・デミル監督の「チート」(15)で、白人の人妻に焼ゴテをあてるという残酷な日本人青年を演じて脚光を浴び、人気スターとなった。その背景には、増加する日本人移民に対する排日感情があり、その象徴として雪洲の演じた日本人像があった。しかし、雪洲のエキゾチックな容貌は女性ファンの人気を集め、ハリウッド・スターと肩を並べることとなる。

雪洲のハリウッドでの活躍は、洋画ファンの旬報同人たちには強い誇りとなっていたが、一方では、日本人の印象を悪化したとして、一部では雪洲を国辱者と呼ぶ声もあった。その雪洲が横浜港に天洋丸で帰国したのが1922年6月30日。この帰国は一大イヴェントであったため、『キネマ旬報』では雪洲の動向について、逐一、数号に渡って報じている。

『キネマ旬報』をはじめとする映画雑誌協会主催による〈早川雪洲氏夫妻歓迎会〉が催された時の記事(6月1日号)を引用しよう。

「一国家が世界的大人物を出すという事は、あらゆる意味に於いて其国の誇りであり誉である。

而も我が早川雪洲氏が活動写真界の名優として全世界に盛名を馳せて居る事は、斯く日本の誇りであり誉である以上に、比較的世界の舞台に於て、得てして白眼視され勝ちな東洋人の為に万丈の気焔を吐くものである。更に氏の芸能が観者に及ぼす感銘が、我国と他諸国との間の親交に莫大の好影響を有する事は喋々を要せぬ所である」

『キネマ旬報』の編集同人をはじめとする知識階級にとっては、海外文化に関心があるからこそ、〝白眼視され勝ち〟といった劣等性を意識し、それが雪洲の活躍で払拭されたと感じたのだろう。日本人の誇りとなっていることが強く伝わってくる。

雪洲の帰国について、『セッシュウ』(中川織江/講談社)によると「岸壁は、前日からの歓迎ムードで盛り上がっている。同時に、日本をおとしめた奴ではないかと物騒な一団も勢いを増して、出迎えからして対立の気配である。」とあるのは、前述した国辱者と彼を非難する右翼などを指す。同書によれば「そんな連中から守ってやると、やはりゴロツキたちが雪洲に接近し、何も分からない彼は、ゴロツキ50人にランチをふるまった」という。スーパースターの来日の混乱ぶりがうかがえる。

帰国した早川雪洲夫妻

この1922年、編集スタッフには次のような動きがあった。9月に、山本緑葉が同人となり、主に撮影所のレポートを担当することになる。同月、俳優でもあった近藤伊與吉が退社。そして、12月にはすでに執筆者ではあった飯島正と岡崎真雄(真砂雄)が正式に同人となる。

さらに、それ以上に大きな事が同じ12月にあった。何と、田村幸彦が、前年9月に入社したユニヴァーサルを退社し、12月8日、業界視察研究のためにアメリカに旅立ったのである。田村のアメリカ渡航は、田中が旬報の経営に専任することで安心したこともあったのではないか。また、旬報への思いとは別に、中学時代からのアメリカ映画への尽きない憧れがあったことは想像に難くない。

もうひとつ、田村を可愛がるトーマス・D・コクレンが、ユニヴァーサルからユナイトを経てパラマウント日本支社に移っていたことにも関係があったのではないか。少なくとも、コクレンの去ったユニヴァーサルに田村は義理を感じる必要はなかったはずだ。

このコクレンのパラマウントへの転職は後に田村の人生を大きく変えることになる。1922年8月11日号にトーマス・コクレンへのインタビュー記事が掲載されている。インタビュアーの署名はないが、田村に間違いないだろう。この時、田村はまだユニヴァーサルに勤めながら、『キネマ旬報』の編集も兼務していた。

「八月三日の夕方私は帝国ホテルに滞在中の前ユ社支社長で、今回フェーマス・ブレアース・ラスキー社（パラマウント）の東洋支配人として来朝したトーマス・コクレン氏を訪れた。例の様に元気な氏は温顔に笑を浮かべて『やあ、しばらく。君が何故今迄来なかったかと実は不審に思って居ましたよ』と愛想よく迎えて呉れた。一別以来の挨拶から、話は氏がユ社を去ってラスキーに入った点に及んで行った。（中略）ラスキーに居た時君の雑誌は送って貰ったのを見、盛大になって行くのを知って喜んで居た。大に紹介に努めて呉れ給へ。写真などはいくらでもあるから、時間があるなら毎日でも来て、自分で選んで持って行き給へ」

とても親しく、そして二人は強い信頼で結ばれていることが伝わる会話である。

田村幸彦の長いお別れ（アメリカ視察）

1922年12月8日、田村幸彦がアメリカに旅立った。期間限定の旅行ではなく、帰国予定は未定のアメリカ映画産業視察のための長期滞在である。

12月1日号に〈お別れの辞〉が掲載されている。

「思ひ廻らすならば私達がこの旬報を創めてから早くも三年有余の歳月が水の様に流れました。私達はそれこそ身を粉に砕いて、この微々たる旬報を多少なりとも我が映画界の力としやうと、日夜努めて参りました。（中略）この際に當り、私は渡米する機会を得まして来る十二月八日横浜出帆の大洋丸でフィルムの都ロスアンゼルスに向ふ事に成りました。今後とも映画界に身を置いて全力を尽し研究を続ける決心であります。数年間のお別れに際し、私の良きお友達であった皆様に、今迄の御厚意を謝し、変らぬ皆様の御友情と御健康とを祈ります。

田村幸彦」

田村は、松竹外国部、ユニヴァーサルと、常にキネマ旬報の仕事と二足のワラジを履いてきたが、田中が『キネマ旬報』の経営、編集に専従したことで、気持ちはずっと軽くなったはずだ。このような事情から田村は念願のアメリカ視察を決意したに違いない。それにコクレンと親しくなったことも不安を軽減したことだろう。

しかし、この〝数年間のお別れ〟という田村の目論見は、予想外の事態によって短期間で終わることになるのだが。

1923年を迎えた。1月1日号の〈年頭の辞〉で「大正十二年は我が活動写真界に於ける維新である事を信じ、大革命期であれかしと、吾人は希ひます。」とあるが、洋画に刺激された邦画の変化が加速することを予感してのことであろう。

そして、〈本誌の諸改革について〉とあり、「各欄に其担当記者の姓名を発表することにしました（中略）社同人田村幸彦君から迅速且正確な米国斯界特別通信がまいります。旬報の一権威として其れを発表し得る日の近い事をお喜びください。（中略）従来余り触れなかった各興行会社の業務向き方面や各常設館に就ての記事等をも務めて載せる事に尽します。其他従来既に本誌が独特な境地を把持し来つた広告法の美化徹底化に就ては一層の進歩を示すつもりです。」これは、原稿に執筆者名を記すということであり、田村のレポートも、乞うご期待ということである。最後は、業界誌的側面を強化し、広告ページを美しくしていこうということであり、この言葉通り旬報は格段の進歩を遂げていく。

それでは、アメリカでの田村の活動について追ってみよう。

まず、1月21日号の田中の編集後記に「米国に行った同人の田村君から私信がぽつぽつ来始めました。船中で病気になって桑港着後暫く動けないと、悲鳴をあげて来ました。神よ彼に健康を與へよと私は毎日祈って居ます。」とある。まず田村の渡米は病気ではじまった。

2月21日号で「ロスアンゼルスに着いて」という第一報が掲載される。実は、これは第三報なのだが、前の2報が個人的なことなので、掲載されなかった。ここで「皆さん、日本と云ふ国を軽蔑しては成りません。その一例として、私は日本の文明が決して米国の—尤も西海岸だけではあるが—大都会のそれに劣って居ないと信じるのである。日本に居る時には、盲目的に西洋文明の賛美者であった私は、足を故国から踏み出して、初めて貴い日本の真姿を認める事が出来た。具体的にどうこうと云ふのでは無い。私の心が、微妙にそれを感じたのである。」

外国に出て感じることは、客観的に自身と自国について見つめることができることだ。私も大学4年の21歳のとき、ひとりバックパックでアメリカを旅したのだが、田村ほどではないにしても、同様の気持ちを抱いたことがあった。

やがて田村はロスアンゼルスの邦字新聞『羅府新報』に入社し、編集スタッフを務めながら、映画会社をまわるようになった。

4月21日号で、田村は次のような記事を書いている。

「この映画（「パロマーの誇り」〝The Pride of Palomar〟22）は、排日の親玉で、米国中の大新聞を殆どその勢力下に握って居るハーストと云ふ、マリオン・デイヴィスの「旦那」である所の親爺が、ピーター・ビー・カインと云ふ、ヤンキー気質の代表的に出て居る小説を書く男、今迄にもたくさん此男の小説は映画になったから読者も御存じだらうが、其男に命じて書かした排日のための排日映画である。ハーストが金主であるコスモポリタン映画で、不愉快千万な印象を與へられた。盛に西部地方の常設館やハイスクール等で青年達に見せて居るから、その影響は相当にあるらしい。中岡艮一《こんいち》の様な奴が出て来て、ハースト親爺を叩き殺すと面白いが、とは羅府に居る同胞が集まると出る話である（筆者注・中岡艮一は1921年11月4日、原敬首相を短刀で暗殺したテロリスト)。」

「米国映画の浅薄さには滞米未だ三ヶ月ならずして私は早くも愛想が尽きて終わった。成程製作のテクニックは完備して居る。技術的技巧方的面の進歩は想像以上に完全さが見られるけれども、一歩冷かに発表される映画の内容を見る時、私は余りに行詰った米国の映画界を憐まずには居られない。物質文明とコマーシャリズムとの齎《もたら》す悲哀は映画界にもまざゝと現れて居るのである。」

第一報同様、アメリカ映画に対して辛辣に、そして現在でも通用する鋭い指摘である。また、早川雪洲が排日感情を背景にスターダムに浮上した事情も理解できる。この田村の気持ちは、アメリカとアメリカ映画を愛しすぎたための反動、裏切られた気持ちなのだろう。このような厳しい指摘はその後もかいま見られるが、アメリカ生活に慣れるに従い、落ち着いていった。そして、田村のアメリカ映画への愛は、アメリカという国の現実を知ることで、さらに深まっていった。

青春真っ盛りのキネマ旬報編集同人

1923年、田村がアメリカに渡ってしまったキネマ旬報編集部だが、その頃、スタッフは田中を筆頭に内田岐三雄、飯島正、岡崎真佐雄、古川緑波などの顔ぶれがそろっていた。さらに社外からも森岩雄、飯田心美、如月敏といった後の同人、社友たちが出入りしていた。

五月信子、英百合子

この年の7月11日号で4周年を迎えることができたが、スタッフは青春真っ盛りであった。8月1日号の田中三郎の編集後記のような私信には、それを証明するようなことが記されている。

「旬報の者はみんな若い元気者揃いです。毎週木曜日の晩には、全部記者連が集って或時は映画談に熱を上げ、或時には無邪気な遊戯に他愛もない夜を更かします。此頃ではその旬報木曜漫談会が大分方々の評判となって、他の雑誌の若武者や、各会社の人々や、撮影所の理想論者、さては俳優の人々までが、木曜には折々やんごとない足を運んで呉れる様になりました。僕は旬報がも少し広いと、此木曜漫談会を一般ファンの集会の様に拡張し度いと迄思って居ります。」

たびたび引用する岸松雄の『田中三郎』でも次のように記されている。

「大正十二年の七月、旬報はめでたく四周年を迎えた。このころになると編集同人ばかりでなく、外部から押しかけて来るひとたちも多くなった。そこで、週に一度木曜日に集まって語ろうではないかと、木曜会なるものをこしらえた。五月信子、英百合子などのスター連中も暇さえあれば蒲田から遊びに来た。いまのジェスチャー遊びともいうべきアンダースタンディング。名指し。夢中になって夜のふけるのも忘れた。」

4月11日号に、さくらん坊という筆名による〈紅茶の後〉というコラム記事がある。

「こんなことは書かない方がいゝかなあ、何《ど》うしようかなあ、まあ久し振りのことだから思い切って書いちまおうか。之はまだ冬の最中のことだ、本誌同人の或者へ蒲田の或女優さんから手編みの襟巻を贈られたのであった。その或者（畜生、癪だから名は書いてやらないよ）は、テヘヘへと得意の笑を浮かべて、社へ来る時は必ずその襟巻をして来るのである。」

この女優が誰で、同人が誰かは分からないが、まさに映画の青春を謳歌していた。

当時の五月信子、英百合子は大スターだった。五月信子は蒲田映画初期の三大人気女優のひとりだった。キネマ旬報社の『日本映画人名事典・女優編』では「忍従型の芸者などを得意とする川田（芳子）、日本趣味の純情な娘役として美貌を誇った栗島すみ子に対して、五月は豊満な体躯でヴァンプ役をこなす反面、壮絶な美しさでかげりのある社会劇に近代的個性を見せた。」とある。

また英百合子については、『小説田中絹代』（新藤兼人＝文春文庫）によれば、田中絹代が松竹京都から蒲田にやってきた直後のことだが、「絹代の所属は大部屋だった。（中略）準幹部、幹部、はそれぞれ別室、大幹部は別棟だった。階級制度は厳しく、「幹部」に「大部屋」は気軽に口を利くことはできない。（中略）幹部には英百合子、松井千枝子、八雲恵美子、筑波雪子、三村千代子などがいた。絹代は大部屋の窓から、羨望の目を凝らして、これらの華やかな身ぶりをみつめた。」

こんなエピソードもある。大正14年、笠智衆が松竹撮影所の入社試験で面接を受けたときのことである。「面接試験には、所長の城戸さんをはじめ、監督の牛原虚彦、脚本家の野田高梧の両先生、それに女優の英百合子さんたちが並んでいた。英さんは、当時の松竹では栗島すみ子、川田芳子と並ぶ人気スターで、面接の席でも城戸所長の隣にいたように覚えている。」（『俳優になろうか』笠智衆＝朝日文庫）戦後「善太と三平物語」（57・山本嘉次郎）で笠と英が老夫婦役で共演したとき、笠がこの面接のときのことを英に話すと「私も先見の明があったのねえ」と笑っておられたという。

飯島正も木曜会について「五月信子や英百合子などが仲間にくわわった。なかでも五月信子は、田中三郎の母堂にいわせると、サブちゃん（三郎）とのラブ・シーンの現場を目撃したというのである。もちろんこれは同人会の席上とは関係がない。五月信子はアネゴのようだったが、英百合子はかわいい女の子だった。」と自著で記している。

ちょっと脇道にそれたが、これほどの大物女優たちが、20代前半の若者たちのところに頻繁に出入りしていたのである。

木曜会だけでなく、旬報は映画人たちのたまり場となっていた。

豊かな家庭に生まれ慶応に通いながら映画の世界に入ったことで親に勘当された山本嘉次郎は「アマチュア倶楽部」（21）以来の五人の仲間、江川宇礼雄、横田豊秋（トヨシュー／宇留木浩）、高橋英一（岡田時彦）、内田常次郎（内田吐夢）や他の仲間を集めて「無名映画協会」を設立し、近藤伊與吉を監督に短編喜劇を製作したことは以前にも記した。その映画がまったく外れて、困り果てた彼らは、「キネマ旬報社の二階へころがり込んだ。麻布今井町の崖下の二階家で、夜は無人になって不用心なので、当時の社長の田中三郎氏の好意で、留守番ということで寝泊りを許されたのである。金はまったく無かった。屋根の下で雨露をしのぐことは出来ても、食うことができない。一日一束の干うどんを洗面器で煮て、それで五、六人の男が空腹をまぎらわした。旬報編集部の紙屑籠を整理して、屑屋に売り五銭でも手に入ると、トヨシューを使いにやった。」（『カツドウヤ水路』）女性にモテるトヨシューは、肉屋の娘から五銭で大量の肉を入手したという。トヨシューは宇留木浩の芸名で俳優となり、山本が監督した「坊っちゃん」（35）の主役を演じてスターになるが、翌36年狭心症により33歳で夭逝した。

キネマ旬報社の事務所で、売出中の人気女優を交え、映画人の青春物語が演じられていた。ちょっと羨ましくなる話である。

関東大震災

1923年、坪内逍遥の門下で〝文芸協会〟の幹部の水口微陽は、演劇ではなく映画俳優のための学校を計画していた。そこで水口が知人から相談するよう紹介されたのが田中三郎だった。田中は1923年8月1日号で「（前略）文士たり新劇運動の古参者たる水口微陽氏が、（中略）映画俳優学校をはじめる計画をたてられたのである。（中略）若輩な僕が紹介する人あって其相談に第一に與《あずか》つたわけであるが、僕は氏の望みを完全に満足させ度い気持から、僕と映画を愛する点が等しうする森岩雄君と近藤伊與吉君を更に紹介した。（中略）僕等は今どうにかしてこの計画が実現し、良い意味に於て予期以上の発展をする様にといふ願ひで気持が一杯になって居る。」と記している。

紹介された森も『私の芸界遍歴』で「田中三郎はそのころ私がキネマ旬報にアメリカのパラマ

ウント映画会社が新人を養成するための俳優学校を創立し運営し、何人かの若いスターを作っている経緯を紹介し、その学科や規定などをくわしく書いたことから思いついたのか、私を水口微陽に紹介した。」とある。

この日本映画俳優学校は水口の本郷西片町の大きな自宅で開校され、私財を投じた運営は困難であったらしいが、卒業生からは小杉勇、島耕二、八木保太郎、佐分利信らを輩出した。

田中が周囲から人望を集め、頼られる性格であることはしばしば記してきた。また、田中自身、様々な活動をオーガナイズすることには意欲的であった。田中はこの日本映画俳優学校には強い意欲を抱いていたに違いない。しかし、田中はこの学校については係ることが出来なかった。『キネマ旬報』が急成長する渦中で、時間的余裕がなかったからだ。田中は本質的にこの種の事業には強い関心があり、1930年代、『キネマ旬報』が軌道に乗ると、田中はさまざまな事業に手を出していくことになる。また、この話をしている最中、次の大惨事が発生したこともある。

1923年9月1日、午前11時58分、関東地方を大地震が襲った。そのころ、キネマ旬報の本社は田中三郎の自宅の隣から、赤坂田町6丁目5番地に移っていた。震災で田町の事務所は焼失したが、幸い重要書類の多くは搬出することができ、それらは、延焼をまぬがれた田中の自宅に運んだ。9月1日号の発売はできなかった。震災前の最後の号は8月21日発売（143）号である。

震災の映画界への影響について簡単に触れておく。大きな被害を受けたのは日活向島撮影所だった。松竹蒲田撮影所も向島ほどではないが、やはり大きな被害を受けた。両社はともに撮影機能を京都に移すことになる。ユニヴァーサル、ユナイト、パラマウント、震災直前に日本支社を開設したフォックスなどの外国映画会社は神戸にオフィスを移した。

『キネマ旬報』の同人、関係者たちには幸いにして、震災の犠牲者はいなかった。邦洋の映画会社は関西に移り、『キネマ旬報』はどう対処すべきか。田中は、『キネマ旬報』も本拠を関西に移すべく、9月6日、鉄道が運休していることから、芝浦から代替の交通機関として就航していた軍艦に乗り、清水港で降りて兄の家に泊まり、そこから陸路、京都に向かった。旬報の本拠地とする場所の調査である。一方、アメリカにいた田村は、震災の一報を聞くと、旬報の再興のためにすぐに帰国の途についた。

このときのことを田中は清卿という筆名により、昭和28年に日本映画俳優協会の会報、第1号「八坂随想」で次のように記している。岸松雄の『田中三郎』からの孫引きになり、ちょっと長いが、面白い内容なので紹介したい。

「ちょうど蒲田撮影所をやられた松竹が、いまの京都映画の本拠下加茂撮影所の建設に着手した矢先で、当時の蒲田所長井上重正氏がだれでも関西に来る人があったら蒲田関係の女優連を帯同してくれるとありがたいが、というような意向をわれわれ仲間にも伝えのこして先発されたあとだった。私も西下にあたって当時の大スターのひとり五月信子さんほかを同伴して来てあげた。事実、交通機関は全く混乱をきわめ、とうてい婦女子のひとり旅など思いも及ばない有様だったのである。

そんな関係から京都についてすぐ、とりあえず下加茂の撮影所候補地という場所にかけつけてみると、たくさんの人足が竹藪をきりひらいていた。こんなところに撮影所をとびっくりさせられたものである。それでもバラバラに西下して来た人たちが、やアやアとお互いの無事を祝福しあう光景がそこここに展開し、復興の意力がみちあふれていた。暗くなると、スタジオ建設に反感を持つ周辺の住民のうちには乱暴をはたらくような気配もみえるからという注意があって、薄暮の加茂川を渡って街中へ引返したことを覚えている。

スタジオが竣工して仕事が始まるまでを、そうして西下して来た人々は、あちこちの旅館に一組ずつ分宿していた。荒廃に帰した帝都をあとに心うちひしがれながらも、さっそく仕事のためにかけつけて来た人びとを、松竹の当事者はもとより、京都の町もまことに心あたたかく迎えてくれ、夜な夜なに傾ける酒盃の味はまことに格別であった。今宵はあの組みへ押しかけようなどと、旅館同士をおとずれあって、ゲラゲラと天地の裂けた瞬間のお互いの体験を語りあったり、いまだ生死の知れない人びとの消息を案じあったり、初秋の夜を話題の尽きないものがあった。ようやく二枚目として売り出しかけた国島昇、いまは亡き若き日の志賀靖郎、河村惣吉、その後新派へ移って花を咲かせている伊志井寛などの諸君とは殊によく往き来した。

私には、南座の前の路次（ママ）にあった「待梅」という、いわば芸人専門宿といった旅館が、わりあてられた。川田芳子、五月信子、勝見庸太郎、花川環夫妻などが同宿で、時刻はビールでもちょっとというようなとき、軒並びの仕出し店「にびき」からサカナをとる。なんにしまひょ、と小女がいろいろな種類の小鉢を揃えた岡持をさげて部屋に現われる。私はいつも珍しくてウナギのポン酢とウマキをえらんだ。きょうはアタイに払わせてよ、花川がちょいと、気前をみせると、大丈夫かいオイ、などと五月が伝法にひやかした。思えば満三十年前の話ではある。」

苦境にあっても生き生きとした映画人たちの生活ぶりがまぶしい。

ところで、飯島正が、木曜会に参加していた五月をアネゴのようだと評していたが、その姿が思い浮かぶ。また、赤坂の旬報事務所で、五月と田中のきわどいシーンを目撃したという田中の母の言葉を思いだすと、ここでもふたりの関係はただならないようにも思える。田中は１８９４年生まれの五月より５歳年下である。後に結婚する女性もそうだが、田中は、どうも年長の、しかも気の強い女性に慕われる傾向があるようだ。

五月は９月に下加茂に来てから、池田義信監督「呪われの日」(23)、牛原虚彦監督「夜の笑ひ」(23) の２作に出演、翌１９２４年の１月には蒲田に復帰している。当時の映画製作にかける日数は短く、２人が付き合う時間はたっぷりとあったはずだ。

香櫨園《こうろえん》時代の始まり

関東大震災により、日活、松竹が京都へ、ユニヴァーサル、パラマウントをはじめとする外国映画各社は神戸へと本拠を移した。田中三郎も本拠を関西に移すべく、震災直後に西下、選んだところは、西宮の香櫨園だった。田中は11月、住居兼事務所として、阪神間の香櫨園駅に近い、川尻の田圃のなかにあった二階家を借りた。住所は兵庫県武庫郡西宮川尻２６１１番地。

岸松雄の『田中三郎』によれば、「阪神電車の香櫨園駅で下車、夙川堤を松並木づたいに浜に向って約一丁、左にだらだら下る小径がある。そこを下りておよそ一丁ほど行くと、右側の古めかしい門に『キネマ旬報社』の看板をかけた二階家が彼等の梁山泊であった。五、六人から、ときには二十人あまりの若者があつまることもある。とにかくあまり金のありそうにも思われぬ連中のくせに、出入り商人からの買物は派手で鷹揚だ。近所の者はこの家を『キネマはん』と呼んでいた。」とある。

2012年12月7日、私は京都で開催される映像企画市と時代劇映画をテーマとするヒストリカ国際映画祭に参加する前日、香櫓園を訪ねた。あらかじめ、神戸フィルムオフィス代表の田中まこさんに、当時のキネマ旬報社の事務所のあった住所を伝え、そこに案内していただきたい旨を伝えておいた。さすがFC（フィルムコミッション）だけあって、古い地図のコピーをはじめとする資料を用意して迎えてくれた。香櫓園駅を下りると、目の前に夙川の堤があるが、その美しさに驚いた。そして、松並木づたいを歩くと左に下る小径がある。

左にだらだら下る小径（現在）

岸松雄が書いていた通りの小径である。90年ほど前、24歳だった田中三郎、田村幸彦をはじめ、旬報の若者たちがここを歩く姿が浮かび上がってくる。この小径に立った時は、ちょっと胸に迫るものを感じてしまった。もう少し、この気分を味わいたかったが、あいにく時間がなかった。

旬報の事務所があったあたりには、現在、信用金庫が建っている。田中まこさんによれば、『キネマ旬報』がここにあった時代は、すぐ目の前が海岸だったそうだ。夏休み、東京から遊びに来た古川緑波、清水千代太をはじめとする若い同人たちはこの海岸で海水浴を楽しんだという。その海岸は、現在は埋め立てられ、海はずっとさきにあるとのことである。キネマ旬報跡地の近くにあった西宮市立郷土資料館で古い写真を見ると、大正時代の香櫨園も、のどかで落ち着きがあり、それでいて田舎くさくはない雰囲気が感じ取れる。短時間でこれだけの情報が得られたのは、田中さんのおかげである。田中まこさんに感謝。

ちなみに朝日新聞2013年9月1日の別刷GLOBEの（住んでみたい街ランキング）の関西圏で夙川は芦屋、西宮に次いで3位にランクされている。

何故、田中がキネマ旬報の事務所の地として香櫨園を選んだのか。今の感覚で考えれば、日活、松竹のある京都に本拠を置くのが当然である。しかし、その頃の『キネマ旬報』の記事の中心は洋画であり、広告も圧倒的に洋画が多かった。そして、洋画各社の本拠は神戸にあった。田中は京都と神戸のあいだで、快適な場所を探した結果、香櫨園を選んだのではないだろうか。

香櫨園に移ってはじめて発行される震災後復活記念号（通巻144）は1923年11月21日に発売された。8月21日号以来、3カ月ぶりの発行である。クレジットは発行人・田中三郎、編集人・田村幸彦のツー・トップに戻っている。〈復活号　巻頭言〉の最後に、〝東に復興の帝都、西に再起の吾等〟と並々ならぬ決意がうかがえる。

田村は「帰社の御挨拶」で次のようにこの間の事情を書いている。

「私が地震の報知を知ったのは、所要あって羅府から桑港へ来た後三週間程した九月一日の午前十時頃でした。三井の支店へ電報が来たと云ふので、日本人町へは早速その事が伝えられました。午前十時と云ふのは、東京の正午は米国ではその前夜くらいですから、東京の時間で云ったらもう一日の夜に成ってからの事でせうか。私は海外電報などは法螺が多いから、大した事は有るまいと、実は楽観して居たのでしたが、二三時間すると一斎に新聞の号外が発行されて、東京横浜全滅！、死者五十万、家を失った者六百万人などと、途方もないニウスが続々発表されました。流石に斯うなると安心してもいられません。号外の出る毎に段々詳しい報告が来て、二日には東京で焼けた区の名前迄が書き出されました。私の家の在る神田や旬報社の在る赤阪（ママ）も、その中に載せられています。之は大変だと早速四百八十哩《マイル》の道を正味十三時間半で自動車で飛ばし、ロサンゼルスへ四日に帰って来ました。もう日本人間では義捐金募集などが始められて居るし、汽船会社に問合わせれば、救援品を積むので一切米国船へは乗客を乗せないと云ふ答。実際途方に暮れて終ひました。何は兎もあれ東京へ帰って家族や友達の無事な顔を見ないうちは、夜も眠れない程の心配です。そしてやっとの事で九月十八日出帆の天洋丸に乗る事が出来、取るものも取敢えず、最大急行で帰って参りました。幸いに家族一同も無事、旬報の連中も意外に元気で、やっと安心した次第です。この復活号は皆んなの努力でどうやら出せました。今後とも忙しい事を私達の楽しみにして、旬報の為に働きます。」

アメリカの在留邦人たちが、関東大震災の報道に触れたときの姿を記した貴重な文章である。また、田村は1年足らず前の12月1日号で、〈お別れの辞〉を書いていたが、まさか、これほど早く〈帰社の御挨拶〉を書くことになるとは想像もできなかったことだろう。

1923年11月21日の復刊記念号には特筆すべきことがある。パラマウントが8ページの広告を掲載したことだ。これはパラマウントの代表だったトーマス・コクレンによる友人・田村と旬報への激励の気持ちがこめられていた。

11月の復刊とともに、『キネマ旬報』に社友という立場を創設し、飯田心美、石川俊重（俊彦）、森岩雄、鈴木俊夫（ユナイテッド・アーチスツ宣伝部長）が迎えられた。また、12月には、徳川夢声がオーナーだった神田・東洋キネマの支配人を勤めていた鈴木重三郎が本誌編集部員として入社した。鈴木については既に記したこともあるが、如月敏とともに、田中三郎の晩年まで深い親交を保った。

香櫨園に居住したのは、田中三郎、田村幸彦、営業部の山路健夫、平尾四郎の四人だった。しかし、岸松雄が書いていたように、そこには常に映画を愛する若者たちであふれていた。岸の同書が彼等の姿を生き生きと伝えている。

「夜ともなればいずこともなくこれらむくつけき若者の友人知人のあつまり来て談論風発、疲れるとそのまま泊まりこんで、翌朝帰っていく。勝手もとには食パン、リプトンの紅茶、MJBのコーヒー、バターの類を年中切らすことなくたくわえており、階下八畳の間は万年床が敷いてある。だから腹がへったら勝手もとへ行って好きなものを食えばいいし、眠くなったら万年床にもぐればいい。二階座敷にはブランスウィックの蓄音機がすえられてあって、チャップリンの作曲したというジャズ・レコードをくりかえし味わう。」

金のありそうには見えないが買物は派手だった……とあったが、やはり彼等はエリート集団だった。身の回りの物は、当時としては、一流品ばかりである。

大正時代に活躍した小説家、上司小剣は大のオーディオ・マニアでもあったが、ブランスウィック社の蓄音機について「誰か、私の蓄音機に向って石を投ずるものがあったら、（中略）自分の身体で蓄音機を掩《おお》ふであろう。自身が怪我をして蓄音機が助かれば、この上ない歓びである」（『夢見る趣味の大正時代』（論創社）に掲載された「蓄音機読本」からの引用）とあるが、このような高級機を彼等は誰もが触れ日常的に使用していた。

また、香櫨園の近くに甲陽園という今でいうテーマパークがあり、園内に東亜キネマ甲陽撮影所があった。震災前、赤坂の旬報事務所に転がりこんでいた山本嘉次郎、トヨシュー（宇留木浩）がやはり震災で東亜キネマに流れて来て、関西でも香櫨園のキネマ旬報編集部に出没した。山本の東亜キネマ入りも田中の紹介だった。出入りする俳優陣も谷幹一、岡田時彦、岡田嘉子らが顔を出していた。東京・赤坂の木曜会が関西に移動したようなものである。

キネマ旬報の本社機能が香櫨園に移って、麻布今井町の事務所は東京支社となり、そこには関西に同行できない学生の同人たちがいたが、彼等も休みには関西に遊びに向かった。

以下は岸松雄によれば「学期末となれば、東京側の、当時まだ学生だった古川緑波、岩崎昶、岡崎真砂雄、内田岐三雄、飯島正、清水千代太たちが押しかけて来る。夏場はその人たちのために蚊帳の用意もしなければならない。如月敏は海水浴場のカルピス・ガールに想いを焦がし、ついにカルピスを飲みすぎて腹をこわし、緑波は三郎が買いにやったサバずしをペコリと何人前かたいらげ、夙川土手の洋食屋のビフテキ・パイに下鼓をうち、岡本の谷崎潤一郎先生をおとずれ、感激の極、雨の中を岡本から跣足で帰ったりしたものである。京都支部を引きうけていた山本緑葉のごときは新妻を同伴してこの渦中に飛びこみ、うかうかと日がたつうち、留守宅に空巣にはいられたりしたというのだから、いかにたのしかったかわかるであろう。」（筆者注　岩崎昶、清水千代太は震災後に同人になる。また、谷崎潤一郎は震災後、芦屋に転居していた。それから、まったくの余談だが、カルピスは1919年7月7日に発売された。『キネマ旬報』の創刊4日前である。）

谷崎は映画には強い関心があり、1920(大正9)年、横浜で設立された大正活映の脚本顧問として「アマチュア倶楽部」(20)、「葛飾砂子」(20)、「雛祭の夜」(21)、「蛇性の婬」(21)に関わった。谷崎の周りには、葉山三千子(義妹のせい子)、上山珊瑚(上山草人の義妹)、岡田時彦、栗原トーマス、内田吐夢といった映画人が集まり、映画を語るサロンをかたちづくり、田中三郎はじめ旬報とも親交があった。

飯島正は田中と谷崎について『ぼくの明治・大正・昭和』で「田中三郎社長は、プラトン社の川口松太郎(1899~1985)と仲がよく、その関係で、谷崎潤一郎さんと遊ぶこともたびたびだったようだ。ある晩、ぼくも田中社長に連れられて、大阪に出かけ、その御縁で帰り道には、谷崎潤一郎さんと、自動車に同乗する光栄に浴したわけだが、少年時代から尊敬していた大作家の前に出ると、わけもなく興奮して、一言もいえず、ただただお隣にすわった谷崎さんのふくよかな肘の感触を、身にこたえて、ちぢこまっていただけである。谷崎さんは、いかにも大様に、ただわけへだてない態度で、まだ若造の田中三郎と話していた。それを見るだけで、ぼくは満足だった(筆者注・プラトン社は大阪の出版社で川口は直木三十五とともに雑誌『苦楽』の編集部にいた)。」谷崎は田中より15歳も年長であるが、このような関係にも田中のカリスマ性がうかがえる。

さて、『映画往来』1930年2月号で、如月敏が田中三郎との手紙のやり取りを紹介しているが、田中は香櫨園のキネマ旬報について「情け豊、熱あり、歌あり、涙あり、あゝ地上の楽園」と如月に書送っている。本当に楽しかったのだろう。如月は震災で日活を退社し、キネマ旬報社に入ったが、翌1924年1月、香櫨園にいると、日活から電報が入り呼び戻されてしまった。

その後、如月は社友となり、前記したように田中とは生涯の友となる。

キネマ旬報の長い歴史において、香櫓園の時代が最も輝かしい時代だったのではないか。震災に追われて関西に本拠を移したが、映画界は復興景気で活力に満ち、キネマ旬報の彼等も経営の悩みに直面することなく青春を全開させていた。香櫨園の時代はキネマ旬報社が、株式会社として登記し東京に戻る1927年まで続くことになる。

キネマ旬報ベスト・テンの始まり

関西に移って初めての新年を迎えた。1924年1月1日号で、内田岐三雄が1923年に公開された映画のなかから、自身の第一級作品、第二級作品それぞれ10本と飯島正のベスト12を紹介している。内田は、アメリカの映画雑誌『Photoplay』や『Motion Picture News』のようなベスト・テンを旬報でもやったらどうかと提案していた。これが、この年の年末に1924年の優秀映画投票、キネマ旬報ベスト・テンのきっかけとなったともいえる。

内田の選んだベスト・テン作品を紹介しよう。

①「ファラオの恋」（21／エルンスト・ルビッチ）、②「人間苦」（20／セシル・B・デミル）、③「前途洋々」（20／アムレット・バレルミ）、④「偽牧師」（23／チャールズ・チャップリン）、⑤「愚なる妻」（22／エリッヒ・フォン・シュトロハイム）、⑥「血と砂」（22／フレッド・ニブロ）、⑦「センチメンタル・トミー」（20／ジョン・ロバートスン）、⑧「乗合馬車」（21／ヘンリー・キング）、⑨「ふ

るさとの家」（22／ジェームズ・クルーズ）、⑩「ドクトル・マブゼ」（22／フリッツ・ラング）〈シネ・ビラン1923〉と題されたこの文章には、まったく日本映画について触れていない。日本映画のキネ旬ベスト・テンが始まるのは洋画の2年後ということからも伺えるように、彼らはこの時点では邦画に高い評価を与えていなかった。同23年は、25歳の溝口健二が「愛に甦へる日」（23）で監督デビューしているが、評価は手厳しかった。

日本映画ではなく〝世界的〟な話題作を見ることが、都会のインテリ大学生をはじめとする若者たちのファッションである時代だった。それらの作品をいち早く紹介した『キネマ旬報』は、若者たちの支持を集め部数を急速に伸ばしていった。

それにしても、映画というものが誕生して、まだ30年足らずの1924年に、すでにこのレベルの映画が製作されたということに驚く。私は「偽牧師」、「愚なる妻」、「血と砂」、「ドクトル・マブゼ」の4作を見ているが、撮影技術、ストーリー展開、人物描写のどれもが、現在の映画と比して遜色ない水準である。内田が1位に選出した「ファラオの恋」は2013年12月6日、京都文化博物館で完全に修復された35㎜フィルム版・英語字幕・ピアノ生演奏付で上映されたが、残念ながら、私は参加することができなかった。ルビッチといえば〝ルビッチ・タッチ〟と呼ばれる洗練されたコメディで知られているが、「ファラオの恋」はスペクタクル史劇で、ルビッチの異なる側面を残す貴重な作品である。

関東大震災後の復興は、内務大臣に就任した後藤新平がリーダーとなって帝都復興院を設立し、大胆に計画を進めたことが知られている。その結果、震災によって灰燼と化した東京は新しい都会となって再生し、大正モダンという文化が誕生した。復興事業が景気を上昇させ、デパートが女性ファッションをはじめとする消費文化を煽った。

女性の服装、ヘア・スタイルの参考になったのが外国映画だった。そして、モボ・モガ（モダン・ボーイ、モダン・ガールの略語）と呼ばれる若者たちが銀座を闊歩するようになるのだが、そのとき、知的なアクセサリーとして『キネマ旬報』を小脇に抱えて歩くのがカッコ良かったと言われている。確かにハリウッドの女優のカラー写真を使用した表紙は今見るとレトロでカッコいいが、『キネマ旬報』が流行の先端の若者たちのアクセサリーとは、今では想像を絶する話である。私が大学生だった1970年ころ、キネ旬を持っていると、理屈っぽい映画狂として女子大生からは煙たがられた。

部数増によって広告も飛躍的に増加した。1月1日号で、田村、田中の筆名で〈編集上の事に就いて〉という記事がある。そこで「唯最近甚だ困ったのがあった、というのはお前たちはパラマウント社の機関雑誌になったのかというお叱言であった。なにも広告を沢山出しても機関雑誌になったわけではない。唯パラマウント会社が広告というもの、効果を最もよく認めて、最も多くの金を其為に惜しまず使って居る迄の事、いわば会社としての方針に依って広告の頁数がきまるわけである。現に批評欄等に於ける僕等の態度を見て呉れ給へ、とまあ云訳する程の事でもないが。」と書かれている。つまり、読者から広告が、特にパラマウントの広告が多すぎるという苦情が来たのだ。パラマウントの日本代表トム・コクレンが田村をはじめ、キネマ旬報を支援していたことは既に記した通りである。

この1月1日号では、総ページ52のうち広告は23ページもあり、さらに記事のなかにも小さな囲み広告がある。

3月11日号の編集後記にあたる〈ペンを措く前に〉では次のように記されている。「旬報の広告と発行部数が此の春に成ってから少し大袈裟に云ふと幾何級数で増加して行く。広告の増加すると云う事は、広告主が旬報の広告価値を認めて呉れるからだ、即ち旬報が社会的に認められたのだと、実は嬉しく思って居る。（中略）この盛況に鑑みても、私達の責任は重且大である。」

わずか5年前、たったの4ページで創刊された雑誌からはとても想像できない成長ぶりである。広告掲載料がいかに安価としても、かなりの収入になったはずだ。しかし、田中には、広告収入を内部留保に残して経営基盤を固めるという発想はなかった。

1924年に入ると、日本映画の製作本数が外国映画の輸入本数を凌ぐようになり、日本映画でも評価に値する作品が作られるようになっていった。『キネマ旬報』に広告が多すぎるという読者の苦言に忸怩たる思いをつのらせた田中は、広告を掲載しない日本映画専門の『日本映画』と本格的な映画批評誌『映画往来』の創刊に踏み切ることになる。そして、『キネマ旬報』本誌を映画業界と密接に関係する業界誌と位置づけた。

田中三郎が25歳になろうというころのことである。

田中の性格は、経費に対する考えは緩く、火の出るような理想を掲げて映画雑誌の出版社経営に邁進していくものだった。だからこそ、多くの映画人が田中を慕ったのだろう。

現在のようにベンチャー・ビジネスの情報や銀行のアドヴァイスなどなかった時代だったとは思うが、それにしても強引である。私がキネマ旬報に関わってから（1978～）、広告が誌面に溢れて読者から苦言が来るなどいうことはただの一度もなかった。この好機に会社の経営基盤を固めておけば良かったと考える私は人間が小さいのだろう。

キネマ旬報の事業拡大

1924年の映画産業は、震災後の復興景気に乗り活況を呈していた。公開本数も増え、先述したように、旬報の誌面には広告が溢れ読者からの非難も出るほどだった。キネマ旬報は事業の拡大を始めた。1月21日号で〝代理部大改革に就いて〟という告知では「伊国映画の独占輸入商であったロンチ商会の支配人たりし青山虎雄氏が新たに入社して代理部の経営方面を担任し、莫大な資本を以って先ずブロマイド製作を徹底的に行う計画になりました。既に製作工場との連絡も成り近々同好の士を喜ばせる事が出来ます。（中略）ブロマイドに次いで順次あらゆる映画に関する趣味豊かな物の発売を始めます。」とある。今でいうマーチャンダイズ・ビジネスを始めようということである。これは、高校時代のブロマイド販売の成功体験が発想の原点にあったと思うが、その後、この件に触れる記事はなく、しりすぼみに終ったのだろう。この代理部という名称は、私がキネマ旬報に入社した1978年にも存在していた。その頃は、映画館で売られている〝劇場用プログラム〟を営業部が片手間に通信販売していた程度だった。

6月末には、日本映画専門画報『日本映画』を創刊する。発刊に就いて、田中と田村は連名で「方々の会社の好意で多数送って呉れる日本物場面写真をみすみす暗に葬るのが如何にも惜しい、それに肩の凝る調査づくめ理屈づくめの仕事の半面に幾分でも手足の伸び伸びする様な仕事もしてみたい、といった様な動機で発案したものなのです。そして震災前東京で鈴木重三郎君がやって居た『活動写真画報』を継続する様な気持で鈴木君にて片肌ぬいで貰ひ、また斯界の匿名氏跡見緑三氏の尽力も得て、一つ出来るだけ踊りを踊って御覧に供する様なわけです。勿論旬報社編集部の若手腕利きの同勢全部も加って華々しく打って出る事になって居ます。俗にくだけたり、やっぱり生地が出て高踏ぶったり妙なものになるかも知れない、妙な所もまた御愛嬌だ、とどうぞ御後援ください。」と記している。

新雑誌の創刊となれば、ふつうは取締役会の承認などが必要だが、キネマ旬報はまだ会社として成立していない。田中が決めれば済むことである。しかし、映画雑誌2誌を発刊する経営的リスクを考えなかったのだろうか。当時、外国映画と日本映画の観客層が異なっていたことから、読者が競合することもなかったが、日本映画の観客層には、旬報に掲載されるような高等な批評を読む読者は少ない。その点についても、震災前にあった『活動写真画報』を継続するという安心材料があった。また、この年から、日本映画にも、批評に値する映画が公開されるようになった。彼らなりの勝算があったのだろう。しかし、この『日本映画』も〝ブロマイド販売〟同様、間もなく絶ち消えになった。彼らには器用に収益をあげる反射神経は備わっていなかった。そして、そのDNAは私が編集部にいた時代まで、しっかりと受継がれていた。

ここで、1924年に公開された日本映画について触れてみよう。村田実は「お光と清三郎」と「清作の妻」を発表、ともに高い評価を受けた。島津保次郎は震災後に誕生したサラリーマンの郊外生活を舞台とした軽いタッチのコメディ「日曜日」を発表、古川緑波は6月1日号で「島津氏は唯一人の喜劇監督」と評価している。長いあいだ脚本を書かされてきた伊藤大輔がついに「酒中日記」で監督デビューしたのもこの年だ。日本映画を専門とする山本緑葉が6月11日号で「伊

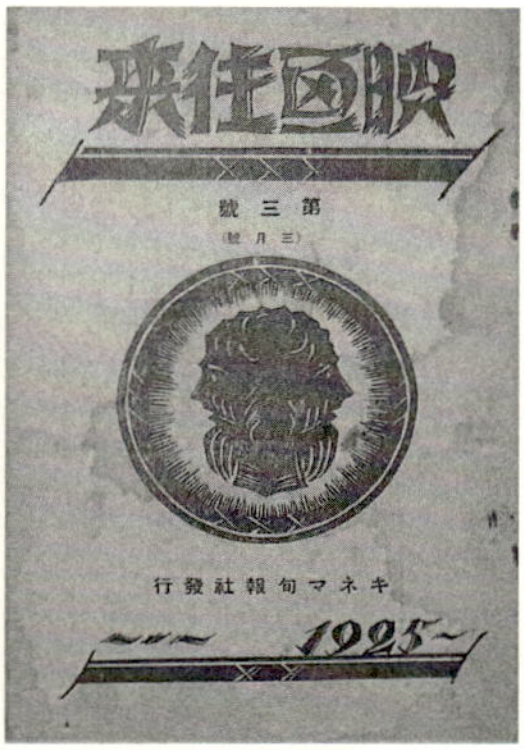

藤大輔氏を称賛するに止まらず、帝キネの誇りとしてその成功を祝福する」と絶賛している。

　山本緑葉は6月11日号の〈日本映画の批評について〉で記した「（前略）莫大な費用と長時日とをして作られた外国映画に比較したら日本映画は余りに憐れです。然しその割合に上出来と云わねばならぬ作品もしばしば見出します。（後略）」という文章は、批評家の気持ちを良く伝えている。またこの言葉は現在の邦洋の関係でもあてはまる。

　その一方、『キネマ旬報』は7月11日号で創刊5周年を迎えた。田中は5年間を振り返り「当時、片々四頁の冊子をひっさげて世界の映画界を云々せる我等が、五ヶ年の後卅頁に余る本誌を以って未だ一として貢献の顕著なるものを持たぬのは甚だ汗顔に堪えぬ次第ではあるが、唯本誌同人の多くが今や斯界雑誌界に於て少壮中堅の論士としてあらゆる機関に筆陣を張るの盛観は心嬉しき限りである。〜旬報社経営方面の責任者として田村幸彦君と共に此処に感謝の念を宣明披歴するものである。読者諸君！　幸ひに益々御後援あれかし。」とあるが、常に謙虚な田中にしては、経営者としての自覚と自信がうかがえる。

　この後、田中は経営に専念したためか、東京に出向く事が多くなり、田中と田村の編集後記とも言える〈ペンを措く前に〉というコラムでは田村ひとりによる執筆が増える。

　そして12月1日号の〈ペンを措く前に〉で田村は「別頁広告の如く来年は旬報を拡張するとともに『映画往来』と云う雑誌をもう一つ新

しく出す事にした。細目は次号に発表するが、旬報がトレード・ペーパーとしての使命を果たす上にはどうしても其の必要に迫られたのである。『映画往来』には本誌同人の死力を尽くしての健筆を揮ふ筈であるから、映画界最高権威の読物として是非とも御愛読下さるようと、予めお願いする。」と雑誌創刊の予告を記している。

続いて田中が12月11日号の同コラムで「代理部の大改造を機に僕は社全体の経営事務的方面の番頭さんの様な仕事に此処三ヶ月程没頭して居た。漸く其方面の概略の基礎が出来たのでまた少しは編集方面のお手伝いも出来る。やはり算盤よりはペンが懐かしい。併し編集という厄介な仕事の責任が全然なくなった為に、書くという最も愉快な事だけが僕のペンに関しての仕事として残されたのは嬉しい。『映画往来』も出るし、一つまたペン陣を張ろう。」と経営者としての宣言のようなことを記している。

こうして、キネマ旬報社の事業拡大は１９２５年1月に『映画往来』を創刊することで一段落を迎えることになる。

『映画往来』は田村の次の言葉「本誌同人の死力を尽くしての健筆を揮ふ筈」の通り、密度の濃い誌面の雑誌になったが、やはり長くは続かなかった。

１９２４年、キネマ旬報社が映画雑誌3誌を発行することが可能だったのは、やはり資金的な余裕があったからだろう。それを支えたのは広告収入であったことは間違いない。１９２４年はキネマ旬報の絶頂期だったとも言える。

しかし、田中の「代理部の大改造を機に僕は社全体の経営事務的方面の番頭さんの様な仕事に此処三ヶ月程没頭して居た。」と言うわりには、事業は結果を残せなかった。その後、田中はしばしば資金繰りの苦労を誌面に記すようになっていく。後に触れるが、1930年代に入ると、あれほど皆から慕われていた田中から、仲間たちは遠ざかっていくことになる。

田村の編集長宣言

1924年後半、『キネマ旬報』における田中と田村の役割がより明確になってきた。9月1日号の〈ペンを措く前に〉で田村は「今度の号から旬報の編集は僕一人で引き受けることに成った。」と編集長宣言のように記している。続く10月1日号の同欄でも「相棒の田中君が東京へ先月の末に行って東奔西走旬報の事業方面に活躍して居るので、僕が編集を一人で引き受けてやって居る」とある。この役割分担は、蔵前高でブロマイド販売をしていた頃からのもので、ふたりのキャラクターによるものであろう。田中がイヤイヤ会社の経営、資金繰りを引き受けたのではなく、もともと田村は自分よりも映画への思いが強いことから、田中は会社の経営、人事全般を引き受けなければならないという自覚によるものだろう。また、そういうことが編集より向いていた、もっと言えば好きだったはずだ。しかしもちろん、田村にも編集長としてのビジネスのセンスはあった。熱のある映画ファンではあるが、個人の趣味に走らない、読者の求めるものを発信する感覚をもっていた。それは、田村がその後、パラマウント、戦後は大映の国際部と、組織社会の一員として役割を果たしていくことをみてもわかる。ちなみに他の多くの同人たちは、最終的には映画評論家という個人の仕事についた。

とはいえ、田中の経営手腕は危うく、見通しは甘かった。彼らふたりが、その時代を乗り越えられたのは、映画産業が右肩上がりの好調な時代背景があったという幸運に恵まれたことに加え、ふたりが多くの先輩、同世代の映画人に慕われたからだと思う。しかし、彼らは、その幸運を活かすにはあまりにも不器用でナイーブだった。彼らが輝いたのは20年代後半の一時期で、30年代に入ると、戦争という時代を背景に嵐の中を漂う小舟のように漂流していく。そして、以後、『キネマ旬報』の今日までの歴史を振り返れば、編集と経営というバランスが常に課題であった。

それでも、『キネマ旬報』が今日まで存続できたことは、その基礎が1920年代に築かれたことにあり、それが築けたのは、田中と田村をはじめとする20年代のキネマ旬報同人という人材がいたからだ。

その基礎とは、日本映画紹介、外国映画紹介、批評、そしてキネマ旬報ベスト・テンである。編集部内では〝日紹〟〝外紹〟と呼んだ、スタッフ・キャストのクレジットおよび主観を交えない文体による解説、結末まで書く略筋は膨大なデータベースとなっている。また、キネマ旬報ベスト・テンは、2019年で92回を数えるに至った。20年代の同人たちの愚直なまでの映画への思いが今日、大きな蓄積となったのである。

一方、このような歴史によって築かれたイメージは、読者や映画業界内から『キネマ旬報』のあるべき姿として定着し、キネマ旬報自身もそのイメージに自縄自縛となる局面もあった。それは、以降、出版産業が斜陽化していくなかで新規事業を立ち上げるたびに、内外から強い風圧を受けることからも明らかだ。様々な事業を引き受けた田中の気持に共感できるのは、私も外国映画の買付、配給、邦画の製作、キャラクター事業などを手掛けた経験があるからだ。そのとき、〝なぜ、キネ旬がそんなことをやるんですか〟と必ず問われたものだ。

中央大学の4年生だった矢内廣が1972年に『ぴあ』を創刊したことは既に記した。矢内もその後の82年に『CALENDER』を創刊し、わずか1年で休刊している。しかし、矢内はその苦い経験を活かし、〝チケットぴあ〟といった新規事業を成功させ、会社を上場させたことは、田中と大きく異なるところだ。時代も異なるが、田中には矢内のような才覚はなかった。

さて、田中と田村が社内の役割を調整しているころの1924年6月、米国映画ボイコット騒ぎが起こった。『キネマ旬報』6月11日号によると、6月7日、大行社と名乗る愛国団体の団員が日活と松竹に押しかけ、米国の排日運動に対抗して、米国映画の上映を禁止しろと談判した。翌8日、両社は協議し、米国映画の買付はしない、米国映画の上映はしない、実施は7月1日と決議した。アメリカでの排日運動については、田村の渡米中のレポート、ウィリアム・R・ハーストが製作した映画で触れた。

この決議に対し、フォックス日本支社長のグッドマン氏は「之《これ》は彼等自身を傷つけるものであると思う」とコメント。また、パラマウントの日本代表、トム・コクレン氏は10年間日本に住み、日本人を心から愛し信じていたことから、眼に涙を浮かべていたと報じている。田中三郎は6月21日号で〈米国映画排斥問題一言〉という1頁を割き「芸術に国境なし」と反論を書いた。

この騒動の実態の背景には、暴力団が映画会社、国活の整理に関わり、そこでヨーロッパ映画の配給権を取得し、配給事業に進出しようとしていたことがあった。ヨーロッパ映画を売るには、より人気の高いアメリカ映画が邪魔だったのだ。脅迫を受けた日活、松竹であったが、2週間ほどで事態は元に戻ってしまった。田中は7月21日号の〈ペンを措く前に〉で、この排斥に賛成した某映画業界新聞の社長が、排斥撤廃に回ったことに対して、「飽く迄反対したら兎に角も文章上の理屈は通る。〜暑いから今日は皮肉でもいはせて貰って失敬する」とかなり挑戦的だ。排斥への反論で、チャップリンの「『巴里の女性』(23)、ルビッチの『結婚哲学』(24)を埋もれさせていけない」と書いていたが、両作は第1回キネマ旬報ベスト・テンの芸術的に最も優れた映画部門で1位、2位となる作品である。こうした作品が非公開になりかねない危機ということで、田中たちの怒りは燃え上がった。しかし、2週間で事態は元に戻ったということから見ると、日活、松竹はどうも本気ではなかったのではないか。このあたりの〝大人の事情〟には、若い旬報編集スタッフたちは疎かった。しかし、その若さの愚直さが彼らの原動力であり、やがて田中は映画界のオピニオン・リーダーとして大人の業界人のあいだでも認められていくことになる。

清水千代太と岩崎昶の参加

このころ、清水千代太(1900〜1991)と岩崎昶(1903〜1981)が編集同人として参加することになった。田村の24年10月11日号の〈ペンを措く前に〉で「帝大独文科の岩崎秋良君が今度旬報社の同人に加わった。二箇月程以前に同人となった外国語学校仏語科の清水千代太君を改めて今時分御紹介するのも変だが(後略)」とふたりの参加を紹介している。

岩崎昶

清水は1924年に『キネマ旬報』の同人となり、戦中の1941年、映画雑誌の統合により、『映画旬報』となったときに編集長をつとめ、戦後『キネマ旬報』が復刊されると、再び編集長をつとめた。1956年、社長の大橋重勇との確執から旬報を去るまで、戦中の休刊をはさんで、30年あまりをキネマ旬報と係りを続けた。この騒動についてはいずれ触れることになる。

清水にわずか遅れて同人になった岩崎昶は、そのいきさつを、自著『映画が若かったとき』（平凡社／80年刊）で記している。

震災で家を焼け出された岩崎家は雑司ヶ谷に移り住んでいた。近所の家の表札に〝森岩雄〟とあった。映画ファンだった岩崎は当然その名を知っていた。何度も森家の前を通り過ぎたが、ある日、意を決して「ご免下さい！　森岩雄先生、いらっしゃいますか？」と格子戸を開けた。応対に出た母親が「岩ちゃん！　お客様ですよ！」と二階に声かけた。出てきたのは、和服を粋に着こなした20代の青年だった。森は岩崎より4歳年長だった。それを機に森家を何度か訪ねた岩崎は、ある日、森から「岩崎君、一度『キネマ旬報』に行ってみないか」と誘われた。六本木から溜池のほうに下り、路地に入ると見ばえのしないしもた屋に「キネマ旬報社」と木の表札が無造作に打ちつけられている。「こちらが社長の田中三郎さん。——こちらは岩崎君。ドイツ文学をやっているが、映画の研究家なんだ」と森が紹介した。「私は固くなって田中社長に初対面の挨拶を述べたが、なるほど、まだ三十には間があるという感じで、若い。机の前に坐って何か書き物をしている編集スタッフが二、三人いたが、これはもちろんさらに若く、だいたい私と同年輩である。

これだな、『キネマ旬報』の秘密は、と、すぐにピンと来た。読者が何を求めているか、何を面白がっているか、そんなことは自分の眼と胸に聞けばそれでいい。あれかこれかと模索したり、迷ったり、推量したり、調査したり、という普通の雑誌編集者の苦労など、まったく知らないのだ。」というのが、岩崎の感じた『キネマ旬報』編集部の印象だった。

その日、森と田中の話を、岩崎はただ畏まって拝聴した。それはたっぷり一時間は続いた。ふと岩崎が、仕切られた棚に入っている『キネマ旬報』を一冊ぬいてパラパラ見ていると、「それ、バックナンバーだ。揃ってる。岩崎君、一部ずつ持っていき給え」と田中。「遠慮しないでいいよ、岩崎君」と森も続けた。そうして岩崎は、三年分くらいの『キネマ旬報』をうんうんいって家まで持ち帰ったという。これが岩崎と『キネマ旬報』と出会いだ。そして彼は、やがて同人になる。

1924年といえば、編集部は香櫨園に居を移していた。岩崎が森に連れられて田中を紹介されたキネマ旬報社は東京事務所であろう。そして、田中はそこに常勤するような書かれ方をしている。このことからも、田村は香櫨園で編集作業を担当、田中が東京で営業活動をしていることが想像できる。

岩崎昶は銀座4丁目という都心でも一等地に生まれ、祖父がタバコ事業で大成功していた（山本嘉次郎の実家も築地のタバコ屋で、近所でタバコ屋のセガレの映画好きだったことが、後に分かる）。岩崎は大変な秀才で、府立一中を出ると、一高では1年飛び級で東京帝大に合格した。一方、家業は父の代で傾き、『キネマ旬報』に同人になった帝大時代は借家暮らしだった。岩崎は関東大震災に遭遇したときのことを、前掲書で次のように記している。

「九月三日に私は大学の様子を見に行った。（中略）最悪の事態が発生していた。図書館が炎上していた。正門に入ってとっつきの右手に図書館はあり、これまでずいぶんお世話になり、これからもお世話になろうとしていた図書館。たぶん日本でいちばん貴重な文化財の一つ。世界的な稀覯書を含む八十五万冊の蔵書があると常々聞かされていた図書館が烏有《うゆう》に帰するとは夢にも思わなかった。（中略）外から見た限り、建物自体の損害はそれほどではなかった。（中略）が、かんじんの中身の蔵書はほとんど炎となって燃え去り、余燼が残っているだけだった。（中略）足許を見ると何か大判の書物が焼けたままの形で厚い灰になって、どういう焔の温度の関係か、黒字に英文の文字が白く浮き出したように、つまりページが写真のネガティヴそっくりに黒白が入れ替わって、残っていた。文章もハッキリ読み取れる。表紙は題名もわからない、この洋書の燃えさしを私は注意深くそうっと両手をさし出して持ち上げようとした。この大震災の記念として、そしてまた日本の明治、大正文化の記憶すべき遺品として、大切に家に持って帰って保存しようと思ったのである。厚い書物はまったく重みがなく私の手の中で、幻影のように無抵抗にコナゴナになり、砕けてしまった。それは人の手に触れられて無に帰するのを何世紀も待ち受けていた灰のように空しいものだった。

この時、私は不意に涙が頬に伝わって落ちるのに気がついた。私は肉親も失ってもいなかったし、家を焼かれもしなかった。胸を刺すような悲痛や被害は実感しなかった。正しいラ行の発音のおかげで命にも別状がなかった（筆者注・朝鮮人が井戸に毒を入れたというデマが流布し、自警団が朝鮮人かどうかを調べるとき発音させた）。大正大震災の実体に手で接触したのはこれが最初だったということかもしれない。」

宮崎駿監督の「風立ちぬ」（13）で、主人公、堀越二郎が震災後、母校の図書館に行ったシーンを見たとき、この岩崎の文章が想いだされた。この光景は、映像以上に岩崎の文章から強く伝わってきた。

岩崎はその後、ドイツ映画を輸入する田口商会で川喜多長政と出会う。また、29年にはプロキノ（プロレタリア映画同盟）に参加、左翼活動に従事、40年には治安維持法で逮捕されるが、満映にいた根岸寛一が甘粕正彦の許可を得て満映東京事務所の嘱託として迎えられた。終戦後の46年、日本映画社の製作部長として広島原爆投下後の記録映画「日本の悲劇」を製作してＧＨＱのパージを受けた。この映画の仕上げ費用が無かったのだが、それを提供したのは東宝にいた森岩雄だった。このフィルムは没収されたことになっていたが、隠されたフィルムが一本あり、後に上映された。

私は岩崎の『占領されたスクリーン』（新日本出版社／75年刊）を読み、その経歴から近づきがたい人と思っていた。直接、お話しする機会もあったが、敢えて近寄らなかった。ところが、『映画が若かったとき』を読み、その人柄が分かると、話す機会を逃したことがとても心残りでならない。品田雄吉氏に岩崎さんについて聞くと、美男でスマート、知的な人柄から女性にもたいへんモテたそうだ。

第一回キネマ旬報ベスト・テン

第一回キネマ旬報ベスト・テンは、１９２４年の封切映画を対象として行われた。

第一回は外国映画だけのベスト・テンで、日本映画の投票が始まったのは１９２６年、第三回から。また、１９２９年までは読者の投票のみで行われた。
１９２４年12月１日号の41ページに、わずか下四分の一のスペースで以下のような告知文がある。

投票募集

大正十三年に封切された外国映画のうち何が一番優れて居たか左の二項に就て諸君の御投票をお願いします。

一、芸術的に最も優れた映画
二、娯楽的に最も優れた映画
投票規定　葉書に左の様式に従って書く事。
一、〇〇〇〇
二、〇〇〇〇
　住所氏名を明記し、キネマ旬報社内投票係と朱書する事
　締切　大正十四年一月二十日
　発表　毎号逐次発表して大正十四年二月一日号に最後の結果を発表す。
本誌読者諸氏は現在の日本に於ける最も進歩した映画鑑賞家である事を信じ諸氏の手によって選ばれた映画を知りたいと思うのであります。その結果は私達にとって興味あるばかりでなく、映画輸入会社を指導する上にも効果あるを信じます。

大正十三年十二月一日
兵庫県西宮町川尻
キネマ旬報社

そして1925年2月1日号にわずか四分の三ページで、次の結果が発表された。

本誌読者の選びたる大正十三年度優秀映画発表

十二月一日号発表以来、熱誠なる読者諸氏の厳正なる投票を得て、大正十三年度の優秀映画を決定しようと企てた本社の試みは、幸いにして諸氏の御助力によって茲《ここ》に最後の結果を発表致す事が出来ました。之によって本誌読者の眼に映じたる最優秀映画は何であったかを知る事が出来て、非常な参考と成りました。高点を得た映画の製作会社へはその旨直ちに報知し日本の高級愛活家の意見を伝える事に致します。投票下さった方に厚く御礼申上げます。

キネマ旬報投票係

1．芸術的に最も優れた映画

1．「巴里の女性」（23／298）、②「結婚哲学」（24／197）、③「椿姫」（21／105）、④「過去からの呼声」（22／90）、⑤「我が恋せし乙女」（23／57）、⑥「ノートルダムの傴僂男」（23／45）、⑦「異郷の露」（23／33）、⑧「歩み疲れて」（22／28）、⑨「不滅の情火」（22／26）、⑩「心なき女性」（22／20）

2．娯楽的に最も優れた映画

1．「幌馬車」（23／246）、②「ホリウッド」（23／173）、③「要人無用」（23／151）、

④「無鉄砲時代」(24／33)、⑤「シャーロック・ホームズ」(22／27)、⑥「男子怒れば」(22／25)、⑦「狂恋の唄ひ女」(22／21)、⑧「心なき女性」(19)、⑨「嵐の国のテス」(22／16)、⑩「ロジタ」(23／12)

チャールズ・チャップリンの「巴里の女性」、エルンスト・ルビッチの「結婚哲学」、ジェイムズ・クルーズの「幌馬車」、ハロルド・ロイド主演の「要人無用」などは、現在でも大型DVDショップに行けば廉価版が販売されており、時の経過に耐える普遍性は、旬報同人たちが言う外国映画のレベルの高さを証明している。またレックス・イングラム監督「心なき女性」(22)は両ジャンルで選出されていたり、やはり「結婚哲学」も娯楽的映画で8票を獲得し13位に入っていることを見ると「芸術」「娯楽」と明確に分けきれない映画そのものが孕む豊かさを奇しくも明らかにした格好である。

「巴里の女性」はチャップリンがD・W・グリフィス、D・フェアバンクス、M・ピックフォード等と共にユナイテッド・アーチスツを設立して監督した第1回作品で、観客に手紙の形式でリリースを出し、そこで、この作品には自分は出演していない(筆者註・駅のポーター役で1シーン出演)こと、コメディではないこと、最後に「この作品を皆様がお楽しみいただけなければ失敗作である。」とまで記している。チャップリンはUAの設立参加にあたって、自身の作りたい作品を自由に作れることが強い動機であったが、このリリースには、作りたいものを作った結果、観客から歓迎されるかという不安がうかがえる。そして、案の定、この作品はアメリカ、ヨーロッパでは興行的には成功しなかった。しかし、日本では、高い評価と同時に、興行的にも健闘した。

募集告知に〝本誌読者諸氏は現在の日本に於ける最も進歩した映画鑑賞家である事を信じ〟と記されたことを証明する投票結果となった。

「巴里の女性」は今見ても、まったく古さを感じさせない。旬報の同人たちは、活弁による説明に否定的であったが、「巴里の女性」を見ると、映像の力ですべてを語っており、ここに説明を加えたら、映像の魅力が台無しになるとさえ思える。例えば、エドナ・パーヴァイアンスが「私は愛する人と結婚して子供を持ちたい」とパトロンのアドルフ・マンジューに語ると、彼は窓外を歩く貧しい家族連れを指さす。そこには結婚生活の現実が鮮やかに映し出されている。このシーンに説明を加えられたら興ざめであろう。それでも当時の大衆にはやはり活弁が必要であり、だからこそ、この作品が広く受け入れられたとも言える。活動弁士として活躍する澤登翠さんは、サイレント映画の傑作は、作品の魅力を損なわずに説明をするのは本当に難しいと話されていた。現在でも、サイレント映画を多くの人に楽しんでもらうには説明は必要であると私も同意している。

いずれにせよ、この時、田中をはじめ同人たちは、キネマ旬報ベスト・テンが、大きな影響力を与えるものに成長し、90回以上も続くとは想像だにしてなかっただろう。そして、1930年、同ベスト・テンは評論家のみによる選出に変る。その理由については、1955年の『キネマ旬報』2月上旬号の〈キネマ旬報ベスト・テンの今昔〉という座談会で説明されている。座談会での筈見恒夫の発言によると、読者の購買心をそそることから警察によって辞めるよう命じられたという。それは、第一回は官製葉書による投票だったものの、二回目以降、本誌に刷りこまれた投票用紙で投票することになったからだ。滋野辰彦、杉山静夫によれば、1925年から、本誌に刷りこまれた投票用紙を用いることになり、第五回（日本映画は第三回）「浪人街」（28）と第六回（同第四回）「首の座」（29）が1位になったとき、製作会社のマキノ映画が30銭の『キネマ旬報』を買占め、大量投票をしたと話している。これを読むと、旬報ベスト・テンは、徐々に影響を強めていったのではなく、始まると直ぐに業界の注目を集めたようだ。

現在から振り返れば、「浪人街」は日本映画史に輝く傑作であり、投票用紙を買い占めるまでもなかったのだが。そして、この作品のリメイクをめぐって、1970年代の『キネマ旬報』が大きく揺れる事態をもたらすことになるとは、監督のマキノ省三、脚本の山上伊太郎も知る由もなかった。

また、読者のベスト・テンが再開するのは、1972（昭和47）年からである。

『映画往来』の創刊と原節子のデビューに一役買った同人・須田鐘太

1925年1月1日号で、田中三郎による〈『キネマ旬報』の拡張と『映画往来』の創刊に就いて　是非読んで頂きたい事〉という1頁の記事がある。田中はここで〝二分形式〟という言葉を使い「『キネマ旬報』は、内外撮影所の情報を充実させ、広告も増やし、映画時事問題、常設館の記事などを扱う広い意味での業界誌として拡張を目指し、一方、『映画往来』は同人たちの映画への思いをそのまま発信できる雑誌として創刊された」と説明している。

『映画往来』創刊号の巻頭で田中は「我等は映画界の道士である。（中略）有料広告などは永遠に此雑誌のいずれの頁にも見られないであろう。営業者に対する遠慮の為に書きたいことを書かずに終る様な交際上手な筆者があったとしてもなかなか此雑誌上では持てはやされないであろう。（後略）」と高い理想を掲げている。

『映画往来』の創刊は田中、田村の夢の実現でもあった。かつて、『キネマ旬報』創刊間もないころ、編集部は日活の経営する赤坂・葵館の屋根裏部屋を事務所として借りていた。そして、田村は『キネマ旬報』誌上で、日活映画「尼港最後の日」（20）の酷評を掲載すると、日活常務取締役、鈴木要三郎に呼び出され、「事務所を借りながら、批判記事を書くとは何事だ！」と厳しい叱責を受けた。このとき田村は、誰からも干渉されない雑誌を作ると心に誓ったのだ。そして、田村の思いを実現したのが田中の行動力だった。

田中は創刊号所感で「表紙は社の須田鍾太君が描いたのだが、同君としては其後余り気に入らない気持ちになったそうだ。併し僕はいいと思って居る。（後略）」と書いているが、この須田鍾太は『キネマ旬報』の25年1月1日号から編集部に名を連ねている。

須田鍾太は１８９５年に生まれ、一高を出ると、当時の思索的青年の憧れであった西田（幾太郎）哲学を学びに京大に進んだ。しかし、生来の権威嫌いから大学を中退、絵心があったことから映画館の看板を描いていた。関東大震災後、関西に流れて来た山本嘉次郎、横田豊秋（トヨシュー）等と出会った須田は彼等と意気投合、香櫨園のキネマ旬報社に居候として転がり込んだ。そこで、絵の描ける須田はカットを描き、山本は穴埋め記事を書き、無芸のトヨシューは〝サブちゃん〟こと田中の将棋の相手をつとめた。そこで、須田はとんでもない事件を起こした。キネマ旬報のスポンサーとなっていた作家でもあった伊東六郎の妻、英子と恋仲になってしまったのだ。

伊東六郎は1888年7月18日生まれ。1911年、東京帝国大学文学科に入学し、その後中退。チェーホフの翻訳、小説を発表、また高踏書房という出版社を経営していた。『松竹百年史』によると、伊東六郎は1922年7月に松竹本社営業部の外国部長に就任しているとあるが、松竹外国部は田中、田村もかつて在籍していたところであるから、彼らはその縁もあったのであろう。また、伊東英子は1890年生まれ、須田より5歳年上で、当時34歳だった。

須田鐘太

岸松雄の『人物・日本映画史』の「山本嘉次郎」に次のように記している。

「旬報社の近く西宮市西浜新家二一六〇に旬報の出資者伊東六郎氏の家があった。昭和三年ごろには阪妻プロの仕事をしていたが、大の洋楽ファンで、レコードをたくさん集めていた。嘉次郎たちは毎夜のごとく押しかけては、レコードを聞かせてもらった。ところが、感情多感な鐘太はいつか六郎夫人と恋におちてしまった。結婚するつもりだが、許されなければ心中しなければならない。ある夜、鐘太はそう嘉次郎にうちあけた。嘉次郎は無責任に即座に結婚に賛成したが、出資をあおいでいる田中社長は困った。けれど、かんじんの伊東六郎は温厚な紳士で、おまけにものわかりがいい。夫人と鐘太の結婚をアッサリ許してくれた。感激した鐘太は夫人と東京へ行って結婚生涯を共にした。のこされた嘉次郎は田中社長の口ききで、大正十二年末に創立した東亜キネマの甲陽撮影所へ監督として招かれることになった。」

岩崎昶の『映画が若かったとき』によれば、5歳年上の英子が須田に惚れてしまったという。須田は中東系の人間と思われるようなホリの深い美男子で女性にもモテたようだが、年上の英子の思いを受け入れた。

英子を連れて東京に出た須田はイリス商会という洋画輸入会社に入った。そこで手掛けたのが、フリッツ・ラング監督の「ニーベルンゲン」の第1部、「ジークフリート」（24）だった。1925年3月の公開で、宣伝を担当した須田は三色折込広告を創案した（著者注・フリッツ・ラングと後に結婚、離婚するテア・フォン・ハルボウの共同脚本による、ニーベルンゲン伝説を映像化したもので、日本では第1部「ジークフリート」、25年9月公開の第2部「クリームヒルトの復讐」と題され別々に劇場公開）。この広告が評判となって各社も折込広告を出稿したことが『キネマ旬報』の広告増につながった。折込は広告主が印刷したものをキネマ旬報社に納品することから、広告料は製本実費の倍程度で引き受けてしまい、あまり利益にならなかった。また、広告主は、映画館主を対象にしていたが、一般読者が増えたことによる部数増で、納品する折込の印刷代がかさむのが悩みとなった。

須田鐘太はその後、日活多摩川撮影所の宣伝部長になった。そのころ、日活京都撮影所から多摩川に移籍してきた監督の熊谷久虎（1904～1986）は、元女優だった妻、光代の妹、昌江に女優としての素質を見いだした。そこで、師匠である田坂具隆に彼女のポートレイトを見せるが、芳しい返事はなかった。諦めきれない熊谷は義妹の昌江を、宣伝部長となっていた須田と企画部長だったマキノ光雄に面談させた。そして須田とマキノの二人は昌江の日活入社を受け入れたというわけだ。つまり、須田は女優・原節子誕生のきっかけを作った男でもある。

須田は戦後、大映で製作担当の取締役を務め、「手袋を脱がす男」（46／森一生）、「お嬢様お手を」（46／水野治）を企画し、「二人で見る星」（47／鈴木英夫）、「土曜夫人」（48／田中重雄）、「二十歳前後」(50/吉村廉)、「姉妹星」(50/野淵昶)、「消防決死隊」(51/田中重雄)、「雪割草」(51/田坂具隆)をプロデュースした。

須田は1955年4月7日に肝臓病のため60歳で亡くなった。同年の『キネマ旬報』5月上旬号で筈見恒夫が〈鍾太さんの思い出〉という追悼記事で「(前略)鍾太さんの酒席はいつも陽気だった。私たちの仲間で、一番年長のくせに、一番酒量が強く、一番にぎやかなのは鍾太さんだったが、いつも早く酔払ってこまるのだった。本当の鍾太さんは、ごく気の弱い、内気の人だったような気がする。あの豪放に見える風貌と、陽気な酒席が、鍾太さんの本音をかくしていたのではないか。」と偲んでいる。須田の人生は、映画人が〝活動屋〟と呼ばれた時代のひとつの典型でもあり、そんな男も田中の寛大さによって旬報の同人として短いながらも名を連ねていたことは記憶されるべきであろう。

良い映画を讃める会

1924年2月、フランス映画、アレクサンドル・ヴォルコフ監督「キイン」(22)の公開にあたって、輸入した日活は東健而に相談をした。「キイン」はアレクサンドル・デュマの原作を映画化したもので、18世紀のイギリスの舞台俳優、エドモンド・キーンをロシア人俳優のイワン・モジューヒンが演じたサイレント映画の傑作である。しかし、当時の日本人には馴染みのない題材であり、日活はどのように宣伝をしたらよいか迷っていた。今でいうアート系の作品で、試写を見た東は、その前衛的であり優れた内容の作品を売るために、同士を集め、〝良い映画を讃める会〟を設立。徳川夢声、久米正雄（1891〜1952）、田中三郎、森岩雄、飯島正、清水千代太、広津和郎（1891〜1968）といった顔ぶれが集まった。会費は1円で、映写技師、説明者（弁士）を除いて、配給者も観客もすべて会費を払うという規則を作った。森岩雄、飯島正、清水千代太といった若手は、上映会の案内状を発送し、当日の受付を担当した。結果、夢声の説明付で上映されたこの「キイン」の上映会場・赤坂葵館は満席に。新聞でも批評が掲載された。このように当初、宣伝方法も難しいとされた「キイン」は、そういった宣伝効果の後押しもあり興行的にも成功、アート系の映画もやり方次第で商売になることを証明した。こうした場面でも、『キネマ旬報』の同人たちは現場をとりしきり映画界をリードしていたわけだ。

ちなみに「キイン」は、第2回キネマ旬報ベスト・テン外国映画、芸術映画部門で2位となっている。

そして〝良い映画を讃める会〟の第2回推薦作品は第一回キネマ旬報ベスト・ワン作品、チャップリンの「巴里の女性」。このとき、田中や森といった事務局のメンバーは美しい芳名帳を用意し、参加者の名が記されたそれをチャップリンに贈った。そして森が1926年にチャップリンの撮影所を訪れると、彼の居室にその芳名帳が飾られていたという。チャップリンはアメリカでは興行的に振るわなかった「巴里の女性」が日本で高く評価されたことをうれしく思っていたのだろう。また、森も自分たちの評価が彼に伝わったことを誇りに思ったに違いない。

続けて第3回の推薦作品はフランス映画、マルセル・レルビエ製作、ジャック・カトラン監督、主演の「嘆きのピエロ」（24）。サーカスのピエロと、その若い妻に横恋慕するサーカスのオーナーの物語だが、上映後の合評会で、広津和郎の文学的な見地と森岩雄の映画的見地による激しい論戦があったと記録されている。このころになると、同会の知名度もあがり、映画監督、俳優も参加するようになった。会場は満席でチケットも売り切れた。『キネマ旬報』の2月11日号の4ページに「この写真は、本邦映画界並に文壇の中心勢力より成れる〈良い映画を讃める会〉の推薦するところとなり、本月十五日夜報知講堂で初めて同会会員四百余の名士のために上映されます。」という1頁広告が掲載されている。広告の下二分の一に、合評の抄録も掲載され、広津和郎の否定的な意見も載っている。推薦されたことが広告で掲載されるようになり、この会の推薦が興行価値を高めることになると、配給会社からも〝讃める会〟の実力を認めるようにになった。

1924年11月11日号には、ジャック・カトラン監督自身から〝良い映画を讃める会〟に送られて来た直筆の感謝状と、「街の手品師」で渡欧中だった村田実監督と会ったマルセル・レルビエからの手紙と写真が掲載されている。

〈良い映画を讃める会の会員の方々へ〉と題された感謝状には「(お、、見知らぬ友達よ、限りない悦びを私に与えて下さった郷等に、私は心の底からなる親しみを感じています)一九二五年九月ジャック・カトラン」

——とある。

第4回の開催は1925年の夏。推薦作品はジョセフ・フォン・スタンバーグ監督「救ひを求むる人々」(25)だった。本作は英国出身の若い俳優ジョージ・アーサーとふたりで5,000ドルを調達して作ったスタンバーグのデビュー作だが、ハリウッドでは配給が決まらなかった。そこでアーサーは若い映画人を応援してくれるのではとチャップリンを訪ね、何とかユナイテッド・

アーチスツで配給された。この作品に惚れ込んでいた森岩雄だったが、そのことを知っていた東健而は、上映会直後に渡欧することでもあり、記念に森に上映前の解説を託した。森は着物に袴、絽の羽織で解説をしたことを後年になっても鮮明に記憶していたという。

森の渡欧後も、同会は何回か開催された。同会が推薦作品に選ぶことで、興行価値も上がるようになったと既述したが、その結果、輸入会社が〝讃める会〟の会員を接待、饗応するようになり、推薦作品をめぐり会員同士の喧嘩沙汰も起るようになった。東健而が、やむなく同会を解散することにしたのは、このような形で同会が大きな影響力を持ってしまったゆえである。そして、こういったことに、常に真面目に対応するのも彼らの姿勢だった。

関連したことだが、1925年2月21日号で、ユニヴァーサルの宣伝部長、石川俊彦は〈映画界悪たれ往来　映画記者改善の要〉という原稿を書いている。そこで石川は、ロハ切符にたかりたがる雑誌編集者について苦言を呈し、例外として何人かの編集者の名前と、さらに「旬報同人凡てのような除外例もあることは勿論であるが、願わくは、映画記者のすべてが、之等の人々と同じレヴェルにまで到達して欲しいものである。」と旬報同人の真面目さを高く評価している。

同年8月21日号、田中三郎は〈邦画座談〉というコラムで「雑誌屋といえば撮影所では、例外もあるが早くいえば寄生虫視され勝ち」と書く一方で「あの撮影所に漲るその漠然たる不愉快な雰囲気たるや正に他の社会にその比を見出すに苦しむものがあるではないか」と撮影所の芸術に対する態度にも苦言を呈し、「其処を訪れる度毎に幻滅を感じ気を腐らせて終う程度も人並み以上なのであろうと考える。」と結んでいる。

〝良い映画を讃める会〟を立ち上げ、それが影響力を増し、良くも悪くも配給資本との距離が曖昧になるとさっさと解散し、配給会社へのタカリ姿勢は同人そろって皆無、同業の映画記者に苦言を呈し、芸術より商売を優先する映画会社の首脳への批判と、田中をはじめとする同人たちの清く正しく、理想に向って邁進する愚直な姿勢はまぶしい。しかし、彼らも映画ビジネスをはじめて6年、経営を安定させるのは清濁併せ呑むことも必要ではないかと、私にはどうしても思えてしまう。

「街の手品師」と旬報同人たち

1925年2月13日、森岩雄脚本、村田実監督「街の手品師」が公開された。この作品は、キネマ旬報社友でもある森岩雄がオリジナル脚本を執筆し、「路上の霊魂」(21)で日本映画の新境地を切り開いた村田実が監督、近藤伊與吉、岡田嘉子主演による野心作で、洋画に対抗できる作品として映画ファンの期待を集めた。『キネマ旬報』同人たちも競うように、この作品を応援した。

まず同年2月21日号の日本映画紹介で佐藤雪夫が「(前略)俳優に就いても癖の多い近藤伊與吉、岡田嘉子をして兎に角映画の人たらしめている、それはかりかこの二人の行くべき、これからの映画の行くべき道さえも指示している。『街の手品師』は村田実の本当に力作であり、努力の結晶である。」と絶賛している。興行価値では「ロマンティックな映画であるから今迄のものより高尚なそして豊富な興味を持っている。そればかりではなく、近代人に受入られるべき感激を持っていることは特筆すべきことと思う。」と、ここでもお手盛りともいえる評価がなされている。

続く3月11日号で古川緑波が〈『街の手品師』を讃む〉と題する原稿で「米国は最近、チャップリンによって「巴里の女」（ママ）と云う芸術映画を得た。そして我国は今、村田実によって『街の手品師』なる、コマーシャリズムを脱した芸術映画に接するの歓びを得たのである。」とベタ褒めである。

ところが、旬報同人たちの大絶賛にもかかわらず、一般のファンの評価と興行は芳しくなかったようだ。残念ながらこの作品のフィルムは現存していない。後年、森自身も若気の至りのように当時を懐古している。「路上の霊魂」もそうだったが、頭で考えたことを映像化するには技術的に未熟だったようだ。この前のめりな姿勢も若者の特権であり、日本発展途上にあった映画の通過儀礼であろう。

ここで私は、山田宏一の『友よ映画よ』〈話の特集〉の〈カイエ・デュ・シネマ誌の友情集団〉という原稿を思いだした。ジャック・ドゥミの「ロシュフォールの恋人たち」（66）の不評に対して「カイエ・デュ・シネマ誌の〈作家主義〉が猛然と頭をもたげ、活動を開始した。たちまち、カイエ誌の同人たちの意見は一致した。『ロシュフォールの恋人たち』は、傑作である。なぜなら、それはジャック・ドミーの映画だからだ。」とある。

「ロシュフォールの恋人たち」の40年余りも前、旬報の同人たちも同様の行動をとっていた。映画青年とは、時代や場所が異なっていても、考えることは同じなのだ。

そして、森岩雄を紹介するときに既述したように、村田実、森岩雄は「街の手品師」のヨーロッパ公開を目指して1925年7月10日、神戸から出航した。

6月1日号で主演の近藤伊與吉が〈畏友村田実君を独逸に送る〉という特別寄稿を執筆してい

る。

「『街の手品師』が今度ウェスティ会社の手で独逸と仏蘭西に輸出されることになったに就いて、そして此のことに関しては種々な助力をされたウェスティの支配人東健而氏（松竹外国部で田村、田中の上司だった）に対してこの機会に敬意と謝辞とをあのフィルムの製作者側の一員として呈して置くが、その『街の手品師』の伯林と巴里に於ける興行成績を視察し、併せて欧州映画製作界の景況―殊に独逸の撮影所の事情を視察研究して来るのがその洋行の目的であると云う。そして多分『街の手品師』の原作森岩雄君も一緒に行くだろうと云う。（中略）たまらなく嬉しい話である。～尚私は森岩雄君の渡欧にも多大の期待を持って居ることを言い添えて置く。そして聡明な森君が、映画製作者としての村田君と全然違った方面を視察されて、それが亦漸く日本映画界の大きな革命の土臺石となろうことを信じて居る。」

「街の手品師」は残念ながら、様々な手違いからヨーロッパでは商業公開にはいたらなかった。しかし、近藤が期待したように、森と村田はドイツ、ベルリンのウーファ撮影所を視察し、感慨深い印象を受けたようだ。彼らは１９２５年の秋、ウーファのバベルスベルグ撮影所を訪ねた。当時のウーファはハリウッドのスタジオと肩を並べる世界最大の撮影所のひとつだった。そこには、フリッツ・ラングの「ニーベルンゲン」（24）やムルナウの「最後の人」（24）のホテルや街の巨大なセットがそのまま残っていた。また、ムルナウは「ファウスト」（26）、ラングは「メトロポリス」（26）の撮影中だった。撮影所はベルリンからクルマで30分ほどのところにあり、監督、俳優たちは、皆、

自家用車で通っていると聞き、村田は自家用車を所有している日本の監督、俳優が果たしているのだろうかと彼我の差に圧倒された。

感慨深い印象と記したのは、森のレポートが、総てが比較にならないスケールで、参考になるというより、驚きと、それに対抗するには、日本らしい手段を見出さなければならないと伝えているからだ。余談になるが、後年、小津安二郎も同様のことを語っている。第二次大戦でシンガポールに軍報道部映画班として出征中に「風と共に去りぬ」(32)を見て、自分たちのやり方で映画をつくらなければという趣旨の言葉を残している。

森はこの後、村田と別れ、ひとり米国に渡りニューヨークのブロードウェイの芝居を見、ハリウッドの撮影所を見学した。

「一九二六年二月、私は欧州からアメリカに赴き、紐育《ニューヨーク》から羅府《ロサンゼルス》まで三泊四日の長旅をやったことがある。

同じ列車にたまたま多勢の映画人が乗り込み、自然と親しくなったが、なかでもキング・ヴィダーは最も人気がある監督であった。その中に小柄で、血色の良くない、しかし魅力と勢力のある青年がいた。私はは紹介をうけたが、それが(アーヴィング・)サルバーグであったのだが、ハリウッドに着いてから彼の話を聞くまでは彼がそんな有能な人間だとは思わなかった。」(「アメリカ映画製作者論」垂水書房)

とあるように、この経験は、近藤が期待したように、その後の森の映画人生の大きな力となった。このとき、森は監督や俳優だけでなく、プロデューサーのアーヴィング・サルバーグに関心を持ったことを注目しなければならない。サルバーグはそのころ、パラマウントと並ぶハリウッド最大のスタジオに発展していたMGMの最高責任者ルイス・B・メイヤーが最も信頼を寄せるプロデューサーだった。そして森はサルバーグとプロデューサー論、映画製作論の議論を交わせるだけの情報を既に持っていたことだ。こうして森が学んだことは、その後の東宝の発展に寄与した。

森たちがウーファ・スタジオを訪れるしばらく前、ヒッチコックは英国、ドイツとの合作となったデビュー作「楽園の園」(25)の準備中で、ムルナウの「最後の人」のセットを見たと「めまい」(58)の特典映像で語っている。演劇の伝統が強い英国では映画は低く見られ、デビュー作はドイツとの合作でミュンヘンの撮影所で製作された。ヒッチコックもここでドイツ表現主義の影響を強く受け、「下宿人」(27)、「恐喝」(30)などでその影響を見てとれる。ヒッチコックと森はともに1899年生まれ、後の世界的巨匠と東宝副社長が、若き映画青年時代にドイツでスレ違っていたかと思うと、ちょっとワクワクする。

1926年があける

1926年1月1日　新年特別号は総ページ数166のヴォリュームで、47ページの社員一同の名を連ねた挨拶までは、全て広告ページだ。編集スタッフも精鋭がそろい、広告は順調に入り、わずか4ページで創刊した『キネマ旬報』は6年目には堂々たる雑誌に成長していた。

2月11日号では、第2回、1925年の優秀外国映画ベスト・テンが発表された。

芸術部門の上位3作品、1位「嘆きのピエロ」(24/仏)ジャック・カトラン、2位「キイン」(22/仏)アレクサンドル・ヴォルコフ、3位「救ひを求める人々」(25/米)ジョゼフ・フォン・スタンバーグが、既述した〝良い映画を讃める会〟の推薦作品であることから、この会の活動が読者の投票に影響を与えていたことは明らかといえよう。また、まったくの新人監督、スタンバーグの小品「救ひを求める人々」を『キネマ旬報』が早くも評価したことは注目に値する。

ジャック・カトランが同会の推薦に対して、謝辞の手紙を送ってきたことは既に記したが、当然、スタンバーグにも同会の推薦や旬報3位の結果は伝えられていたに違いない。その後、スタンバーグは「嘆きの天使」(30)でディートリッヒを発掘し、ハリウッドの大物監督へと駆け上る。そしてスタンバーグ、ディートリッヒのコンビによる「モロッコ」(30)に、日本語字幕を付けに田村がハリウッドを訪れることになるのだが、1926年の時点では、近い未来に二人が出会うことになるとは知る由もなかった。

1930年代、大物監督となり、気難しい人物となったスタンバーグは、田村たちの『キネマ旬報』が早い段階から彼を評価していたことを記憶していたに違いなく、それによって二人の出会いは快いものになる。

ところで、日本でのラジオ放送は、NHKによって1925年3月1日に開始された。そこで、何を放送すれば良いかとなった時、徳川夢声も呼ばれ、当時、チャールズ・ブライアント監督、アラ・ナジモバ主演「サロメ」(23)の評判が良かったことから、オスカー・ワイルドの戯曲「サロメ」を朗読した。日本でのラジオ放送開始の番組に起用されるということからも、徳川夢声の当時の名声、信頼がわかる。

また、1925年は、日本映画産業にとって転換となる年であった。『世界の映画作家31 日本映画史』（キネマ旬報社）によると、「1925年頃から日本映画は量産体制に入った。こうした量産主義は、企業がアメリカ映画をはじめとする〝よくできた洋画〟にとった対抗策といえよう。この間の配給収入はわからないが、映画観客そのものは増えている。1926年を100とすると、27年が106、28年が117、29年が125、30年が128、31年が134、32年が143、33年が146、34年が158であり、プロダクション設立も盛んだった。上映館の割合は29年では邦画館807、洋画館53、混合館410である。」とある。

同年の東京市内の映画観客数は前年よりも258万人増の1421万人となった。この数字に基づけば、東京市の人口199万人が年間7回映画を見たことになる。

映画館の増加、観客動員増によって、映画はより広く一般大衆に普及し、彼らの多くは外国映画より日本映画を好んだ。こうした流れから、日活の直営館、神田日活館は、1926年5月7日より、外国映画専門館から日本映画専門に変更した。『キネマ旬報』5月1日号に、日活の営業部長の談として「日活が日本物本位の興行とする事になったのは、今迄外国物に投じた金を今後は日本物に投じ、もって撮影所の設備を一層完備せしめると共に良い映画製作の実を挙げたいのである。今迄に輸入した未封切りの西洋映画は今年の秋頃までは添物として直営館で封切する筈であるが、興行は飽く迄日本物本位でやって見る考えで居る。」と紹介している。

日活が輸入した「キイン」を〝良い映画を讃める会〟や旬報同人たちで応援した直後の路線変更である。映画の大衆化が進み、旬報の同人たちは、良質な洋画よりも、質的に劣る日本映画に大衆の人気が集まることが面白くなく、一般大衆の低い映画リテラシー（映画に対する鑑賞能力）

を、尊大でエリート意識をひけらかすように指摘していた。若気の至りとはいえ、その無自覚な姿勢はいただけない。

その一方で、良質な日本映画も作られるようになった。1925年には、同人一同が応援した村田実監督「街の手品師」や、坂東妻三郎主演、寿々喜多呂九平脚本、二川文太郎監督「雄呂血」をはじめ、「恩讐の彼方に」（牧野省三）、「大地は微笑む」（牛原虚彦、島津保次郎）、「日輪」（衣笠貞之助）、「異人娘と武士」（井上金太郎）などが公開された。

1926年9月1日号では8月23日に32歳で亡くなったルドルフ・ヴァレンティノの死亡記事、9月11日号では8月11日に亡くなった尾上松之助（50歳）、9月8日に亡くなった栗原トーマス（41歳）の死亡記事が続いた。松之助が亡くなったのが11日で、発行日が11日というのは、おそらく発行が遅れたからであろう。田中は9月17日、『映画時代』を代表した古川緑波（緑波はその頃、文藝春秋社で同誌の編集長をしていた）と共に松之助の葬儀に参加し、その夜は、阿部豊、村田実等と夕食をともにしている。

しかし旬報同人たちは、日本映画黎明期の巨人、松之助よりも、栗原トーマスへのシンパシーが強かった。栗原喜三郎は1885年に生まれ、父の事業の失敗で渡米し、トーマス・H・インスが設立したアジア系俳優を専門とするオリエンタル・プロダクションに入り、早川雪洲らと共に多くの映画に出演した。1918年に帰国し、大正活映に参加。1920年に監督した「アマチュア倶楽部」が高い評価を受け、多くの日本の映画人に影響を与えた。しかし、栗原は健康が優れず、経済的にも厳しい生活を送っており、蓄えもなかった。それだけに旬報同人たちは、残された遺族に何かしてあげたいと考えた。

10月1日、創刊7周年記念号で〈栗原トーマス氏遺族慰問資金募集〉の告知を掲載しているのが、その意思と言えよう。

この募金で、誰がいくら出したかは、何と〈故栗原トーマス氏　遺族慰問資金発表〉として、10月11日号（第1回）、11月1日号（第2回）で掲載されている。第2回の上位は、日活撮影所長の池永浩久の20円、アメリカ帰国組のジャッキー阿部豊、徳永フランク文六の15円、続いて日活第一部監督一同、竹村信夫、岡田時彦、内田吐夢が10円を出し、以下、5円、3円、1円と続いている。竹村、岡田、内田は「アマチュア倶楽部」で出会い、それぞれ映画界入りのきっかけとなっただけに、栗原に対する強い哀悼の思いがあったのだろう。一方、同じく「アマチュア倶楽部」に参加した山本嘉次郎は1円しか出していない。山本は旬報の事務所に居候をきめこんでいたくらいだから、余裕がなかったのだろうが、岡田時彦も香櫨園の旬報の2階の部屋をデートで借用するなど、金銭的には苦労が絶えなかったと言われているので、この金額の差は故人への思いの差なのかもしれない。

大正から昭和へ

１９２６年12月25日、大正天皇が崩御した。年も押し迫った時期のこの事態は大きな混乱を招いた。『キネマ旬報』の翌年の1月1日号の原稿は既に印刷所に入っていた。出来上がった１９２７年1月1日号は大正16年1月1日号と印刷されていた。そして、続く1月21日号は、当然だが、昭和2年1月21日号となっている。
1927年が明けると、田中はキネマ旬報の株式会社化の準備で、東京で過ごす時間が多くなった。2月21日号の編集後記で、編集部の津田時雄は〈(前略)三ブチャンは何時帰って来る事やら。カメ(子犬)は焦れ死に……〉と記していることからも田中の多忙ぶりがうかがえる。
3月11日号では、第3回キネマ旬報ベスト・テンが発表された。日本映画も選出されるようになったのはこの時からだ。また、過去2回は芸術映画、娯楽映画と分かれていた外国映画も、優秀外国映画に統一された。
結果は以下の通り。
外国映画
1「黄金狂時代」(25・米/チャールズ・チャップリン)、2「最後の人」、(24・独/F・W・ムルナウ)、3「ステラ・ダラス」(25・米/ヘンリー・キング)、4「海の野獣」(25・米/ミラード・ウェッブ)、5「鉄路の白薔薇」(22・仏/アベル・ガンス)、6「ダーク・エンゼル」(25・米/ジョージ・フィッツモーリス)、7「ダグラスの海賊」(26・米/アルバート・パーカー)、8「熱砂の舞」(26・米/ジョージ・フィッツモーリス)、9「ロイドの人気者」(25・米/サム・テイラー)、10「滅びゆく民族」(25・米/ジョージ・B・サイツ)
日本映画
1「足にさはった女」(阿部豊)、2「日輪」(村田実)、3「陸の人魚」(阿部豊)、4「狂った一頁」(衣笠貞之助)、5「カラボタン」(野村芳亭)、6「受難華」(山本嘉次郎)、7「紙人形の春の囁き」(溝口健二)、8「転落」(井上金太郎)、9「水戸黄門」(池田富保)、10「蜘蛛」(悪麗之助)

1926年公開の日本映画の水準がだいぶ上がったと判断して、ベスト・テンの選出が始まったのだろうが、とはいえ、外国映画と戦うにはかなり分が悪い。「黄金狂時代」、「最後の人」はサイレント映画の究極の完成形と言えるのではないか。

私は2014年3月26日、日暮里のサニーホールで開催された無声映画鑑賞会で、澤登翠さんの活弁による「最後の人」を見た。凛々しく制服を着て、長年ホテルのドアマンを務める主人公は、高齢から重い荷物を運べなくなり、化粧室の清掃係に転属される。誇りを失った男の哀しみをエミール・ヤニングスは格調高く演じていた。公開当時の弁士なら思い入れたっぷりに語ったであろう。しかし、澤登さんの活弁は、ムルナウの映像美と同調するように抑制されながらもメリハリがあり、観客の感情を心地よく自然に映画に導いていた。私は既にこの作品はDVDで見ていたが、高度な活弁がサイレント映画の魅力を引き出すことに改めて感心させられた。

日本映画1位の「足にさはった女」は阿部ジャッキー豊のアメリカ仕込みのモダニズムがこの作品によって開花し、日本初のソフィスケイトされたコメディと言われている。しかし、残念ながら、この作品のフィルムは現存していない。もっと言えば、このベスト・テンで現在、フィルムが存在するのは「狂った一頁」、「水戸黄門」の2本のみである。

5月になると、株式会社キネマ旬報社創立事務所が麻布区今井町35（現港区・赤坂）に設置された。8月1日号の後記で田中は「二月初旬以来、丸半歳ぶりで香櫨園に帰ってみれば、火鉢は扇風機と変わっていても、いつに変らぬ静かな香櫨園であった。神戸へ、大阪へ京都へ、帰社以来株式会社設立の用事で東奔西走。一日の用事を終へて、地曳網の漁師の懸声を遠く聞きながら枕に就くと、ふと東京の雑音がまた耳の底に蘇って来る夜が多い。そうして私は八月のはじめまた上京する。」と書いている。

一方、香櫨園をまもる田村は「旬報社の株式会社に成る日も愈々目睫《もくしょう》の間に迫って来た。田中君も半歳振りで帰って来るし香櫨園の夏はすっかり賑かに成ってしまった。然しこの賑やか（ママ）な香櫨園も恐らくは今年限りかと思うと、四年も住み慣れた此の土地に対する愛着がそぞろに湧いて来る。（後略）」と、香櫨園への思いを綴っている。

このころ、ふたりの確執が噂されるが、そのことについては後述しよう。

さて、そんな中、9月に株式会社キネマ旬報社創立総会が開催され、株式会社キネマ旬報社が公募株式組織で発足した。

創刊8周年記念号となった11月1日号に〈八周年記念号の辯〉と題された挨拶文が掲載された。「大正八年夏、当時学生であった私達の仲間で燃えるやうな映画愛好者数人相計り、微々たる『キネマ旬報』を発刊した。第一号は僅か四頁、発行部数五百と云ふ。今から思へば実に児戯に類するものであったが、向見ずは青年の特権利益を度外視して不可能を可能ならしめ、幸に映画雑誌界に地盤を作る事を得た。第二年目からは発行当時の同人は全部学窓を出て、各々自活の道に入ったが、旬報の発行は二三同志の手によって続けられた。顧みて当時を思えば昼間は会社勤めの身とて編集の時間なく、僅かに夜間の寸暇を割いて雑誌のために努力したものである。（中略）八周年を迎えるに際し、キネマ旬報社を株式会社と成し次号よりは新組織のもとに発行を続ける事に成った。

親愛なる読者諸君よ。
幸に倍舊《きゅう》の御声援あらん事を。
昭和二年十月一日
キネマ旬報社」

同号の後記で田村は「愈々明三十日は株式会社キネマ旬報社の創立総会が東京にある。私も今夜上京して列席する筈であるが、編集部一同の馬力で、特別号の編集は今日完全に終わったので、一安心した。」とある。

8周年の感慨、株式会社設立の気負い、そして記念号の編集を終えて総会に参加する田村の慌ただしさが伝わってくる。

株式会社キネマ旬報社の誕生

復刻版『キネマ旬報／第一八一号〜第一九七号』（雄松堂出版）の牧野守の解説では、設立時の営業予算が紹介されている。総収入は142，920円。その内訳は、『キネマ旬報』本誌売上が年間36冊で67，320円と約45％を占めている。広告売上は43，200円で、約30％。残りの25％が『日本映画』や『映画往来』、そして物販などの雑収入となっている。当時の『キネマ旬報』を手にとると、その広告出稿量に驚かされるが、これだけ広告出稿がありながら、収入の割合が全体の30％に過ぎないというところに彼らの不器用な経営手腕が見てとれる。

一方、支出は雑誌の製作費として『キネマ旬報』が23，400円で、『日本映画』が51，138円、残りが社員の給与、役員報酬、営業経費などの、いわゆる一般管理費で52，800円である。ちなみに役員報酬は1，200円、役員賞与金は3，000円となっている。

社長に田中三郎が就任し、田村幸彦は取締役となった。役員となったふたりの賞与を除く年収は1，200円とあるが、『「月給百円」のサラリーマン―戦前日本の「平和」な生活』（講談社現代新書）によると、昭和初期の大学新卒の月額給与は、帝大工学部、90円、法学部80円、早慶卒は75円。彼らの報酬は最高額の帝大工学部の年収より少し高額なだけだ。しかし、役員賞与3，000円を加えれば、4，200円、27歳の彼らの年齢としては相当な高収入である。

1927年末、株式会社の発足と合わせて、本社機能は香櫨園から東京に移った。12月1日号で、〝本社移転御通知〟と〝大阪支社開設〟の社告が掲載された。新たな本社は東京市麹町区内幸町1丁目3番地にあった太平ビルに入り、大阪支社は大阪市北区梅田新道、太平ビルに置かれた。

本社が置かれた内幸町1丁目3番地は、帝国ホテルから日比谷通りを新橋方面に向かった現在の西新橋交差点あたりである。当時も現在も、超一等地である。近くの有楽町にはパラマウント東京支社もあった。創刊から8年、28歳になった田中には、映画界での存在感を示すことも含めて、さまざまな思いがあったのだろう。しかし、それにしても、映画雑誌で、一般企業のエリート社員を大きく上回る給与を受け、一等地にオフィスを構えるというのは、今では信じがたいことであるが、当時の『キネマ旬報』には、それを実現できる資力があったのだ。また、近くにあった大阪商船ビルには、麹町の元有島武郎邸を事務所にしていた『文藝春秋』がキネマ旬報社より2ヶ月前に引っ越して来ていた。この文藝春秋の女性社員と田中は結婚することになり、そこから人生は大きく錯綜していくのだが、そのことについては後述しよう。

東京に本社を戻し、株式会社として新たな出発をしたキネマ旬報社は、驚くほど順調な歩みを始めた。年が明けた1928年、1929年は大きな事件もなく過ぎた。この間の、広告頁数、発行部数の増大はめざましいものがあった。

田村の編集後記を追ってみると、右肩上がりの勢いがよくわかる。

まず、1928年の6月21日号では「六月六日。決算のため重役会議を社で開く。成績が良かったので、各重役大分ご機嫌が良い。九時頃までか々つて利益金処分案などと云う今迄嘗て知らなかった事を相談した。」とある。

1929年2月1日号では「発行部数も前号より又々増加した。昨年の二月一日号に北較すると、まさにまさに三千二百部の増加である。折込みを入れる各社の負担もそれにつれて増加する訳であるが、それだけ広告の効果も行き渡るのであるから、どうか御請求通りの部数を送って戴きたい。」とある。

〝御請求通り送れ〟とは、広告主の映画会社が、印刷代がかさむため、発行部数より少なく納品するからだ。広告主は、旬報を業界誌（トレード・ペーパー）ととらえ、映画館主に映画を選んでもらえればいいと考えていたからだ。

2月21日号では「こゝ二三号、発行部数と頁数の激増で発行が遅れ気味であるが、此の号と次号とで取戻す事に成って居る。」とある。

そして、29年4月1日号は、初の試みである春季特別号とし、232ページの膨大なものとなった。

翌4月11号で「発行即日全部売切れと云う始末で、追加注文を頂いた書店の読者諸君は皆お断りして終《しま》った。絶対に再販の出来ない雑誌であるから、読者諸君が本社へ直接申込んで下さる事をお願いしたい。昨年の今頃から見ると五割強発行部数を殖してあるのだが、どうにも需要に応じきれない現状である。」という信じ難い事態である。

そして6月11日号で「去る五月三十一日で株式会社キネマ旬報社の第三期が終わった。決算の結果は第二期と殆ど同じ好成績を示す事が出来て皆大喜びである。」とある。

まさに絶好調であった。しかし、この勢いを社内留保として残し、地道な発展に向かうことはできなかった。

それは、やはり経営者、田中三郎の個性によるものと思える。

同じ6月11日号の田中の後記は「六月四日、小生の第三十回誕生日である。（中略）約一ヶ月間の整理で、私自身の従来の不始末総額――つまり借金だが、それと、将来に関する始末額――つまりなしくづし策、そういふもの々成策ができた。それによると向ふ七ケ年間私は借金なしに奔走する予定である。」とある。

田村が決算の好結果に喜ぶ一方、田中は個人の借金の整理の話だ。（筆者註・田中が記している年齢は数え年で、現在なら29歳である）

そして、だいぶ先のことだが、同年11月21日号の田中の後記に「人生の味気なさを否応なく見せつけられるやうな事件に二三ぶつかって私の気持ちは少しく重い。しかし、不思議にもそれに反発しやうとするものを自分自身のなかに見出して、近来になく私は興奮した心気を以てこの毎日を送っている。少しく大げさにいへば、私の仕事もこれからだ、というやうな気持ちなのである。」と、意味深長な内容を記している。また、〝二三の事件〟とは何だったのだろうか。田中はこの直後に会社の金を私的に流用したと、臨時株主懇談会で問いつめられることになるのだが。

1929年は、キネマ旬報創刊10周年という、大きな節目の年だった。創刊10周年記念事業として、田中は「全国各地映画界行脚」という記念企画を展開した。これは、全国をまわり、映画館主、読者の集いを行うものである。後半の半年間、大きく誌面をさいてこの報告を掲載しているが、田中は、製作、配給という映画の送り手ではない、興行（映画館主）、読者という映画の受け手に接近する意図があったのではないか。それは映画の消費者である劇場、観客の信頼を得ることで、旧弊にとらわれた保守的な映画界を変える事が出来ると考えていたのではと想像できる。

「全国各地映画界行脚」で挨拶する田中三郎
（「追悼キネマ旬報田中三郎」より）

田中の書く原稿からは、常に愚直なまでの正義感が読み取れる。田中には田村のような映画作品への愛は感じられない。また、森岩雄のように、一般大衆が娯楽として求める映画と、その要求に応える映画産業の関係を現実的に見る視点にも欠けている。

田中は、田村をはじめ純粋に映画を愛する編集者たちとは異なる、また森のようなプロデューサーのような考え方とも異なる方向を模索していたのではないか。それが「全国各地映画界行脚」となったのではないか。「全国各地映画界行脚」は二班に分かれ、編集者たちは全国を廻った。各地で映画館主とファンの集いが催され、その報告が本誌に掲載されるがあまり面白い記事ではない。しかし、田中は憑かれたように数年にわたってこの行脚を続けた。

そして、田中は借金の整理について記していたが、これは会社の金の不始末を自身で返済しなければならない金ということであろう。そして、この金は田中が私腹したものではなく、頼まれれば断れない性格からのものであろう。このことについては後述したい。いずれにしろ、田中の生活はこのころから慌ただしいものになっていく。

1928年、1929年、1930年半ばまで、キネマ旬報社は順調に発展し、社内的には、田中の個人的な問題はさておき、大きな問題は起きていない。しかし、映画界には大きな変化の兆しがあった。それはトーキーという発声映画がアメリカで実用化されたことで、その記事は頻繁に掲載されるようになる。28年9月1日号では「ジャズ・シンガー」(27)のカラー広告が掲載されている。トーキーについては、田村のその後の人生に深く係わることになる。

順調に発展したと記したが、その間の主な出来事を追ってみよう。
まず、今日まで続く、キネマ旬報ベスト・テン授賞式とベスト・ワン上映会が開催された。
〝キネマ旬報第一回愛読者大会〟というタイトルで開催された同授賞式は、1929年3月29日(金)、午後6時より、入場料金50銭、朝日講堂にて。

案内は以下のように掲載されている。

1. 開会の辞　本社社長　田中三郎氏
2. 挨拶　フォックス支社　クラレンス・ヘイグ氏
3. サンライズ（新版）十巻
（説明　松井翠声氏　　伴奏　芝園トリオ）
（休憩）
4. 挨拶　マキノ正博氏　山上伊太郎氏
5. 浪人街（第一話）（新版）十五巻
（説明　池田重近氏　古川緑波氏　　伴奏　芝園トリオ）
6. 閉会

上映時間は「サンライズ」95分、「浪人街」120分で、合わせて3時間35分、これに挨拶があるから、4時間を越えるイヴェントだった。6時から開会しても、閉会は10時を過ぎたはずだ。会場は満員の大盛況だったというから、ファンは熱かったのだろう。映画ファンは今も昔も変わらないことを実感する。また、現在の授賞式とほとんど変らない進行にも驚く。現在の授賞式にも過剰な演出はなく、それが映画ファンの心に強く訴えているのだと思う。

ところで、このころ田中と田村は共に結婚をした。田中は、岸松雄の『田中三郎』によれば、文藝春秋社につとめ、菊池寛のお気に入りだった山根郁子と結婚した。郁子は再婚で先夫とのあいだに三人の子があった。

そして田中は自身に子供運がないという予感から一番年下の正継と言う子を嗣子とした。

同書で郁子について「村松梢風（溝口健二が映画化した「残菊物語」（39）が代表作の作家。作家村松友視の祖父）によれば、菊池寛の周囲には眩ゆい美人がいっぱいいたが、そのなかで山根郁子は菊池の寵を一身に集め、社内の人事にまで専権を振るった、いわば文藝春秋社のなかに女閥を作った最初の女性だったということである。それにしても、無精ヒゲをはやし、女の気に入るようなこともろくに言えない田中三郎がどうしてこういう女性に接近するようになったのであろうか。」と記されている。

菊池寛の周囲に眩い美人が多くいたということを裏付ける文章がある。

作家の永井龍男（1904〜1990）は、1922年、帝国劇場の懸賞脚本に当選した戯曲と書下しの短編を携えて菊池寛を訪ね、その小説が『文藝春秋』に掲載された。そして、1927年文藝春秋社の社員となって、後に直木賞、芥川賞の事務を取仕切る有力者となったが、エッセイ集『東京の横丁』（講談社文芸文庫）の中の〈文藝春秋社に入社〉で次のように記している。

「文藝春秋社での所属は、当分「小学生全集」の編集部だと菊池氏に指令されていたので、翌日その室へ出勤した。旧有島邸はその名の如く日本間続きの広々としたお屋敷風の造りであった。

（中略）

『小学生全集』の室は、十畳と八畳の日本間をぶっ通しに使っていたと思う。新参者として挨拶のために入室したが、出入りする編集部員のほとんどすべてが若々しい女性であった。後に分ったことは、文藝春秋誌上で募集した『文筆婦人会』のメンバーが、そのまま全集の仕事を担当、目白の女子大や津田英学塾その他、女子の最高学府を卒業した才媛ばかり集った訳で、才媛の名に相応しい美人ぞろいでもあった。

この中で現在も私が消息を知っているのは児童文学者として高名な、石井桃子さん一人になってしまったが、岸田国士、森岩雄氏らに望まれてその夫人となった女性を初め、文壇史に艶名をとどめた女性も何人かあった。右を向いても左を向いても眩しいばかりで、青二才の私は居たたまれず、二日目に出社して菊池氏を待ち、部署の変更を願いでた。」

この美人女性編集者たちの中で、山根郁子は専権を振るっていたのだろう。

永井が文藝春秋社に入社したのは1927年で、古川緑波が『キネマ旬報』編集同人から文藝春秋社へ移り『映画時代』の編集長を務めていた時期。田中三郎と『映画時代』の古川緑波がともに尾上松之助の葬儀に参列したことは既に記した。

また、森岩雄がこの美人編集者のひとりと結婚したことも驚きである。おそらく田中は、古川緑波、森岩雄とともに、文藝春秋社の女性編集者グループと交流があったと想像される。

田中は蔵前高等工業高校時代、『キネマ旬報』を創刊した仲間、日浦の下宿する大家の女性と間違いを犯したことがあり、また、創刊後も松竹女優の五月信子との艶聞も噂されたことがある。どちらも田中より年長で、どうやら田中は年長や強い女性を惹き付ける魅力があるようだ。

そして山根郁子は文藝春秋社で専権を振るったと言われるように性格の激しい女性で、その後の田中の人生に強い影響を与えることになる。

ところで永井龍男は、『映画時代』編集長の古川緑波に好意的印象を持たなかった。『へっぽこ先生その他』（講談社文芸文庫）の〈古川緑波〉で次のように記している。

「若くて派手で、異色な社員だったのは古川緑波（後のロッパ）。川口松太郎も、古川緑波の友人としての印象の方が強いぐらいで、この二人がたまたま顔を合わすと、編集室にも応接室にも、たちどころに底抜けの陽気さが生じた。映画人独特の符牒まじりの声高な会話なぞを、ありありと私は思い出すことが出来る。

二人とも、そういう明るい気質を菊池寛に愛されていたが、古川緑波はそのころすでに「声帯模写」の特技を持っていて、社員の集まりでもある時は、必ず「おい緑波やれよ」と菊池寛の声がかかったものであった。当意即妙、当の菊池寛から横光利一という風に、古川は身辺の人びとの声色を自由に使ってみせた。

ただこの人、おぼっちゃん育ちのせいか、若くて才を買われたためか、思いやりとか調和の気に欠けていて、編集室で部下に肩をもませたり、背中の汗をふかせたりするようなことを、二十代から平気でやった。他の部に属する私たちに対しても、お前たちとは格が違うというような傍若無人な態度もあって、幹部たちにはなくてならない存在だったが、平の社員間ではそれほど評判はよくなかった。この性格は、演劇人としてはなばなしく世に出てから、一層はげしさを加えたようだ。」

15歳で高等小学校を卒業して苦労を重ねてきた永井が、たった一歳年上だが、常に陽の当る道を歩んで来た緑波の態度に不快を感じたことは理解できる。

１９２７年、田中三郎は27歳、古川緑波は24歳、彼らは同世代の若者たちよりはるかに広い社会経験を積み、大人びていた。

ところで、古川緑波と、田中三郎と結婚することになる山根郁子とは既に文藝春秋社で面識があったはずだ。そして、二人の性格から、そりが合わなかったことは想像に難くない。後年、『キネマ旬報』の経営が不安定になると、緑波は「あの女を女房にしているかぎりサブちゃんはダメだ」と激しく郁子を非難した。

一方、田村は1929年10月1日号の後記で「私事ながら私も最近 Proud father のお仲間にはいることが出来た。生まれたのは女の子で淑子と命名。自分の子供がどんなに可愛いものか、初めて判ったやうな気がする。これで私もやっと一人前の人間に慣（ママ）れた訳である。」とある。

田村の結婚生活は順風満帆で、娘の淑子さんは、戦後、ミス日本の準ミスに選ばれた。

もう一つ、旬報編集部にささやかな出来事があった。

1929年10月上旬、編集部員の内田岐三雄が渡仏することになった。内田は小津安二郎の初期の作品「肉体美」の批評によって小津から高い信頼を得たことは既に記した。小津は内田の日常を綴った『緑風（グリンプス）』と題したエッセイを『映画往来』昭和4年11月に執筆して内田への友情を示した。また、内田は清水宏とも親しく、清水が田中絹代と結婚していたころは、たびたび夫婦喧嘩の仲裁に入ったという。内田のフランス行きは積年の思いで、田中のあつい配慮と支援があった。内田が欠けても、編集部には人材がそろっていた。特に、内田が得意とするフランス映画は、帝大仏文の飯島正、外語大仏語の清水千代太がいたから問題なかった。

1930年、創刊して11年目に入った。創刊のころは、経営は田中、編集は田村、ふたりの個性の違いが絶妙な役割分担となっていたが、事業規模が大きくなるにつれて、田中と田村の編集後記から、経営方針、中・長期の目標に対する考え方に距離を出てきたことが読み取れる。田中は理想を追い、経営は順調なはずなのに、常に金策に奔走している。一方、田村は現実的で堅実だ。

復刻版『キネマ旬報』（第181号～197号／雄松堂出版）の牧野守の解説に次のような記述がある。

「太っ腹で、親分気質といわれた田中三郎は、学生時代から同人達の信頼が高く、まとめ役としては適任であった。しかし、社長となっても変わることのない温情主義が、社員に対する給料の前貸しとか、友人知己の金銭の融通とかを生じ、昭和の五年の末頃には、その金額が積り積って七千円にも達し、経営の放漫主義とも併せて問題視されることになったのである。当時の七千円と言えば、キネマ旬報社の年間総純益の二分の一にも当たることになる。この年の十一月二十四日に臨時株主懇談会が召（ママ）集されて、帳簿点検の結果、この七千円が不明金として浮上した。この不明金は田中三郎個人の計らいで他へ貸付け、或は社員に前貸ししたものであるが、田中三郎の弁明によると、社員の前貸しはボーナスの範囲内での貸付けであり、決算面に影響するのではなく、また、他の貸付けは田中個人のことにかかわり何等会社側に及ぼすものではないので欠損というべきことにはならない、といった説明で十二月五日の正式重役会に中谷義一郎監査役より田中三郎の弁明通りでなんら欠損の事実はないという報告でこの問題は落着した。しかしながら、これ以降、創立以来、パートナーとして連携し、ここまでの基盤を築き上げた田中三郎社長と常務の田村幸彦の関係は急速に冷却したようである。今回の事件も田村幸彦の田中三郎追落しの画策でもあったようだ。」

１９２９年11月21日の編集後記で「人生の味気なさを否応なく見せつけられるやうな事件に二三ぶつかって私の気持ちは少しく重い。」と田中が記したことは既に紹介した。また、この他にも、金策に奔走していたことにも触れて来た。田中は社員や知人、友人に借金を頼まれると、断れない性格だった。それが原因で嫌な思いをしたこともあったのではないか。

1年後の１９３０年11月24日に臨時株主懇談会が開催され、田中は７０００円の欠損を追求される。しかし、７０００円は会社の欠損ではないということになったが、それは田中が個人で背負ったということでもある。田村は学生時代から、そんな田中の性格を知っていたから、歯がゆい思いがあったのではないか。そして、何度、忠告しても田中は聞き入れない。

最後の「田村による田中追落しの画策」は、『キネマ週報』掲載の「キネマ旬報改造論」(昭和五年十二月十二日発行、四十一号)に基づいたものとある。「田村の田中追落し」とあるが、これは私には厳しい見方と感じる。

田中と田村の確執

引用した先ほどの文章に「この年（1930年）の十一月二十四日に臨時株主懇談会が招集されて、帳簿点検の結果、この七千円が不明金として浮上した。」とあるが、この時、田村は日本にいなかった。

臨時株主総会が招集される直前、11月1日号の田村の編集後記に「（前略）十一月の下旬にはぼくが再び紐育へ出掛けることに成ったが、小さい旬報社の内にも最近色々の出来事がある。これが人生なのであろうか。」とある。この色々の出来事とは田中が株主から責任を追求されていること、これが人生なのであろうかとは、自身の人生ではなく、田中の日常生活が揺らいでいることを示唆しているように捉えられる。そして、田村がそのいろいろな出来事の当事者には感じられない。

続いて11月11日号の巻頭で、「小生此の度パラマウント本社の招聘により、同社嘱託として数ヶ月間渡米致す事に成りました。（中略）十一月七日　龍田丸にて　田村幸彦」とある。田村は「モロッコ」の字幕制作のためにアメリカに渡ることになっており、これは、急に振って沸いた話しではなかったはずだ。何故なら、この年の5月、パラマウントは弁士の松井翠声を招聘し、既に日本語字幕の研究をしていたからだ。そして実際に字幕を制作することになり、田村が最適任者として白羽の矢が当てられた。それは、田村がパラマウント・アジア支配人になっていたトーマス・Ｄ・コクレンをはじめ、ハリウッドのスタッフから絶大な信頼を受けていた証だろう。であるから、この渡米には、かなり前から下話があったはずだ。そこで、臨時株主懇談会を開くよう画策し、田中を失脚させようなどと計画している場合ではなかったはずなのだ。

しかし、田中と田村の関係が円満だったとも思えない。「田中は親分肌で同人達の信頼を集めていたが、一方で、金銭感覚はルーズだった」という田中を田村が快く見ていたとは思えない。そこで、田中に経営を任せていればキネマ旬報社はいずれ立ち行かなくなると株主に忠告したことは十分に考えられる。

私にも同様の経験がある。他社との共同プロジェクトを、先方のある人物と担当したとき、予算をかえりみず、経費に寛容な彼の下にスタッフが集まり、焦燥感を覚えたことがある。田村も、田中のザルのような金銭感覚ゆえに人が集まることに苛立を覚えたに違いない。しかし、だからといって、田村が田中の地位にとって変わろうとまで考えるとも思えない。仮に、田村が社長になり、田中が平取締役に降格したとしても、田中が経営、田村が編集である限り、その構造は変わらない。それでは、田村が経営を引き受けるかといえば、それもあり得ないと思う。田村は、田中が資金繰りのために奔走する姿を目の当たりにしていた。そんな役割を、編集を諦めてまで自らやるとは思えない。田村は、田中を〝追い落とし〟て自身が取って代わろうとしたのではなく、田中を〝更迭して〟第三者にその役割を託したかったのであろう。そして、田中には、経営とはなれたところで、理想を追求してほしかったのではないか。

そして、この時期（１９３０年）の田中の編集後記には、経費の使途を追求される過程での落ち込んだ気分が現れている。

10月21日号「（前略）秋の終りは神経的に殊更に私はやり切れない季節なのだが、今年はまた不景気故にいやが上なるヘタバリ方だ。誰か五万円ほどお金を無条件で私にくれやうといふ篤志家はないかしら。」

11月1日号「（前略）別に思ひきってなど、といふ程の感銘もなげに松竹入社、同社にいはゆる活動屋になりすましたわけだ。爾来十ヶ年、まことに愚劣な活動屋世渡りを過ごしてきた。心寒き三十二才の晩秋ではある。」

12月1日号「どんづまりまで来ている今の私である。どんづまって終うか新生面へ這い出すか、活動なら乞御期待という奴だ。」

12月11日号「君は本当にお人好しである。お前は弱くていかん。貴様は大間抜けだぞ。等、等、まことに私はあってなきが存在であるが如くに、先輩から知友から後輩から、いいつゝけられてきた。そして遂に汝死するに如かず、という男まで最近では出てきた。死んでも始まらないと思う。だけどあってなきが如き存在という妖怪で自分があることには少し倦《あ》きた。われまたあってあるがごとくなろうとしぞおもう。」

田中は、使途不明金を疑われ、臨時株主懇談会で査問されたが嫌疑は晴れ、何とかやり過ごしたところだった。同人たちへの給料、原稿料の前貸しなど、自分でもお人好しと分かっていても、断れないのが田中である。そして、周囲から、〝あってなきが如し〟と呼ばれても、最後に、〝あってあるがごとくになろう〟という田中の言葉、生きる姿を見れば、誰だって彼を好きになるだろう。

田村による田中三郎論

ところで、田中と田村について、『映画往来』１９３０年2月号で、〈田中三郎論、田村幸彦論〉という特集が組まれている。このタイミングでこういう特集が組まれることは意味深長である。周囲がふたりの関係を修復しようという狙いがあったのではという勘ぐりも生じる。森岩雄、岡田時彦、松井翠声など13人の知人が二人について論じている。それぞれ興味深いものであるが、全てを紹介することはできない。

そこに、田村が田中について〈三ブちゃんと僕〉と題し田中論を書いているので紹介しよう。

「彼と僕との交遊を書いたら、幾ら書いても切りがない。それ程古く、それ程深いのである。

思えば二人が同級生として、大正六年の春蔵前の教室にお互いを発見した時、二人の未来は運命づけられて居たのであろう。

二人は性格も、体格も、何から何まで正反対であった。只一つ、趣味を等しくして居たと云う事実が、二人を結びつけた原因なのである。映画を愛す心―

―それが二人に共通の趣味なのだ。

二十歳の学生らしい熱心さと向こう見ずとで計画したキネマ旬報が、十年後今日の大をなそうとは、誰かあの頃想像し得よう。三ブちゃんの綿密な頭脳と広い心、僕の手と足、このコムビネイションが、次第に集って来た同人に助けられて、着実に旬報の基礎を築いて来た。自分で云うのは可笑しいが、僕等が今日あるのは、どちら一人の力でもない。一人だけでは絶対に成し得なかった仕事であると思う。

※

僕の欠点だらけの性質をよく理解し、陰になり日向になり、導き教えて呉れた三ブちゃんの温い友情には、何と云って感謝すべきか、僕はその言葉を知らない。彼の如く人を容れる度量のある人物が僕のパートナーである事は、僕にとって何と云う幸運であろうか。若し彼が僕の如き肝癪持ち（まま）あったならば、二人はとっくに喧嘩して居たであろうし、旬報も存在し得なかったに違いない。

※

良き友達は持ちたいものである。」

株主懇談会の騒動の起こる1年ほど前の原稿であるが、この文章を読めば、田村の心のなかにある、田中に抱く深い友情が分かる。

岡田時彦が綴る田中への深い感謝の思い

『映画往来』の同号には田中の人情家ぶりを良く伝える〈人情田中三郎〉と題した岡田時彦の有名な田中論があり、この原稿は岸松雄や岩崎昶の著書でも引用されるほど知られたものであるが、敢てここで紹介したい。
「今日のキネマ旬報社が未だ株式会社でなかった以前、つまり香櫨園時代の話なのだが、其の頃日活で働いていた私は仕事の閑々に京都から出掛て行っては、恩に馴れて甚だ相済まぬ仕儀ながら、実際彼處の人達が一帯に親切にしてくれるのをいゝことにして、夙川べりのあの家に屢々寝泊りしたものである。ただに寝泊りしたばかりでなく、有体に云ってしまうと、当時私は三郎さんの好意におもねってはあの家を根城にして只今の私の妻（筆者注・最初の妻、あや子）としきりに媾曳を重ねていたのである。

忘れもしない、そういう或る日、冬の夜のことであったが、仕事が一段落ついたので私は吉例に拠って（三郎さんにとっては随分迷惑な吉例だったに相違いないが。—）其の日の午《ひる》時分に予め今夜御厄介になりに上がる旨を電報で通じて置いてから、さて暮れてから香櫨園を訪れたことがある。ところが当の三郎さんはあいにくと留守で、話を聞いてみると何でも其の日は朝のうちから大阪に出向いたとかで、だから無論私の電報なぞは見なかったのだが、結局それでも家の人達は

岡田時彦

皆三郎さんと私との間柄をよく知っていたから御主人に無断でのはからいを気にもせずに快く私を迎へてくれた。そうして二階の三郎さんの部屋に並べられた寝床の一つに座って、断って置くが私は図々しい中にも妙に律儀なところのある男だから主人の帰宅するまではと未だ寝巻にも着更えずに、かれこれ夜更けた一時頃までそうやって待っていたろうか、其のうちに疲れていた加減でつい不覚にもウトウトと眠ってしまった。説明するまでもなく、さっきも云ったように寒い時

分だったから眠っている間にいつか私はそれが癖の布団を頭から被ったのである。

程経て私は、何か喚くような調子で歌いながら三郎さんがひどく酔った足どりで梯子段を上がって来る物音を夢うつゝの中に聞いた。と、襖がガタピシと荒々しく開けられたので、其の時私も醒めやらぬ頭の中で起きなければならないと思いながらも、其の実これが私の悪い習慣なのだが寝つきの良くない代りにまるきり寝醒めにだらしない方で、其の上寒さにはカラ勝れない質だから、私は依然として無礼とは知りつゝ、意識を醒まそうとも努めなければ寝床から動こうともしなかった。と、オヤーーという風に多分不審そうな顔色で、三郎さんはいきなり私の寝床に近付いて来るなり邪慳に布団をまくったのだが、それが私と知れると、

「ーーあ、英パンか」

とそう一と言呟いて、今度は打って変わったねんごろな態度で静かに布団を元の位置に直してから、更に自分の寝床から掛布団を一枚剥いで、酔っている体を控えて物静かに、それを、其の掛布団を、日頃絶えず健康を気づかっていてくれた当の對手の私の寝床の上へいたわるようにそっと羽織ってくれた。そうして、それからともすれば激しい酔に重心を失いかけるあの巨きな体を音を盗むようにして支えながら、折角寝入った私を騒がせてはならないという風に寝間衣に着更え始めた三郎さんの心持を思った時、今も云ったとおり不埒にもまったく眠ってはいなかった私は、寝床の中で真実泣けて泣けてしかたがなかった。いつまでもいつまでもそうやって泣いていた。」

岡田時彦と田中三郎の付き合いは古く、病弱だった岡田を田中は常に気遣っていた。あや子は東亜キネマの職員だったが、同社の重役、立花良介の後押しで女優になった。しかし、髙田稔と

共演した1本で才能がないことを自覚、女優を辞め、岡田の妻となった。1927年ころのことだという。

同号では、この他、田中については、如月敏、森岩雄、俳優の谷幹一をはじめ、何人かが田中論を寄せているが、皆、田中の人情味の厚い性格、親分肌、太っ腹、多勢の仲間を集めての豪快な呑みっぷりなどに触れている。皆に慕われ、頼りにされている田中である。

田村の人物像を伝えるエッセイ

一方、田村幸彦については、田中と対照的に、第一印象は取っ付きにくいが、親しくなると、いい男だという。皆、英語が達者で、紳士であり、垢抜けており、お洒落で、洋服、タバコ、カバン、持っているものは一流品ばかり、そして女性に優しいということで共通している。まあ、気取りやでもあったろうから、どうしても、田中のほうが気安く近寄れたのだろう。

映画評論家の石川俊彦は、かつて映画雑誌の編集部にいたとき、松竹外国部の田村を訪ねた初対面の印象を〈凸ちゃん（田村の愛称）と小生〉と題した原稿を書いている。その時、応対に出てきた田村は「こんにちは」とも「いらっしゃい」ではなく、「何か用?」と言ったという。石川は「如何に小生がトンマでも、何か用がなけりゃあ、わざわざ訪ねて行きはしない。」と怒っている。しかし、「彼氏凸ちゃんの小生に対する第一印象は斯くの如く非常に悪かったのである。

それから段々と幾度も合って居るうちに、彼氏がそれ程ツキアヒにくい男ではないこと、態度はブッキラ棒ではあるけれども、中々話せる男であることを発見した。そして彼氏が松竹からユニヴァーサルの宣伝部長に栄転して以来は、殆ど毎日のやうに彼氏の許へ油を売りに行くやうになった。当時に於ける彼氏は、非常にゼイタクな男として小生の印象に残って居る。第一彼氏は、当時小生が貰って居た月給を全部提供しなければ買へそうもないやうな素晴らしい羽二重のワイシャツを着て居たし、煙草といえば、年中ウエストミンスターを喫って居た。それからも一つ感心したことは彼氏が実に精力絶倫の働らき手であるということだった。晝間相当急がしい社務に追はれた後、旬報の編集をし、然もその上、ガール・フレンヅを中々沢山持って居て、マメにダンスなどしに出かけて居たらしいのである。（後略）」と続けている。

森山豊三郎は

「範を垂れん為では勿論なく、責任を感じてでもなく彼の出社時間は、三井、三菱、重役のそれと大差なかった。

彼はペーヴメントをステップする歩調を乱さずエレヴェーターの前に現れた。

彼の手はタイプライターでたたかれた来信の封を切ると同時に書記氏の方へ顔を向けて

『あのね、ユナイトのジュリアン呼んでくれないか！』

頸筋を沿ふて出て来る少し硬いが整頓した音調で言ひつけたのだった。

リン・アップされた男は出たらしいが、生憎卓上でないので彼は例の一定した歩調で電話室まで歩いた。

"Halloo, good mornin', Mr. Julian"

（後略）」

映画評論家、村上久雄の〈ミスタ・タムラの印象〉と題された田村論である。

「何時も洋服、それも如何にもファミリアーに着こなされた洋服のヨシヒコ・タムラ。田村さんでも、幸彦さんでも、どうも一つそのトータル・トーンにぴったりと来ない。

初対面の時、私はまだ学生だったが、所は神戸のパラマウント本社、彼氏は流調（ママ）なイングリッシュで数人の外人と何か洒落を交えての会話の最中だった。私はこの瞬間、田村さんは矢張ミスタ・タムラであって、田村さんでは一つぴったりしないと言う印象を深くされた。

（中略）

宏壮なビルディング、中から現われた一人の紳士が待たせてあったパッカードに身をくつろがせ乍ら、ダグラス・ライタアでスリー・キャッスルに火が点じられる。その紳士がミスタ・タムラであっても私は些かも驚かない、不自然さも感じない。」

それにしても対照的なふたりである。金銭感覚にルーズで、仲間を集めて大騒ぎをするのが大好きで、自身の身なりや、持ち物にもこだわりのない田中。一方、仕事も私生活も、身だしなみもスキのない田村。両極端なふたりには、一定の距離が必要だったかもしれない。しかし、どちらかが欠ければ『キネマ旬報』は存続できないと思える関係だ。

田村が字幕制作を手掛けるまで

田村は1930年の11月に「モロッコ」の字幕制作のために渡米したが、その翌31年から、旬報の記事にはトーキー問題が毎号、大きな誌面を割いて掲載されるようになる。

その前に、伏線となる記事を紹介したい。

1927年7月1日号で、パラマウント・ハリウッド撮影所長のベンジャミン・P・シュルバーグの来日の記事が小さく載っている。シュルバーグはパラマウントの社長、アドルフ・ズーカーの右腕。『何がサミーを走らせるのか?』（新書館）を著し「波止場」（54）でアカデミー賞・脚本賞を受賞したバッド・シュルバーグの父親である。

7月11日号には、田村によるシュルバーグのインタビューが掲載されており、そこで、彼は「発声映画は成功するとは思いません」と語っている。

田村は最後に「氏は別れ際に望んで自らの肖像に『米国で始まれる楽しき友情を茲に新にしたるを喜びて』と署名、私に贈られた。氏と私とはハリウッドで数年前面識の間柄であるからである。」と結んでいる。

田村が関東大震災の前にアメリカを訪問したとき、シュルバーグと会っていたのだろう。

ここで注目すべきことは、田村がパラマウントでナンバー2のシュルバーグと個人的な友人であること、その高い地位にある男が〝発声映画〟の可能性を認めていなかったことだ。

しかし、その年の10月、初のトーキー映画が公開された。パラマウントの撮影所長さえ時期尚早と考えていたトーキー映画の衝撃は大きかった。

「ジャズ・シンガー」は1927年10月7日、ニューヨークのワーナー・シアターで上映され、観客はアル・ジョルスンが話す声を聞いて、大喝采を送った。『虹を掴んだ男　サミュエル・ゴールドウィン』（文藝春秋）にある以下の文章がハリウッド映画人の衝撃を的確に物語っている。

「一九二七年十二月二十八日水曜日の夜、ハリウッド中の人士が集まっており、ゴールドウィン夫妻も（アーヴィング・サルバーグ夫妻とともに）その中にいた。八十九分の映画が終わると、観客は呆然として声もなかった。彼らはニューヨークのプレミア・ショーで棒立ちになって数分間拍手しつづけた観客ほど天真爛漫にはなれなかった。

やっと激しい拍手が起こって明かりがついたとき、フランシス（筆者注・ゴールドウィン夫人）はこの二年でなじみになったまわりの有名人を見まわした。のちに彼女は（人々の顔には恐怖が浮かんでいた）と書いている。」

予想より早く、トーキー時代がやって来たのだ。そして、トーキーがもたらす事態に誰もが不安を抱いたのだ。

トーキーの設備投資に8千～1万5千ドルの費用を必要とするにもかかわらず、年末までに全米で157館がトーキー設備を具えて「ジャズ・シンガー」は上映され、どこも大入り満員の成績をあげた。配給したワーナー・ブラザースは二流の映画会社だったがこの大ヒットで一流会社の仲間入りをした。

こうなると、メジャー各社は手をこまねいているわけにはいかなくなった。

ＭＧＭのプロデューサー、アーヴィング・サルバーグはトーキーの特性を活かし、ミュージカル、アニタ・ペイジ主演「ブロードウェイ・メロディ」(29)を製作した。各社も続き、ＲＫＯはビービー・ダニエルズ主演「リオ・リタ」(29)、パラマウントはマルクス兄弟主演「ココナッツ」(29)を製作し、ミュージカル映画の基礎が作られた。

ハリウッドは急速にトーキー化が進み、悪声の俳優はトーキーとともに姿を消した。サイレント時代の人気美男俳優ジョン・ギルバートはトーキー時代に入り、ＭＧＭの大作ミュージカル「ハリウッド・レヴィユー」(29)に出演するが、甲高い声が観客の失笑を買い人気を失った。

英語が出来ない外国からの俳優、ディートリッヒとともにハリウッドに渡ったエミール・ヤニングスはトーキー時代が始まるとドイツに戻った。一方、スウェーデン生まれのグレタ・ガルボの初のトーキー映画「アンナ・クリスティ」(30)では、製作のＭＧＭは「ガルボが話す！(Garbo talks!)」というキャッチフレーズで注目を集めた。

日本でトーキー映画の上映が本格化するのは１９３０年になってからだ。トーキー映画が輸入されるようになると、外国映画の興行収入が急減した。それは、ほとんどの日本人は英語が分からず、脇で弁士が説明を加えると、音が重なってよく聞こえない。

そこで考えられたのが、日本語字幕を入れることだった。ハリウッドでは既に、スペイン語、ドイツ語など、他の言語の字幕を制作していた。既に記したように、１９３０年11月、田村はパラマウントから招聘されて日本語字幕を制作することになった。田村はＢ・Ｐ・シュルバーグとも、アジア総支配人トーマス・Ｄ・コクレンとも親しく、英語力も問題なかった。

11月7日、横浜から龍田丸でアメリカに向かった田村はサンフランシスコについた。シカゴに向かう列車に乗るまで、33時間あったそのスキ間を有効に使おうと、田村は新聞で上映中の映画の情報を得て映画を見まくる。その後、二泊三日の列車の旅でシカゴに着くと、当時いちばん速いという二十世紀特急に20時間乗って、11月25日の朝、ニューヨークのグランド・セントラルステーションに着いた。横浜をたってから、18日間の旅だった。パラマウントの本社はタイムズウクエアの44丁目にあった。

最初に日本語字幕を入れることになった作品は、ジョゼフ・フォン・スタンバーグ監督、若手俳優、ゲーリー・クーパー、ドイツからやって来たマルレーネ・ディートリッヒが出演する「モロッコ」となった。何故、この作品が選ばれたのかについての資料はないが、モロッコを舞台に、外国人傭兵と流れ者のクラブ歌手のラブストーリーは複雑な展開がなく、第一回字幕作品にはうってつけだったと思う。おそらく、「モロッコ」を推薦したのは田村だったのではないかと私は推測する。

何故なら、当時スタンバーグはキネマ旬報同人たちの間で人気が高かったからだ。スタンバーグの「救ひを求むる人々」(25)が〝良い映画を讃める会〟で選ばれ、キネマ旬報ベスト・テン3位に入り、続く「暗黒街」(27)が同2位、「紐育の波止場」(28)が同ベスト・ワンを獲得していたからだ。スタンバーグが「モロッコ」の前にドイツ・ウーファとの合作で撮っていたディートリッヒ主演の「嘆きの天使」(30)は日米ともに、「モロッコ」の後で公開された。

田村は字幕ライター(日本語字幕を手書きで書くライター)をニューヨーク在住の日本人から探すのに苦労したが、何とか字幕を完成すると、再び西海岸に戻り、ハリウッドを訪ねてから帰国するつもりだった。今回の渡米は、あくまでも短期契約の仕事と考えていたようだ。つまり、田村はこの時点では、日本語字幕制作を一生の仕事とは考えていなかった。田村にはキネマ旬報取締役と編集長という仕事があった。また田村だけでなく、戦前のそのころ、誰もが字幕制作という仕事がどのようなものか分からなかったのではないか。しかし、「モロッコ」は日本で最初の字幕映画として映画史に刻まれることとなる。そして、その後の彼の人生も予想もしていない方向に向かっていく。

一方、2月1日号によれば、T・D・コクレンは「モロッコ」の日本語字幕の入ったプリントを携えて、1月25日午後4時30分入港の秩父丸で横浜に帰国したとある。コクレンは12月末にはアメリカをたっているはずだから、田村の実働時間はクリスマスの休暇を含めても40日強だったわけで、初めての試みでもあり、これはかなりの突貫作業であったことがわかる。

田村、スタンバーグと会う

田村は1931年1月21日号から、〈アメリカ日記〉という連載を始めた。この連載では、新作の紹介や、メアリー・ピックフォード、チャールズ・チャップリン、クララ・ボウなど、ハリウッドのトップスターを取材している。そして、ついに3月15日、パラマウントのスタジオで田村はスタンバーグと会うことができた。

5月1日号にその取材が紹介されている。

「通用門には巡査と見違えるような制服の守衛が毅然と控えて居て、通行許可証を持たぬものは犬一匹たりとも通行を許さない。（中略）通用行を這入ると、右側に掲示板があって其の日の撮影予定表（Call sheet）が張り出してある。第一行にステージの番号、次に監督の名と題名、その下に出演俳優の名前が記してある。

三月十五日のコール・シートは次の通りであった。

1. ジョゼフ・フォン・スタンバーグ「アメリカの悲劇」（31）フィリップス・ホームズ、シルヴィア・シドニー其の他。
2. リチャード・ウォーレス「キック・イン」（31）クララ・ボウ、レヂス・トウミイ、ウィン・ギブスン

スタンバーグは現在パラマウントの擁する監督団のうち、東部にあるルービッチュを除いては、最も優遇されて居るらしく思われる。その監督ぶりを見ても、彼はあらゆる点に、自己の思うがまゝの意見なり、主張なりを実行する。自ら配光を指揮し、キャメラを窺き、俳優の動作、台詞を指定し、宛然王者の如き権力を振って居る。

僕は彼の近作「モロッコ」が如何に日本の映画界で問題になったかを報告した。終始黙々として聞いて居た彼は、僕が一通り語り終えると、「フム。日本の方が僕の仕事を理解して呉れるらしいですね。アメリカでは、あの映画の終りに対して、多くの非難がありました。女が男を追って砂漠へ行くのは、女の品性を堕すものだ。（後略）」

田村が「モロッコ」の字幕を仕上げ、ハリウッドに向かっているころ、2月21日号に〈内田岐

スタンバーグと田村幸彦

三雄氏パ社入社〉と、小さいが注目すべき記事がある。パリに滞在していた同人の内田岐三雄が田村の後任としてパラマウントに入社し、ニューヨークで日本語字幕の制作を手掛けることになったのだ。そして、田村は4月11日横浜港に太陽丸で帰国予定という。田村はこの5月1日号から編集後記に復帰している。

また、田村の帰国を待たず、日本で「モロッコ」は大変な騒ぎになっていた。

まず、2月2日午前10時から邦楽座〈筆者注・戦後の旧丸の内ピカデリー〉で「モロッコ」の試写が行われた。徳川夢声はその年の新年号から始めた連載〈映画軟尖日記〉をはじめさまざまな著作でこの日のことを記している。

2月11号の同日記では「田村氏作る處の邦文字幕なる物が、或は右に、或は左に、或は真中一面に、自由自在の活躍である。（中略）さあこの次は何処に出るか、一つ当てっこしよう、と云いたくなる次第だ。

などと、憎まれ口をたゝくもの、、見ているうちに、これは田村氏としては、大成功であったわいと、思わせられたのである。若し、愚劣なものであったら、例令《たとえ》彼が旬報社常務であろうと何だろうと、辛辣に攻撃する量見で出掛けたのであったが、これだけに出来ているんぢや、何《ど》うにも仕方ない。それは欠点を拾えば色々あるだろうが、先づ友人として氏の万歳を唱えて置こう。」

とある。

続いて『くらがり二十年』（清流出版）から。「私の肩をポンとた、くものがある。都新聞の小林いさむ君だ。『おう、愈々、弁公飯の喰い上げだな。』と、さもさも嬉しそうにニコニコ然として云うのである。―― と書くと如何にも、彼氏が小生の没落を嬉しがるように見えるが、決してそうした悪意のニコニコではない。あくまで善意から、流石のムセイも此れには一寸参ったろうと~てな意気のニコニコなんである。」

このように冷静に受け止めつつも、やはり夢声は字幕には反対論者であった。そして、賛成派の森岩雄と激しい論争を誌面で展開する。

ところで、夢声は田村が府立一中の後輩であり、『キネマ旬報』を創刊した彼らが蔵前を卒業して行くあてのないときは、葵館の屋根裏部屋を提供して、何くれと無く目をかけてきたのだが、その田村によって夢声の活弁師というライフワークの息の根が止められてしまったというのは、なんという人生の皮肉であろうか。

この年の上半期の『キネマ旬報』は「モロッコ」一色といっても過言ではなかった。3月21日号、堀口大学「文学の見地から見た『モロッコ』」をはじめ、毎号、さまざまな角度からの「モロッコ」論が掲載された。その中で、面白い記事がある。

3月1日号の「業界雑記帖」というコラムに「『モロッコ』遂に〈無説明興行〉をなす。本邦最初の記録すべき一事項たり。――然し、これは、邦楽座、武蔵野館でこそ、〈無説明〉の〈試み〉であろうが、〈アサクサ〉ではチト無理であったらしい。第二週最後の二日間、〈特に説明を〉附したのは、少しばかり気の付きようが遅い。」とある。これは、浅草の上映では、観客が字幕についていけず、活弁士を起用したということである。

映画字幕の功労者、清水俊二が字幕を手掛けたいきさつ

田村は「モロッコ」の字幕を仕上げると1931年4月に帰国、再び旬報の編集長に復帰した。ところが、それは長くは続かなかった。

内田岐三雄は、パリに滞在していた牛原虚彦を1930年12月28日に見送った。その7日後の1931年1月3日、ニューヨークの田村から後任としての誘いの手紙を受け取り、1月28日にパリをたち、2月3日にはニューヨークに到着した。フランスに恋人がいた内田は、彼女のためにも金が必要だったことから田村の誘いを受けたのだが、内田にはアメリカの生活は徹底的に合わなかった。

1931年9月1日号から内田の〈紐育のアルバム〉という連載が始まっている。その第一回で「（前略）紐育という所は最も愚かしい所のものである。此處では都会というものがその住人を酷使し虐待し彼等に不安を輿え彼等に慰安を輿えずやがてはそれを焦燥と憂鬱と絶望とに追い込もうとするのである。（金持達は馬鹿遊びをして楽しんでいるらしいが僕はそんな人間の話をしているのではない。一般の僕達の仲間——日本人を指してではなく——の事をいっているのである）。」と、この後も、延々とニューヨークに対して罵詈雑言を並べている。実際、内田のニューヨークの生活は長くはもたなかった。

清水俊二

そして、再び田村にパラマウントから声がかかり、60本の作品の字幕を制作することになったのである。とてもひとりでは無理と判断し、助手を連れていくことにした田村は、初めにワーナー・ブラザースの宣伝部長を務めていた楢原茂二（１９０３〜１９６４）に声をかけた。楢原は府立一中で岩崎昶の同級だった（楢原は長谷川修二というペンネームでクロフツの『樽』など、ミステリーの翻訳家として活躍し、戦後、推理小説界では重鎮となっている）。しかし、個人的都合で田村の誘いを受けられなかった楢原は、かわりに元部下で、その時、ＭＧＭの宣伝部長だった清水俊二を推薦した。清水は１９０６年生まれで、府立一中、第二高等学校、東京帝大経済学部を出ており、田村より６歳年下で、一中の後輩である。

11月11日号の巻頭のニュース欄で「日本版の好成績に鑑みパ社日本部大拡張　本誌の田村氏を再び招聘　昨年十一月本誌の田村幸彦氏を招聘し、紐育本社内に日本部を創設したパラマウント社では、その後内田岐三雄氏が引続き日本版の製作に当って居たが、本年一杯で内田氏が巴里へ引上げたき希望を漏した為、再び田村氏を招聘することになった。同時に日本版の好評に鑑み、紐育本社内日本部の拡張を計ることと成り、嘗てワーナー・ナショナル社、ＭＧＭ社等に在りし清水俊二氏をも入社せしめ、清水氏は十月二十九日横浜出帆の静岡丸で紐育に先発した。（中略）田村氏は来る十九日横浜出帆の龍田丸で渡米の途に上る筈である」、さらに同号の田村の後記には「内田君が予定の一個年よりも早く紐育を引上げる事に成ったので、再び小生が紐育に行く事に成った。今度は家族を同伴するので、少くも一年間は留守にしなくては成るまいと思う。（中略）留守中は編集部の諸君に余計忙しい思いをして頂かなくては成らないが、僕も出来るだけ豊富に原稿や材料を送って、幾らかでもお手助けをしようと思う。留守中の旬報を、何卒御援助下さるよう、この機会に改めてお願いする。」とある。

清水は田村より一足先の１９３１年11月16日、午後２時40分にニューヨークのペンシルベニア駅についた。内田がニューヨークをたったのは、１９３２年１月15日だったから、約２ヶ月間をともに過ごした。

清水も内田がニューヨークを認めなかったことを「内田がもっとも強く個性を発揮したのはニューヨークについて語るときだった。ニューヨークのすべてを認めなかった。街、人間、女性、風習、食べもの、何もかもだった。演劇についてはとくにきびしく、くそリアリズムで、内容が何もない、とこきおろした。」と『映画字幕（スーパー）五十年』（早川書房）で記している。

清水によれば、内田は「間諜X27」（31）、「陽気な中尉さん」（31）をはじめ20数本の字幕を手掛け、その中のひとつ「市街」（31）で主演のゲーリー・クーパーが鼻にかかった声で〝No hard feeling！〟と言うセリフを〝悪く思うなよ〟と訳して流行語になった。

この流行語を助監督時代の黒澤明が使った。後に脚本家になる植草圭之助が山本嘉次郎監督の「藤十郎の恋」（38）のエキストラとしてスタジオに行くと、中学の同窓、黒澤明が助監督として働いていた。仕事のない植草はエキストラで食いつないでいた。植草が黒澤にもうスッテンテンなんだと言うと、黒澤はポケットから５円札を一枚出し「これプレゼントだ…わるいけどトラなどやらずに帰ってくれないか」と言った。そして「〝変てこりんなのがチラチラしてたら、仕事の気が散るからだよ。…わるく思うなよだ〝わるく思うなよな、という言葉は、ゲーリー・クーパーがある映画の仲でビッグ場面《シーン》のあとの緊張をさらりとほぐすような口調で使ったせりふで、当時、洋画ファンの間で流行語のように使われていた。」(『我が青春の黒沢明』文春文庫)

映画の公開からだいぶ時がたっているが、黒澤には、この言葉が強く印象に残っていたのだろう。

それにしても、もし、内田岐三雄がパリに戻らなければ、楢原茂二が田村の誘いを断らなければ、日本の映画字幕の最大の功労者、清水俊二は誕生しなかったかもしれない。人生は巡り合わせということを強く感じる。

1931年上半期の『キネマ旬報』誌上は前述したように「モロッコ」一色といっていいほどの騒ぎだった。ところが、下半期に入ると、新たな事件が起こり、このことに関する記事が、しばらく続くことになる。

その事件に触れる前に、この年、『キネマ旬報』誌上のいくつかのトピックを紹介しよう。

まず、3月11日号で、1930年、第5回キネマ旬報ベスト・テンの選考についての説明ための座談会が掲載されている。これまでの旬報ベスト・テンは、読者投票のみの選出で行われてきた。しかし、既述したように、マキノ映画が、投票用紙を挟み込んだ『キネマ旬報』を書店で買い占めたり、あるいは書店で購入した読者を待ち伏せして投票用紙を買い取ったりする事態が起きた。座談会で田中三郎は、それだけ〝旬報ベスト・テン〟の影響力が強くなったと喜ぶ一方、公平を期すため、新たな方式をこの年から採用した。それは、読者投票でベスト3までを決め、そこで選出された作品を9人の評論家が再度、投票するという仕組みだ。つまり、読者投票と評論家投票を折衷させたかたちである。その結果は以下の通りとなった。

日本映画

（現代劇）

「何が彼女をそうさせたか」（鈴木重吉）七票

「お嬢さん」（小津安二郎）一票

「若者よなぜ泣くか」（牛原虚彦）一票

（時代劇）

「続大岡政談　魔像篇第一」（伊藤大輔）五票

双葉十三郎

「旋風時代」（志波西果）二票

「素浪人忠彌」（伊藤大輔）一票

（棄権　一票）

外国映画

（発声の部）

「西部戦線異状なし」（30／ルイス・マイルストン）七票

「ラヴ・パレィド」（29／エルンスト・ルビッチ）二票

（無声の部）

「アスファルト」（29／ヨーエ・マイ）七票

「アジアの嵐」（28／フセヴォロド・プドフキン）二票

「帰郷」（28／ヨーエ・マイ）一票

投票者が読者と評論家の折衷、対象作品が、邦画では〈現代劇〉と〈時代劇〉、洋画では〈発声〉と〈無声〉とに分かれていたのは、映画の発展の過渡期であることを示している。邦画に〈発声〉がないのは、1930年にはトーキー映画が製作されていなかったからだ。まさにこの頃、松竹が日本初となるトーキー映画、五所平之助監督「マダムと女房」の製作中だった。

もう一つのトピックは、5月1日号の〈読者寄書らん〉に、双葉十三郎の批評《「侍ニッポン」を観る》が賞を受けて掲載され、『キネマ旬報』初登場したことである。〈読者寄書らん〉は現在の〈読者の映画評〉や〈キネ旬ロビイ〉のようなページで、双葉のこの原稿は、郡司次郎正原作、伊藤大輔監督の「侍ニッポン」(31)について、400字12枚ほどの力作だった。〈読者寄書らん〉としてはたいへん読み応えのあるものであった。双葉十三郎はその時21歳。双葉は、ふたたび8月21日号の〈読者寄書らん〉でも、日本初のトーキー映画「マダムと女房」について批評を執筆しており、早くも常連執筆者としてその名を連ねるようになる。

上森健一郎(子鐵)と不二映画

そして、31年後半、当時の日本映画界を揺るがす大きな事件が起こった。

9月11日号で〈トピックの解剖〉という見開き2ページの記事がある。「鈴木傳明馘首に端を発した蒲田王国異変顛末　映画を地で行く虚々実々　新映画会社の生まれるまで」と題されたものである。そこには「九月二日の都下の各朝刊紙は一斉に突如として、松竹蒲田映画の王者鈴木傳明の追放を報道して、映画界のみか一般社会にセンセーションを起した。引続いて翌二日（注：原文ママ、三日の誤記であろう）の朝刊には、鈴木傳明に同情して、〝生活権擁護〟を叫んで、同社の岡田時彦、高田稔が傳明と共に松竹蒲田を脱退することを声明した、と、三人仲善く並んで撮った写真が掲げられた」とある。

ことの推移は以下のように進んだ。

9月1日の朝、城戸四郎蒲田撮影所長は、鈴木傳明を新富町の松竹本社に呼び出し、〝最近鈴木傳明の抱いている思想と会社の製作方針とが相容れぬこと、及び、彼が秘密裡に独立プロダクション計画を進めつゝあること〟を理由に「即刻蒲田を退社して貰い度い」と申し出た。鈴木傳明は当時の日本映画界を代表するスーパースターであり、それだけ我がままで、そして松竹を辞めて独立するという噂も流布し、松竹は彼の処遇に手を焼いていた。そこで、城戸は、傳明旗揚げに影響して起る撮影所内の動揺を考慮して、先手を打って、まず鈴木傳明の出鼻を挫き、事を未然に防ごうという狙いで動いた。傳明は予想もしない松竹側の高圧的で迅速な出方に驚き、二、三日の間、保留していただきたいと申し出た。松竹側は、即刻返事をしろと迫り、傳明は明日の午後、四時まで待ってほしいと申し入れ、会談を終えた。

記事では「松竹本社を出た鈴木傳明は直ちに、岡田時彦、高田稔に檄を飛ばし、集った両人及び、問題の人上森健一郎氏を加えて四人深更まで、この松竹の提議に対する鈴木傳明の態度を協議し合った。」とある。協議の結果、ひとまず謝罪し、明日、三人で松竹本社に出頭して、今後は行動、言動などを改め、会社の為に働くことを誓い、許しを乞うということになったのだ。

ところが、ことの経緯が松竹側から、業界紙の『日本演芸通信』に漏れており、そこから各朝刊紙に伝わっていた。

徹夜の協議を終え、明け方、自宅に帰った傳明が手にした朝刊には、鈴木傳明の馘首が報じられていた。これを読んだ傳明の驚きは、たちまち憤激に変わり、もう謝罪どころではない。傳明たちは、一気に新会社設立に向かった。

もし、松竹から『日本演芸通信』に情報が漏れていなければ、こんな大事件は起らなかったかもしれない、と『キネマ旬報』も報じていた。

鈴木傳明、岡田時彦は当時のスーパースターで、彼らの独立は社会的な騒動になったわけだ。まさに、SMAPの解散、独立の騒動の挙げ句、テレビ番組内で謝罪した事件を彷彿とさせる。

何故、この事件を取り上げたかというと、〝問題の人上森健一郎〟とは、1960年代後半から、キネマ旬報社の社長となる上森子鐵だからだ。つまり、日本初の字幕制作の立役者となった田村幸彦と同様に、上森子鐵も、その後、映画界で大きな存在感を示し、『キネマ旬報』の重要な関係者になっていくのである。


私が上森子鐵（1901〜1989）を間近に見たのは、キネマ旬報社に入社した翌年、1979年2月のキネマ旬報ベスト・テン授賞式と数日後のパーティーのときだった。当時のキネマ旬報ベスト・テン授賞式は、日本映画ベスト・ワン作品を上映する映画館を終日借りきり、有料で行われた。興行収入は劇場の収入とし、キネマ旬報社は無料で劇場を1日借りるというかたちである。そして、授賞式の数日後に、帝国ホテルで受賞パーティーが開かれた。そのころ、まったくの貧乏会社であったキネマ旬報社が、帝国ホテルの孔雀の間でパーティーを催すというチグハグさは、上森と帝国ホテル社長の犬丸徹三、その息子で社長を継ぐ一郎との昵懇の関係にあった。上森子鐵はその世代の日本人男性にしては長身の180センチを超す偉丈夫で、大広間の400人余の来場者を睥睨するように壇上に立ち、マイクなしの大声で30分以上も映画界を憂える演説をした。それは、スピーチというより、来場者を怒鳴り飛ばすかのようで、80歳に近い高齢にもかかわらぬ、その迫力に私語を交わす人もいなかったほどだ。上森は様々な事業を手掛け、総会屋、裏世界の黒幕として暗躍し、『キネマ旬報』の社長といっても、会社に来ることはなかった。上森がキネマ旬報社の社長になったいきさつについては、追って詳述したい。

上森健一郎は1901年生まれだから、田中三郎より2歳年下である。資料によれば、尋常小学校を苦労して卒業し（12歳）、『キネマ旬報』が創刊された1919年、18歳のとき、菊池寛の通い書生になったとある。菊池はこのとき31歳、小説を書き始めたころで、私費で『文藝春秋』を創刊するのは1923年であるから、書生といってもどの程度の関係かは不明である。

1920年代半ばには、性風俗を扱う出版社、前衛書房を立ち上げ、また活発になり始めた組合活動と資本家の調停で活躍するようになった。大正から昭和にかけての、デモクラシーとエログロ・ナンセンスの文化、そして不況の時代を背景に出版と労使紛争の調停で頭角をあらわした。

その上森健一郎が、松竹による鈴木傳明の馘首事件に顔を出したのは、以前から上森が映画、芸能の世界に強い関心があったからだろう。ちなみに岸松雄によれば、岡田時彦は、1928年、前衛書房から『春秋まぼろし草子』という著作を上梓している。この本は谷崎潤一郎が序文を寄せ、佐藤春夫が装丁を手掛けたとある。

9月2日の朝に話を戻そう。

朝刊を手に怒りに震えた鈴木傳明は、かねてから独立プロダクション創設の折には出資者となることを約束していた衆議院議員で国際工船漁業会社社長、窪井義道氏宅へ向かった。昭和恐慌のなか、12万5000円の現金が用意され、松竹所属俳優引抜きのためにバラ撒かれ、10数名の俳優が参加することになった。窪井氏を担ぎ出したのは、おそらく上森の手配によるものであったろう。

この125,000円は当時、どれくらいの価値だったのだろうか。日本円貨幣価値換算計算機で換算すると約3億円である。まあ、それぐらいの金額が用意されたというわけだ。俳優の出演料が現在ほど高額でなかったことを考慮してもかなりの金額だったと考えられる。

そして、2日の夜、上森の手配により丸の内会館で記者会見が行われ、鈴木、岡田、高田の三人が松竹脱退を表明し、その記事が翌朝の朝刊を飾った。傳明が朝刊を読んだ日の夜に会見を開いたということで、彼らの反応も素早かった。

駆けつけた新聞記者に城戸四郎は〝去る者は追わず〟と豪語して平静をよそおっていたが、その狼狽は尋常ではなかったという。松竹は、役員を集め、引抜きに対する引き止め策を協議した。

一方、新聞記者は出資者の名を探ったが、上森は語らず、〝黒幕〟として上森の存在が大きくクローズ・アップされるようになった。しかし、参加を約束した俳優たちは、上森の口約束だけでは不安だった。そこで、窪井義道の名が明らかにされ、不二映画株式会社が設立されるはこびとなった。

9月21日号で、〈傳明、時彦、稔のトリオ　不二映画陣容〉と続報が掲載されている。その記事によると、事務所は内幸町大阪ビル2階となっている。つまり、パラマウント、MGM、ユナイト、RKO、文藝春秋の入っているビルであり、キネマ旬報社の入っている大平ビルは近所にあった。3人の他に、齋藤達雄をはじめ20名ほどの俳優が名を連ねた。そして、宣伝担当に加賀四郎という名前がある。女優、加賀まりこの父である。また、岡田時彦は、女優、岡田茉莉子の父であり、この不二映画の設立でふたりの大女優の父が交錯していたことは興味深い。

余談であるが、加賀四郎は、不二映画解散後、兄の二郎とブラザース加賀を設立し、鈴木傳明の監督、主演による「鋪道の囁き」(36)を製作した。この作品はジャズ歌手、ベティ稲田とタップダンサー、中川三郎も出演する、この時代としては先駆的なミュージカルだったが、公開後、フィルムの行方は不明となっていた。そのフィルムは1991年、アメリカで発見された。

不二映画1932年新年の挨拶
(右より)月田一郎、岡田時彦、高田稔、鈴木傳明

城戸四郎VS鈴木傳明、上森健一郎

華々しくスタートした不二映画だったが、岡田時彦の気持ちは揺れていた。10月11日号で、〈果然岡田時彦松竹へ復帰し　不二映画に波乱起る〉とある。

関西方面の旅行から帰った岡田は、赤坂の城戸四郎の私邸を訪ね、〞従来の行懸りを一切捨て々、単独にて松竹に復帰し度き旨を懇請した〟。城戸四郎はこの申し出を快く受け入れた。さらに、やはり引き抜かれた齋藤達雄も岡田同様に復帰を希望していた。しかし既に、ふたりは不二映画から契約金を受取り、契約書にもサインしていたため、それらの契約金、違約金の面倒までは城戸も見ることができず、この時点でふたりの復帰は実現しなかった。

そもそも、岡田時彦は、不二映画の参加には最も消極的だった。しかし、岡田には鈴木傳明との友情、上森には著作を出版してくれた義理があり、何より、父親をはじめ家族の面倒を見なければならないことと、自身の健康のために金銭問題に追われていた。そういう事情あっての厳しい決断だったのだ。

岡田の気持ちは、『女優　岡田茉莉子』（文春文庫）で「三十三年一月十一日の、私の誕生日以後は、私の名を魔子と名付けようとした父らしく、母宛ての手紙のなかでも、マコと片仮名で私に呼びかけていた。おそらく母と私の今後を考えたのだろうか、父は松竹を去り、京都の新しいプロダクションに出演する。それはギャラが高額だったからだった。余命いくばくもないことを知って、私たち母娘のために少しでも蓄えを残そうとする父の思いが、切々と書かれていた。」と痛切に記されている。

岡田は、松竹、不二映画のあいだで板挟みとなって苦しまなければならなかった。

では、この不二映画事件について城戸四郎の側から見てみよう。城戸四郎は1955年、『キネマ旬報』誌上で、〈映画の三十年〉という連載を執筆しており、この事件にも触れている（この連載は昭和31年に文藝春秋新社から『日本映画傳―映画製作者の記録―』として出版された）。

同連載によると「この年（昭和六年）九月に、世間を騒がせた不二映画事件というのが起った。鈴木傳明、高田稔、岡田時彦の松竹三大スター等が、連袂《れんべい》退社して、不二映画というプロダクションを作った時の事件だ。日本中の新聞が、この大量脱退で城戸も参るだろうと騒いだ。」

東亜キネマや独立プロにいた活劇俳優の髙田稔が松竹に入り、つづいて日活の岡田時彦が入って来た。城戸は、鈴木傳明以外は他社から引き抜いたことはない、みな自分からやって来たのだと自負していた。この頃、松竹は日活に対して劣勢だったが、牛原虚彦、島津保二郎をはじめ、五所平之助、小津安二郎も頭角をあらわし、これらの人気スター、実力監督を擁して、間もなく松竹全盛時代を作った。

城戸いわく「三人のうちでは、死んだ岡田時彦が一番芸術家肌で、超然として山高帽子などをかぶって撮影所へ通っていた。（中略）所内の出来事などに我関せずと云った風で、（中略）肺が少し悪かったけれども、あまりせこせこしないで、スマートで蒲田には新しい風を吹き込んだ俳優だった。（中略）そのうち髙田の行動があやしくなってきた。撮影に遅れる。（中略）岡田は相変わらずちんとすましているが、鈴木傳明がどうもそわそわしている。」と疑いはじめた。

１９３１年の８月、「マダムと女房」の成功で気をよくした城戸は、当時片瀬の海岸に野田高梧が避暑していたので、そこへ遊びに行った。すると野田の借りた家の隣りに田中三郎夫婦が避暑に来ており、そこへ岡田時彦の妻の大きな声が聞えた。

「いまの岡田茉莉子は時彦の別の愛人田鶴園子のお嬢さんで、時彦自身は田鶴の方にほれていた。ところで、この田中三郎の細君と岡田の本妻（あや子）が気が合うためか仲がよい。その日も田中の家へ来て、賑やかにやっている。そこへ上森健一郎がやって来て大きな声で時彦の細君と話している。それがわれわれの耳に入った。要するに（豊太閤の件はうまく行っていると岡田君に伝えてくれ）というようなことだった。」（筆者注・岡田時彦は最初の妻、あや子と離婚し、田鶴園

子と正式に結婚し、１９３３年1月11日に茉莉子が生まれている）

いくら上森の声が大きくても、隣りの家にまで話し声が聞こえるとは思えない。城戸は話しを面白くするために映画人特有の誇張をしているのだろう。しかし、上森がここに現れたことでピンと来たことは確かだったはずだ。豊太閤は信長につながる、謀反を起こそうとしていると判断した。その後、女優の川崎弘子に誘いが入っているとの情報があった。そこで、城戸は、前記したように鈴木傳明を呼びつけ証拠はあがっていると問いつめたが、傳明はあくまでシラを切った。そこで時間の猶予を与えたところ、既述したように、松竹から情報が漏れてしまった。そのとき、上森は岩月新聞という、朝日新聞を一手に扱う販売店の争議を治めたところで朝日に受けがよかったため、これは特ダネとして大きく取り上げた。

城戸は「企業家が悪いとか、芸術的なものを作らないからだとか、どうしても悪役にされる。」と朝日の記事に悔しがった。そして、「代議士で鉱山を持っている窪井義道だから、いくらでも無限に金が出るという。それに策士上森が控えているから、松竹なんか倒すのは朝飯前だと話が大きいのだ。しかも、誰が云い出したのか、向こうからなぐり込みが来るというので、女優達は危険だから、栗島すみ子は池田信義が責任をもち、田中絹代は佐々木啓祐に連れさせて、麹町の社長の家の離れに匿まい、川崎弘子は北村小松がついて、自動車で箱根に逃げた。」と回想している

労使の争議で修羅場をくぐってきた上森の配下の連中が殴り込みに来るという情報で、松竹は大慌てで対応策を整えていた。後に田中絹代のマネージャーとなった庶務課の社員は、剣道の心

「栄冠涙あり」

不二映画撮影所地鎮祭のスナップ（右から）不明、本橋重三郎、上森健一郎、岡田時彦、ミナト映子、佐久間妙子、池上喜代子、鈴木傳明、川口松太郎、加賀四郎

得があるからと抜き身の日本刀を振り回していたとも言われている。このように、事態が大事に発展したことを聞いた傳明のスポンサーである窪井は非常に驚き、代議士として世間の笑い者になるのは困ると、まずは手打ちとなった。事の次第は、上森健一郎と鈴木傳明が仕組んだことのようだ。

まだ31歳だった上森は、この事件でその存在を映画業界で広く知られるようになった。城戸四郎は1894年8月11日生まれで、その時35歳、ふたりはその後、ともに文藝春秋社の社外取締役になるなど因縁の仲となる。

そして、この不二映画殴り込み事件は、私が編集部にいた1980年代になっても〈トラックで蒲田撮影所に乗り込んだ上森は、荷台に俳優たちを乗せて連れ去った〉というオヒレまでついた伝説として語り継がれていた。

脱退に気持ちの揺れる岡田時彦については、『キネマ旬報』31年10月11日号の〈トピックの解剖〉というコラムで〝裏切り者岡田時彦の場合〟という見出しまで出た。父親のために急を要する現

「もだん聖書」

金を必要とする岡田の求めを、共に行動することに不安を感じながらも受け入れる傳明。家族のために、病の身体を削りながら現実に向き合う岡田と、自身の夢とエゴを追うために苦しい選択をする傳明の二人の関係は映画のように切ない。

このようにゴタゴタ続きの不二映画社であったが、1931年12月には、鈴木重吉監督、鈴木傳明主演の第一回作品「栄冠涙あり」の公開にこぎつけた。翌1932年3月、映画評論家として活躍中の筈見恒夫が不二映画脚本部に入社し、川口松太郎も文芸部企画部長に就任した。翌4月には豊島園に撮影所を建設することになった。

そして、不二映画脱退に揺れ動いていた岡田時彦の第一回主演作品、筈見恒夫原作・脚本、阿部豊監督「もだん聖書」が10月に公開された。

スタートから1年、看板スターの主演映画も公開されたが、既にトーキー時代に入っていたにもかかわらず、不二映画はサイレント映画だけしか作れなかった。その結果、不二映画作品は配給を引き受けてくれる会社と組むのに苦労し、興行力に乏しく経営は失速していく。傳明は「熊の出る開墾地」(32)、「金色夜叉」(32)に主演したが、33年3月「銀嶺富士に甦る」が完成すると不二映画は解散に追い込まれた。

当初用意されていた12万5000円だが、実際にはそれほどの額は動かなかったとも言われている。しかし、その後の2年間の運転資金で、上森は数十万円を投じたと、戦後、キネマ旬報社の社長になってから周囲に語っていた。

鈴木傳明は以前から独立したいという野心はあったようだが、1931年9月では準備不足だった。それゆえ、まずは謝罪しようという結論を出したのだが、運悪く松竹から解雇の情報が新聞に漏れ、それを読んだ傳明は、怒りから強く反応してしまった。新聞記事が出ていなければ、傳明は城戸四郎に謝罪して事は丸く収まったはずだ。また、記事を読んでもカッとならず、謝罪に出向けば城戸は矛を収めたはずだった。とは言え、その場は収まったとしても、傳明は別の機会をうかがい、上森と独立を計ったであろう。

鈴木傳明は不二映画解散後、日活に移るが、作品にも恵まれず、往年の生彩を放つことはなかった。そして太平洋戦争が勃発すると父親の石炭事業を継ぎ、映画界とは疎遠になっていった。

一方、上森は相変わらず実業界と映画界で暗躍し、古川緑波のマネジメントを務めたりした。また、東京・丸の内にオフィスをもち、鎌倉に住んでいたことから、小津安二郎の日記にも、東京・鎌倉間の車中で一緒になったとたびたび登場する。

ニューヨークで字幕を作る田村、満州事変と旬報同人の記事

同じ頃のニューヨークで字幕制作をしていた内田岐三雄は、1931年11月にやって来た田村幸彦、清水俊二と一ヶ月半の引き継ぎを終え、1932年2月、パラマウント退社、パリに向かった。そして同年10月に帰国、11月には編集部に復帰した。

2月21日号では、1931年キネマ旬報ベスト・テンが発表された。1位は洋画が「モロッコ」、

邦画が五所平之助監督「マダムと女房」で、ともにトーキー映画が受賞した。日本映画のベスト・テンは始まって5回目にあたり、2位以下にも、田坂具隆、小津安二郎、稲垣浩、伊藤大輔と錚々たる顔ぶれが並んでいる。このころから、日本映画の質も急速に向上した。それは誌面にも現れ、11月1日号、岸松雄の山中貞雄論をはじめ、その後は、小津安二郎、伊丹万作、伊藤大輔、成瀬巳喜男といった監督を招いた読み応えのある座談会がしばしば掲載されるようになる。

また、6月1日号で、後に東宝副社長となる藤本真澄（1910～1979）が塚本清（本当は靖だったが、字が汚くて間違えられた）というペンネームで寄書欄に登場している。「プロデューサー人生　藤本真澄　映画に賭ける」（東宝株式会社出版事業室）によれば、藤本は当時、慶応大学の学生で大の映画ファン。投書の採用が続き、ついに旬報編集部から新人評論家特集で原稿依頼が来て、「日本トーキーに於ける内容と形式の問題」というタイトルの原稿を執筆し、十円の原稿料をもらい、名前も靖に訂正された。卒業後、藤本は明治製菓でCMを製作、森岩雄に誘われPCLへ移り、東宝へとキャリアを歩んだ。

森岩雄と同様、藤本真澄も映画への深い愛情と教養があり、そこにプロデューサーとしてのビジネス・マインド、バランス感覚があった。1899年生まれの森と1910年生まれの藤本という、この2世代のリーダーがいたことが今日の東宝の映画製作のDNAになっていると言えよう。日本映画史には、伝説的怪物（永田雅一のような）は何人かいたが、この二人のようなキャラクターはいなかった。そこに、小林一三という、映画館、不動産に抜群の先見性、反射神経をそなえた経営者がいたことが今日の東宝の隆盛につながったと言えるだろう。

1931年のキネマ旬報ベスト・テン

日本映画ベスト・テン

1位　マダムと女房（五所平之助）

2位　心の日月（田坂具隆）

3位　東京の合唱（小津安二郎）

4位　一本刀土俵入り（稲垣浩）

4位　舶来文明街（冬島泰三）

6位　仇討選手（内田吐夢）

7位　何が彼女を殺したか（鈴木重吉）

8位　牢獄の花嫁（沖博文）

9位　続大岡政談 魔像解決篇（伊藤大輔）

10位　生活線ABC（島津保次郎）

外国映画ベスト・テン

1位　モロッコ（30／ジョゼフ・フォン・スタンバーグ）

2位　巴里の屋根の下（30／ルネ・クレール）

3位　市街（31／ルーベン・マムーリアン）

4位　ル・ミリオン（31／ルネ・クレール）

5位　間諜X27（31／ジョーゼフ・フォン・スタンバーグ）

6位　全線（29／セルゲイ・M・エイゼンシュテイン）
7位　悪魔（31／スヴェンガリ・アーチー・メイヨウ）
8位　最後の中隊（30／クルト・ベルンハルト）
9位　陽気な中尉さん（31／エルンスト・ルビッチ）
10位　アメリカの悲劇（31／ジョゼフ・フォン・スタンバーグ）

1位「モロッコ」のスタンバーグは、他に「間諜X27」（5位）、「アメリカの悲劇」（10位）がベスト・テンに入っている。スタンバーグは「嘆きの天使」、「モロッコ」でディートリッヒをスターダムに押し上げる一方、私生活では彼女の魅力に取り憑かれ、作品は彼女を美しく映し出すことに心血が注がれ、評価を落としていった。この2作はその前兆にあたるものだが、キネマ旬報の選考委員たちはスタンバーグを過大評価していたようだ。

1931年2月、田村幸彦の字幕制作による「モロッコ」の上映、同年9月、鈴木傳明と上森健一郎の暗躍による不二映画事件の顛末を記してきたが、ここからは、その間のキネマ旬報、映画界、社会情勢について触れたい。

最大の出来事は、31年9月18日、中国の奉天（現瀋陽）郊外の柳条湖で、関東軍が南満州鉄道を爆破して、いわゆる満洲事変が勃発したことと翌32年3月1日の満洲国の建国である。ここから、日本映画界、映画人も次第に戦争に翻弄されることになる。

32年2月1日号で、『キネマ旬報』創刊時、田中、田村の先輩格として影響を与えていた近藤伊輿吉が〈記録映画『守れ満蒙』を中心に〉という1Pの原稿を書いている。冒頭「映画『守れ満蒙』は現在市場に氾濫している満洲事変をあてこんだ際物映画でもなんでもない。」と記しているように、いかにこの時期、映画業界がこぞって満洲事変便乗映画を作っていたかを示している。ちなみに『大阪毎日新聞』は本作を、ニュース映画を越えた記録映画という新たな世界に踏み込んだ作品として紹介している。近藤はその後、満映（満洲映画協会）の設立から参加することになるが、俳優の演技指導にとどまり、満映を軌道に乗せるのは、日活多摩川撮影所を追われた根岸寛一とマキノ光雄である。戦後、後発の東映の基礎固めに貢献するのもこの二人である。

続く3月11日号では、〝爆弾三勇士〟とよばれた兵士の活躍の実話をもとにした「肉弾三勇士」(32)がヒットしたことから、水町青磁が〈軍事映画に就いて〉という1Pの原稿を書いている。そのなかでは「巧運なるよりも拙速を尊ぶ――をモットーとしている日本映画業者が、軍事映画に対しては殊更にその本領を発揮している。」と、事変後の軍事映画の大量生産を皮肉っている。

一方、双葉十三郎は戦争について、キネマ旬報社が発行するもう一つの批評誌『映画往来』の1932年5月号、〈日本映画創作上の諸問題〉でつぎのように書いている。

「宣伝及び煽動の重大な武器としての映画が、最近ほど、赤裸裸に原始的な野蛮な姿を以て、圧倒的に活動したことは、日本映画史のどこに頁を繰っても稀にしか見られぬであろう。あらゆる論理を超越し、あらゆる常識を忘却し、狂気的な事変映画の製作が行われた。『満州行進曲』『古賀連隊長』『爆弾三勇士』等の競映、続映、それに事変ニュースは遂に番組映画の地位を占めるに至った。（「上海総攻撃」その他）だが、観客は――観客もまた恐ろしい熱狂ぶりを以てこれらを迎えたのである。伴奏勇ましく映し出されるニュース。砲撃、進軍、日章旗、観客は割れる様な拍手を送る。『肉弾三勇士』をやらぬ館はまるで不入りだったと云い、或は、ニュースだけ見て『彌太郎笠』（32・稲垣浩監督、片岡千恵蔵、山田五十鈴出演）は割愛してしまう者も少なくないという。」

5月1日号では〈満州新国家が映画で民衆啓蒙〉という巻頭の短いが注目すべき記事がある。ここでは「建国以来各種政策に着々その実を挙げて居る満洲新国家に比較的文化程度の低い同国三千万民衆の啓蒙指導と新政府の改善主義を一般に周知せしめ又一方海外へ国情を広く紹介するには映画政策によるを最《もっとも》賢明なりとし、予《かね》てより国営の映画製作を建設すべく手配中であった……」とある。

建国2ヶ月にしてこの構想が打ち出されたわけだが、これは満鉄映画製作所になり、1937年に設立された満映に発展していった。

映画会社、朝日新聞をはじめとする大手メディアが戦争気分を煽り、国民が熱狂するなかで、『キネマ旬報』の記者であった水町や、同人であった双葉が、冷静に状況を見つめていたことは注目すべきであろう。

小津のキネ旬ベスト・ワン獲得と城戸四郎の苦言

1933年2月に発表された、32年公開のキネマ旬報ベスト・ワンは、洋画はルネ・クレール監督「自由を我等に」（31）、邦画は「生れてはみたけれど」（32）だった。小津安二郎監督にとって初のベスト・ワン獲得である。授賞式は3月7日、朝日講堂で開催され、小津、兄弟を演じた子役、菅原秀雄、突貫小僧が挨拶に立った。
小津はこの受賞について、『全日記　小津安二郎』（田中眞澄編纂／フィルムアート社）によると、
三月七日（火）▲キネマ旬報の推薦名画鑑賞会に出席　挨拶をする　▲生れてはみたけれど1932年度のカップを受く
と簡潔に記している。しかし、『キネマ旬報』1957年2月上旬号のエッセイ〈あの日あの頃〉で次のように記している。
「ずいぶん昔のことです、ぼくの『生れてはみたけれど』がベスト・テンの第一位になった時、松竹のある重役が、当時キネマ旬報をやっていた田中三郎さんに、あの写真に第一位をやるのは困る。ぜんぜんお客が入らない写真だから、同じ表彰するなら衣笠君の『忠臣蔵』（筆者注・3位）にやってくれ、といったそうです。今でこそベスト・テンに入ったといえば、人からお祝の一つも云われるけれど、当時はそんなものでしたね。要するに批評家にほめられた写真は、お客が入らないと相場がきまっている。だから、批評家からベスト・テンをもらっても、会社ではすこしもいい顔をしない。かえってあいつは批評家の機げんばかりとっている、お客のことを考えないといわれ、ぼくなど自分の写真がベスト・テンに入ると、撮影所に顔が出せなかった。なんだか悪くて、所長に挨拶できないんです。当時から比べれば、日本映画も進んだし、観客の眼も肥えましたね。キネマ旬報ベスト・テンの功績でしょうかな。」
〝悪くて、所長に挨拶できない〟とあるから、ある重役とは、当時、撮影所長だった城戸四郎であろう。また、この肩身の狭い思いをしたのは、翌33年「出来ごころ」、34年「浮草物語」で

キネ旬ベスト・ワンを3連覇し、受賞が重なったわりに観客が入らないことに忸怩たる思いがあったのではないか。

小津はさらに1941年に「戸田家の兄妹」、戦後になって1949年「晩春」、1951年「麦秋」と計6回、キネ旬ベスト・ワンを獲得している。また、小津の映画が当たらないという不名誉も戦後は払拭している。1950年「宗方姉妹」はその年の興行成績1位（キネマ旬報ベスト・テン7位）となったが、残念ながら新東宝作品だった。その後も51年「麦秋」が興行6位、52年「お茶漬の味」（同12位、興行2位）、53年「東京物語」（同2位、興行8位）と、興行面でもしっかりと結果を残している。

キネマ旬報ベスト・ワンの常連となった小津の翌34年の同日記には

「三月十九日（月）
出来ごゝろ　キネマ旬報名画会　報知新聞のホールにてあり　突貫　坂本と同行　まことに苦手の講演をやらされる　のち　内田岐三雄　飯田心美　岸松雄と富士の里　出来ごゝろ1933年度のカップを受く」

とある。

翌35年は

「二月二十日（土）　キネマ旬報社の昨年度の優秀映画鑑賞会が時事新報の講堂であった　坂本飯田と出席　またしても不得手の講演一席やらされる」

と3回目となると、感動も薄れたのか、作品名も記されていない。

授賞式だけでなく、小津は旬報の座談会にしばしば参加している。本来、小津はこの種の仕事を好いてないはずだが、旬報には心を許していたのだろう。さらに、仕事とは関係なく、岸松雄、内田岐三雄といった編集部員と飲み歩いたことがしばしば記されている。世界の小津と飲み歩くとは、何とも羨ましい話だが、当時、小津も編集部員も30代前半で、若かったのだ。

1932年　キネマ旬報日本映画ベスト・テン
1位　生れてはみたけれど（小津安二郎）
2位　嵐の中の処女（島津保次郎）
3位　忠臣蔵（衣笠貞之助）
4位　お誂次郎吉格子（伊藤大輔）
4位　弥太郎笠（稲垣浩）
6位　国士無双（伊丹万作）
6位　蝕める春（成瀬巳喜男）
8位　白夜の饗宴（マキノ正博）
8位　春と娘（田坂具隆）
8位　抱寝の長脇差（山中貞雄）
8位　上陸第一歩（島津保次郎）

1933年　キネマ旬報日本映画ベスト・テン
1位　出来ごころ（小津安二郎）

2位　滝の白糸（溝口健二）
3位　夜毎の夢（成瀬巳喜男）
4位　二つ燈籠（衣笠貞之助）
4位　君と別れて（成瀬巳喜男）
6位　丹下左膳（伊藤大輔）
7位　盤獄の一生（山中貞雄）
8位　鼠小僧次郎吉（山中貞雄）
9位　伊豆の踊子（五所平之助）
9位　堀田隼人（伊藤大輔）
9位　鯉名の銀平（衣笠貞之助）

1934年　キネマ旬報日本映画ベスト・テン
1位　浮草物語（小津安二郎）
2位　隣の八重ちゃん（島津保次郎）
3位　生きとし生けるもの（五所平之助）
4位　武道大鑑（伊丹万作）
5位　風流活人剣（山中貞雄）
6位　北進日本（指揮）武富海軍大佐／柴田海軍中佐
7位　その夜の女（島津保次郎）

8位　一本刀土俵入り（衣笠貞之助）
9位　霧笛（村田実）
10位　雁太郎街道（山中貞雄）

小津の3年連続ベスト・ワンは快挙だが、日本映画の充実ぶりもすごい。しかし、この3年間のベスト・テンに入った山中貞雄、伊丹万作（「国士無双」は8分の断片が現存）の作品が現存していないことは、田中たちが度々、映画会社の意識の低さに警鐘を鳴らしていた現れであろう。

1933年4月1日号で、創刊当時、田中三郎、田村幸彦をはじめ、編集部員に大きな影響を与え、〝愚教師〟のペンネームで寄稿していた東健而が1933年3月20日に結核で死去したことが伝えられている。田中、田村は蔵工高卒業後、昼は松竹外国部で働き、夜、旬報の編集作業に没頭していた。東はその時の上司であり、飯田心美も田中たちより先に松竹外国部に在籍していた。

田中三郎は「当時『キネマ旬報』は勿論まだ私たちの衣食の糧たる対象たり得なかったので、私と田村幸彦君とは東さんの下で働いていた関係上直接間接に『キネマ旬報』そのものの進歩に就いてもまた東さんのタレントに負うところ頗る多かった。私より更に古くから東さんの傍にいた飯田心美君をさし措いて文意不到しかも敢てこの一文を私として草するの所以もそれあるが故に他ならない。後略」と、東への思いを込めた1ページの追悼文を同号に寄せている。

東は長いあいだ結核で神奈川県、逗子に療養していた。『映画往来』1928年8月号に、やはり結核で逗子に療養していた編集同人の飯島正、日活脚本部の益田甫を見舞いに、森岩雄、古川録波、岩崎昶、内田岐三雄、女優の英百合子など、総勢20名が出向いた模様が紹介されている。亡くなる5年前のことだった。

東は亡くなる10日前、見舞いに来た親友の徳川夢声に「僕が死んだらね、静江の籍を東家からぬいて、いつでも再婚出来るようにしてやってくれ給え。ね、お願いしときますよ。そしてだれか好いお婿さんがあったら、世話してやってくれ給え」(『夢声自伝・中／講談社文庫』と伝えている。東は同じことを、森岩雄をはじめ、何人かの親友に伝えていた。

その夢声も、翌1934年の8月31日に、妻、信子を結核で失ってしまった。そこで、夢声の友人たちは、夢声と、東未亡人、静江の再婚を強くすすめた結果、ふたりは結婚することになった。

東も夢声も、創刊時、田中、田村らの大きな助けとなった。また、同人の飯島を見舞うことなど、先輩や仲間を思いやる編集スタッフの結束する力に、旬報が単なる集団ではないこと、長く持続する力を感じることができる。

田村幸彦の帰国

既に記したように、田村幸彦は、1933年5月、約1年半ぶりに清水とともに帰国した。

パラマウントは、ネガ・フィルムを輸入し日本で日本語字幕を制作するという、つまりニューヨークで行っていたことを日本支社で行うことにしたのである。ハリウッド各社も日本語字幕を制作していたが、パラマウントはいち早く、日本での字幕制作に取り組むことで、公開時期を早めることが可能となった。

このことは、帰国しても田村が『キネマ旬報』の編集実務には復帰しないということを意味する。パラマウントのオフィスは、内幸町の大阪商船ビルにあり、旬報もその近所の大平ビルにあったが、このことで、田村と旬報スタッフとの間で特にわだかまることはなかったようだ。この1年半のあいだ、田村なしで、旬報はつつがなく発行されてきた。むしろ、この間、日本映画の質的向上から、日本映画の誌面が拡充され、田村の不在のあいだに新たな方向性に歩みだしていたともいえる。

しかし、田村が不在だったこの1年半ばかりか、1935年7月11日、創刊16周年まで、奥付には、編集人・田村幸彦の名前がクレジットされていた。そして、翌、7月21日号から、やっと編集人・発行人　田中三郎となる。旬報の実務から離れて3年半、目の前のオフィスに田村が勤務しながら編集人として名前を残していたのは、田中が田村の帰る場所を空けて待っていたということだったのであろうか。田中にとって、一緒に旬報を創刊した田村の存在はそれほど大きかったのだろう。こんなタイミングの、34年1月11日、21日、2月1日の奥付の編集人の名前が田中幸彦となっているが、これは誤植にしても、悪い冗談である。

その後、田村は特別号で、ハリウッド関係の記事を執筆するなど、旬報とは良好な関係を続ける。

この頃、映画界を賑わした出来事として、日本劇場（日劇）をめぐる東宝と松竹の獲得争いがあった。33年11月21日号で、鈴木重三郎による〈風雲　丸の内界隈　日比谷映画劇場と日本劇場をめぐる――。〉という記事がある。

〈先づ小林一三の映画界進出から見よう〉というこの記事は、帝国ホテルに隣接して、宝塚少女歌劇の、東京に於ける常設館、東京宝塚劇場（1934年1月1日開場）の建設、旧日比谷大神宮跡（関東大震災で焼け、1928年に飯田橋へ移り、現東京大神宮となっている）に日比谷映画劇場（1934年2月1日開場）の建設に着手した小林一三は、日劇の獲得に乗り出したと伝えている。

日劇は1929年から5年の歳月と500万円ともいわれる建設費で着工され、収容人員4,500人の東洋一の大劇場であった。日劇は日本の製紙王と呼ばれた大川平三郎が築いた大川財閥によって1933年12月に完成、日本映画劇場株式会社により営業が開始されたがうまくいかず、日活が賃借経営していた。この劇場をめぐって阪急グループの小林と松竹が獲得を争い、小林の手に落ちた。

城戸四郎は当時を『日本映画伝』（文芸春秋新社）で悔しそうに回想している。

「小林一三の宝塚コンツェルンが東京へ進出して来た。その緒戦は、昭和九年一月開場の、東京宝塚劇場の興行からで、丸ノ内有楽町の、もと日比谷大神宮あとに、宝塚チェーンの娯楽街を建設しようというのだった。宝塚劇場の開場に次いで、同年二月には日比谷映画劇場、翌年の六月には有楽座が開場するという具合で、所謂東宝の陣容が次第に大きくなって来た。

これは、昭和十年早々のことだったが、長い間鉄骨のまま建ちぐされになっていた、丸ノ内の日本劇場が、ようやく出来上がったと思ったら、一年足らずで経営難でがたついて来て、松竹か東宝に合流しようという話が出て来た。ところが、これは僕の失敗の歴史の一つなのだが、それというのは、日劇完成者の大川平三郎は、実業関係の方だから、東宝の小林一三をもちろん知っているだろうけども、大谷竹次郎も、演劇や芸能関係をやっている立場上、小唄の一つでも歌おうという大川とは、自然に会う機会が多い。そこで、ある日、今でも松竹の重役をやっている井上周、この人が大川と懇意なので、大谷社長の依頼を受けて、大川の方に話し合いに行った。ところがその頃は僕が少し強気だった。井上のあっせんで、ほとんど松竹経営に条件がきまりかかっていたのだが、僕はそれで充分だと思った。その条件で日劇は松竹に来ると楽観論を主張した。即ち、日本劇場の株の過半数を大川が持っているのだから、この株を買うために、当時苦しかった松竹が、無理して金をこしらえて、それを半年月賦ぐらいにして、大川に渡し、権利をこっちに移すということだった。」

ところが、これを知った東宝は、東宝の株を増資して、その増資分を、大川の持つ日劇の株と交換することで、つまり株価は松竹の提示した金額より高額であるが、東宝は現金を払うことなく日劇を手に入れてしまったという。一方、城戸四郎は、やはり東宝と競って、浅草の国際劇場（現・浅草ビューホテル）を獲得したが、有楽町と浅草では、その後の興行街としての発展は勝負にならなかった。

これは、以前にも記した小林一三の映画館に対する先見性、反射神経を現すエピソードである。この日比谷、有楽町に映画、演劇のベースを築いたことが、今日の東宝の基礎となっていることはいうまでもない。

小林一三は、戦後になっても、現在の渋谷東宝を、元の持ち主だった東急グループの総帥、五島慶太に〝犬の東急が映画館ごときに〟と言って購入してしまった(『日本映画縦断』での竹中労のインタビューに応えた岡田茂の発言)という。

日劇は1981年2月15日に、隣接する朝日新聞東京本社の旧社屋と共に再開発で閉館し、1984年10月6日に有楽町マリオンが竣工すると日劇東宝としてリニューアル・オープンした。その日劇も2018年2月4日で営業を終えた。東宝は、2018年3月29日、日比谷ミッドタウンをオープン、同館内に13スクリーンのTOHOシネマズ日比谷を開場した。このことによって、東宝は有楽町と日比谷に分散していた映画館を日比谷に集中させた。東宝は1934年1月1日に日比谷に東京宝塚劇場をオープンし、それから84年後の2018年にTOHOシネマズ日比谷をオープンし、日比谷映画街構想を完成させたのだ。この84年間に東宝は全国の一等地に劇場網を築いてきたが、まさにこのプロセスは小林一三の不動産、興行を第一に考えるDNAを受継いできた東宝の歴史と言えよう。

田中三郎の親友 岡田時彦の訃報

1934年が明けると、すぐに岡田時彦の早逝が伝えられた。1月21日号で「予てより宿痾の肺患の為め「青春街」の撮影中倒れ、大阪赤十字病院に入院して療養中、小康を得て昨年末退院し、西宮夙川の自宅に於て静養して居た岡田時彦氏は一月十一日病勢俄に革《あらたま》り危篤状態に陥り、遂に一月十六日午後一時五分逝去した。享年三十二才(満30歳)」と報じられた。

岡田時彦が田中三郎はじめ旬報編集部員と若いころから特に親しかったことは、たびたび触れてきた。岡田が17歳のときのデビュー作「アマチュア倶楽部」（20）以来の付き合いで、同作で出会った山本嘉次郎らと、寝場所がなく旬報の事務所に転がりこんだことや、旬報が夙川の香櫨園にあったころの、岡田と田中のエピソードなどである。

旬報が東京に戻っても、岡田が夙川に自宅を求めたことは、やはりその時代の思い出が強く残っていたからだろう。

神田で生まれ、神奈川で育った岡田は硬直した学校教育に馴染めず、谷崎潤一郎の小説を繰り返し読み、小田原に住んでいた谷崎を訪ねた。谷崎は美少年で頭もいい岡田を受け入れ、谷崎も企画者として係った大正活映の設立に、岡田を俳優として採用した。

岡田の本名は高橋英一といい、当時付き合っていた女優、葉山三千子（谷崎の義妹・本名、小林せい子）と銀座の金春館で映画を見ていたとき、〝えーっ、パンにおせん〟と売り子が言っているのを、同席していた作家の佐藤春夫が、〝エーパンにおせいと言ってるよ〟とからかったことから、岡田は、以後、〝英パン〟というあだ名で呼ばれるようになったという。

1927年には、雑誌の人気投票で男優1位となり、絶世の美男俳優でありながら、文章も書く知性を持ち、撮影所を転々としながらも、「足にさはった女」（26／阿部豊）、「東京の合唱」（31／小津安二郎）、「滝の白糸」（33／溝口健二）と作品にも恵まれた。しかし、若い頃から健康に優れず、また実家の経済的困窮などからか、それがニヒルな翳りとなって、多くの女優と浮き名を流し、また知人からは〝腹を割らない岡田〟などと揶揄されたりしていた。そんな岡田と腹を割って付き合っていたのが田中三郎だった。

岸松雄の「日本映画人物伝・岡田時彦」によると、岡田は亡くなる1年前の1月、千葉、船橋のロケ先から、その頃はまだ入籍していなかった田鶴園子宛に生まれたばかりの子を気遣う切々とした手紙を書いている。それは、先ほど引用した岡田茉莉子の語っていた手紙である。宛先の住所は東京の千駄ヶ谷で、母子のために高橋英一名義で一戸を借りたものだった。

岸松雄の前掲書によれば、田中と岡田の親密な関係を伝える１９３３年ころのエピソードを紹介している。

「朝から雪もよいの日だった。私と英パンとは浜町の待合の二階座敷に置ゴタツをへだてて、向かいあっていた。どういうわけでそういう結果になったかよくおぼえていないが、とにかく前の晩キネマ旬報の田中社長に連れられて来て、したたか飲んだ末、例によって田中社長は私たちふたりを残して先に帰ってしまったらしい（後略）」とあるが、払いを済まして先に帰る田中と、素直に甘える岡田と岸の関係に、田中の包容力が感じられる。

2月1日号に「故岡田時彦　友人葬執行　故岡田時彦告別式は一月十九日午後一時より京都新京極誓願寺に於て執行、参列者は発起人白井信太郎、谷崎潤一郎、鈴木傳明、中野英治、髙田稔五氏を始め、各撮影所員、映画、文藝、演藝界の各関係者、一般ファン等多数の焼香あり、故人と生前特に親交ありし谷崎潤一郎氏に依って贈られた清光院幻譽雪英居士の戒名をもらう悲しく折柄とぼふる雪の中を式は盛大に午後三時に終った。」と簡潔に報じられた。

また、同号では、編集部員それぞれが記した追悼文による3ページの特集が組まれている。

この友人葬で、谷崎潤一郎は、直筆による弔辞を自ら朗読した。岸松雄の前掲書によれば、この弔辞を、当時、新興キネマ京都撮影所の宣伝部長だった寺井竜男氏が家に持ち帰り、表具屋に命じて扁額とし、いまもなお家宝として愛蔵しているとある。

ところで、『女優　岡田茉莉子』には、この件に関して以下のように書かれている。岡田時彦の死後34年後の1968年の夏のことである。

「かつて岡田時彦が亡くなったとき、谷崎潤一郎先生がお書きになり、父の霊前で読まれたという弔辞を、川端（康成）さんが見つけられたというのである。それは神田の古書店、一誠堂で売りに出ているのを川端さんがご覧になり、電話してくださったという。

『私が買っておきました。そちらで必要ないかと思って』と、川端さんにいわれた吉田（喜重）は『ぜひ、購入させていただきます』と申し上げると、『それでは、古書店より届けさせましょう』といわれたという。

その弔辞は、どういういきさつで、神田の古書店にたどり着いたのであろうか。

谷崎潤一郎の弔辞の行方

岡田が母親にこのことを電話で知らせると、とてもうれしがり、茉莉子に見せてあげたかったものだという。そして、見つかるかもしれないという予感があったとも。その予感とは、岡田の前掲書によれば――

「この年（68年）の春、新聞紙面で、母はある人の死亡記事を読んでいたのである。その人は、かつて映画雑誌の編集者で、生前の岡田時彦とは親しい友人だった。そして、京都で営まれた父の葬儀の日、その編集者が親身になって傷心している母を助けてくれたという。谷崎先生の貴重な弔辞を持ち去ることができたのはその人しかいないと、母は思っていた。それが父の親しい友人であったばかりに、母はなにも言えなかった。偶然にもその人の死亡記事を見た母は、いまもあの弔辞が所蔵されていたとすれば、その行く末はどうなるのだろうと心配していたという。

数日後、私の家に父への弔辞が神田の古書店より届けられた。それは三十五年ぶりの、亡き父の帰宅でもあった。」

私は、『女優　岡田茉莉子』を読んだとき、もしかして、この親しい編集者は田中三郎ではないかと思った。寺井竜男氏から田中が譲り受けたということは十分に考えられる。しかし、すぐにそれはあり得ないと気づいた。田中が亡くなったのは、１９６５年であり、岡田茉莉子の母が死亡記事を読んだのは68年の春である。そこで、68年の上半期の新聞の死亡記事を調べてみたが、旬報編集者だけでなく、編集者の死亡記事は見つけられなかった。もちろん寺井竜男氏の名もなかった。私はこの連載を書き始めてから、神保町の古書店、一誠堂にはたいへんお世話になっていたので、親しくしている蒔田忠夫氏にも訊ねてみた。この連載を読んでいるという蒔田さんも、谷崎の弔辞のことは知っていたが、当時の関係者は店にはひとりも残っていないので、誰が持ち込んだのか分からないという。

ここで、行き詰まってしまったが、そんなとき、私が現在勤める大学の図書館の方から、こんなブログがありましたと教えられた。それは、小谷野敦氏の２００９年12月6日の〈岡田時彦弔辞のゆくえ〉と題されたブログで、「これ（筆者注・岸松雄の〈田中三郎〉によると谷崎による岡田の弔辞は、新興キネマ京都撮影所の宣伝部長寺井竜男が持ち帰り、（中略）家宝として扁額にし飾っているとある。

また橘弘一郎の『谷崎潤一郎先生著書総目録』第3巻（ギャラリー吾八、1966）にその扁額写真が載っているという。橘弘一郎は67年に死んでいるので、茉莉子が「訃報を見た」と書いているのは橘弘一郎のことかと思うが、68年とあるから寺井竜男のかもしれないが、寺井竜男は無名人になっていたし、映画雑誌の編集者だったとあることからやはり橘弘一郎のことだろう。（中略）橘弘一郎が死んだため古書店に出たとしたら、寺井竜男から橘弘一郎が買い取ったということになり、辻褄は合ってくる。」とある。

橘弘一郎は、1904年1月9日に生まれ、1967年6月29日に亡くなっている。1922年に映画雑誌『蒲田』を編集し、以後、いくつもの映画雑誌を創刊、映画評論家、印刷研究家としても知られたという。当時、映画会社は邦洋ともに、自社の映画雑誌を発行しており、橘弘一郎氏が岡田時彦と親しい間がらであったことは自然である。また、岡田茉莉子の母が、〝この年の春〟に読んだ死亡記事とは、記憶が曖昧であったのであろう。

それにしても、岡田時彦という人物は陰影に富み、複雑かつ魅力的だ。交友関係、女性遍歴、早世した人生、残された伝説、かっこうの映画化の題材だと思うのだが。『淀川長治自伝』（中公文庫）には、神戸で姉が経営していた高級輸入雑貨店エヴァンタイユで「岡田時彦氏は、ネクタイをサッと五本も一度に買うというお客だった。今でいえば一本三万円くらいのネクタイ（ノックス製）である」と記されているが、そのときの時彦の姿が浮かぶようである。

松竹監督野球部VS旬報野球部

ところで、1930年代は、甲子園の高校野球や大学野球が盛んであり、編集スタッフも観戦記を編集後記で紹介している。そして野球熱が昂じて、旬報には33年6月に野球部が作られ、映画界の他の野球部と盛んに試合が行われた。

津田時男の編集後記には、同年9月1日号、9月11日号で、松竹蒲田の監督チームとの試合の結果が記されている。第一戦、11対5、第二戦、11対2で旬報チームが連勝している。蒲田監督チームの主なメンバーは、ピッチャー・島津保次郎、キャッチャー・小津安二郎、二塁・齋藤寅次郎、三塁・野村浩将、外野に清水宏、池田忠雄と豪華。一方、旬報側は、中学時代に野球部だった田中が一塁を守ったが、他は、専修大学の現役の野球部員をアルバイトで起用するなどしてチームの強化をはかった。津田の第二戦の後記に〝復讐に燃ゆる蒲田軍の追撃を一蹴〟とあるが、当時、既に日本映画界を代表する監督たちによるチームに対して、相手に華をもたせず、容赦なく戦う田中たちは、いったい何を考えていたのだろうか。

2年後、『全日記　小津安二郎』（田中眞澄編纂／フィルムアート社）の1935年ではキネマ旬報社と横浜球場にて試合　勝つとあるから、この野球熱はそうとうのものだったにちがいない。

山中貞雄の記念碑

1936年2月21日号で、2月8日、アーノルド・ファンクが神戸に入港したことを伝えている。ファンクの来日は日独合作映画「新しき土」（36）の製作のためである。ファンクは京都のJ・

Oスタヂオを訪ね、山中貞雄が撮影中の「河内山宗俊」（36）を見学し、そこで15歳の新人女優、原節子と出会った。原はこの出会いによって、本人も予想しない女優人生を歩むことになる。ファンク一行はすぐに上京、時を同じくして二・二六事件が起きた。「新しき土」のなかで、兵士の行軍が描かれているのは、その記憶が強く残っていたからではないかと言われている。

旬報は、翌3月1日号でファンクを囲む座談会を行い、以後、この撮影を追い続けた。二・二六事件から、時代は次第に戦時色を濃くしていくが、旬報誌面には、特に時代色は反映されていない。基本的に、彼ら編集者たちは恵まれた環境に育ち政治的には保守的で、思想的メッセージの発信は見受けられない。またキネマ旬報社には、特に大きな事件も起きなかった。しかし、このころから、映画人にも召集令状が届くようになりはじめ、パラマウント、ユナイト、MGMなどが入る大阪ビルでは、戦地に赴くスタッフの送別会が、地下のレインボウ・グリルでしばしば行われるようになった。

1937年8月25日、「人情紙風船」（37）を撮り終えた山中貞雄に召集令状が届いた。有名な〈『人情紙風船』が山中貞雄の遺作ではチトサビシイ〉という言葉を残し、27歳で戦地に赴いた。9月には、小津安二郎にも召集令状が届いた。1903年生まれの小津は33歳で出征しているが、不思議なことは、旬報の編集者たちには召集がなかったことだ。彼らは、小津とほぼ同世代であった。確かに、飯島正は結核の療後であり、岩崎昶は左翼活動家として目をつけられていたが、他の編集者は問題ないはずだった。

出征した映画監督や俳優について、各撮影所は報道班など比較的軽い任務につくよう軍に根回しをした。映画監督として実績のある小津安二郎（シンガポール）、吉村公三郎（バンコク）は報道班として尉官の待遇だった。実績がありながら左翼的で最初の訓練で態度の悪かった山本薩夫はトコトン絞られた。山本はその苦しさ、軍の理不尽さを「真空地帯」（52）で恨みを晴らさんばかりに描いている。また、大学を出て、松竹入社直後だった西河克己は二等兵からの入隊で、インパール作戦で生死をさまよう体験をしたが、軍隊生活の上下関係では要領よく生き抜いた。

山中貞雄も実績があったはずだが、歩兵隊の分隊長だった。問題兵だった山本薩夫でさえ、最後は報道班に移されている。上官は山中のことを、インテリにある批判的、傍観者的な態度ではないが、どこか変で、任務は普通にこなすが、風采にもよるが燃え方が不足しているように見えると評していた。山中は軍隊という組織、特に歩兵隊とは肌が合わなかったのだろう。山本薩夫のように反発することもなく、任務を粛々とこなす姿勢に燃え方が不足していると捉えられたのか。もし、山中も報道班として赴任していればと思う。

山中貞雄は、翌１９３８年9月17日、中国、河南省の野戦病院で戦病死した。28歳だった。

山中の死は10月に母校、京都一商の同窓生に伝えられ、京都、東京で映画人たちによって、偲ぶ会が行われた。

その後、友人たちは、山中貞雄を偲んで〈山中会〉をつくり、山中の菩提寺である、京都の大雄寺には記念碑が建立された。この碑文は、山中貞雄と親しかった小津安二郎によるものと知られている。ところが、稲垣浩の『日本映画の若き日々』（毎日新聞社）には次のように記されている。

「友人らは彼の死を惜しんで〈山中会〉をつくり、偲ぶ会や山中映画祭、シナリオ出版、山中賞、建碑などの事業を行った。この碑は山中の菩提寺である大雄寺に建てた。碑文はキネマ旬報初代社長田中三郎、題字は小津安二郎。」とある。

これは、どういうことなのか。文字は小津によるもので、この文章を田中三郎が書いたことになるのか。たまたま、私は２０１３年９月14日、京都文化博物館で開催されるイヴェントに参加することになり、その終了後に大雄寺に行く予定を立てた。そして、文化博物館、主任学芸員の森脇清隆さんに、大雄寺への行き方を訊くと、何と、その日は〈山中会〉の年に一度の集まりで法事が行われるという。なんという奇縁であろうか。森脇さんに誘われ、大雄寺に向かった。

その日の〈山中会〉は、山中貞雄の兄、喜與蔵のご子息である、山中照雄氏、勝照氏の兄弟を

田中三郎は下から２列目、右から２人目
山中貞雄の遺骨を中心にした、山中会の記念写真。
（「追悼キネマ旬報 田中三郎」）より

大雄寺の記念碑

中心に10人ほどが参加していた。寺の本堂は改築中で、法事は仮設の小屋で行われた。碑は小屋の裏にあった。碑文を改めて読むと、山中貞雄の経歴を淡々と記したもので、この種のものとして当然だが、執筆者の強い思い入れはない。手慣れた編集者の書くネームのようにも読める。おそらく、稲垣浩が書いていたように、これは田中三郎の文案を小津が書いたのだろう。

碑文の末に、皇紀二千六百年建立とある。つまり、1940年に建てられたのだが、田中三郎がこうした映画界の行事で重要な役割を果たしていたことがわかる。また、この1940年とは、映画雑誌の統合で『キネマ旬報』は休刊する年でもある。そして、田中個人も大きな問題を抱え、仲間の求心力を失いつつあった。

ところで、田村が若いころから世話になり、日本映画界にも大きな貢献を果たしたトム・D・コクレンが1937年11月9日、ニューヨークの病院で亡くなった。享年68歳。コクレンは6人兄弟の3男で、弟はユニバーサルの重役である。田村は同年12月11日号で1ページの追悼文を書いている。遺骨は日本に持ち帰られ、12月9日、松竹大谷社長を葬儀委員長とする映画業界あげての葬儀が青山斎場でおこなわれた。また、遺骨は多摩霊園に埋葬されたという。

終刊号を迎えるころの田中三郎の心境

1930年代半ばあたりから、『キネマ旬報』は田中三郎の存在なくしても、毎号自動的に刊行されるようになっていた。

田中は『キネマ旬報』の創刊はもとより、率先して様々な活動をリードしてきた。初期の活弁不要論、俳優学校設立などは編集者や若い活動ファンの心をとらえた。

30年代に入って、優秀な編集部員が揃い経営が安定すると、田中は、ますます勢力的に社外の活動に打ち込んだ。〈全国映画館行脚〉、旬報社内にKSS（映画製作技芸者短期自由契約代行部）、「映画ライブラリー（映画図書館）」を設けたりしたが、構想はいいのだが時期尚早で長続きしなかった。また、国際映画コンクール、名作映画クラシック上映会などは、毎回ヒットして興行者も田中の先見性、行動力には目を見張った。しかし、田中の手掛けるこれらのイヴェントは事業計画がなく、収益にはつながらなかったようだ。こうした活動は田中の独りよがりの行動とも受取れ、編集部員との溝ができたように思える。そして田中は常に資金繰りに追われるようになる。

１９３９年、創刊20周年記念事業として、〝日本映画監督脚本家満州国視察団〟を編成、田中三郎を団長に、溝口健二、清水宏、熊谷久虎、内田吐夢らを引き連れ、一ヶ月の旅に出た。田中は国の方針に同調して、錚々たる顔ぶれの監督たちのまとめ役という重責を担った。この時点で、田中はキネマ旬報社の社長、映画界を代表するひとりの人間として前向きに考えていたはずだ。

田中の魅力は行動力、実行力、包容力であり、それがカリスマ性となって人を惹き付けた。しかし、田中の足跡をみると、行動が先で思慮は少ない。そして、田中の手掛けようとする活動が次第に周囲の意識とズレるようになった。

こうしたことが原因かどうか、１９３０年代後半から旬報内部では、田中三郎の求心力に翳りが見え始めていた。

あれだけ〝サブちゃん〟と周囲から慕われていた田中について、苦言が呈せられるようになった。

『古川ロッパ昭和日記・戦前篇』（昭文社）には、旬報編集部員、友田純一郎がしばしば緑波のもとを訪ねてきたことが記されている。友田は1933年3月に岸松雄とともにキネマ旬報編集部に入社していた。友田は、旬報のショー・ビジネス紹介、〝ヴリエテ〟欄の担当で、緑波の〝笑の王国〟を頻繁に取材していた関係で親しかった。食い道楽の緑波は、そのたびに友田を食事に連れ歩いていた。そこで、大先輩の元編集部員でもあった緑波に旬報内部の事情を愚痴を交えて伝えていたことは想像に難くない。

緑波の日記には、田中が『キネマ旬報』の廃刊を考えているころの様子と、彼に対する不信感が書かれている。

昭和15年9月8日（日曜）の日記に
「（前略）今夜、友田純一郎楽屋へ金二十円借りに来た、旬報が不安な気がする。」

とある。同年12月1日号が『キネマ旬報』の終刊

前列右より
不名、小林勝、清水宏、溝口健三、不名、田中三郎、内田叶夢、石山稔、熊谷久虎（「追悼キネマ旬報 田中三郎」より）

だから、その直前である。

この〝旬報が不安な気がする〟とは、田中が旬報の廃刊を考えており、それを友田が緑波に伝えたのであろうか。

緑波は8日後の16日と18日に田中三郎と会っている。おそらく、友田からの情報を緑波は田中と会って確認したかったのだろう。

18日の日記は次のように書かれている。

「(前略)二時に迎へ来り、女房と清も同車、橘(弘一郎)の家へ行く。橘の雑誌(『映画之友』)も潰されそうだと苦悩の最中、田中三郎も来て凝議していた。」

そのころ、内務省は映画雑誌の統合を指導しており、田中はその調整を一任されていた。そこで、田中は『映画之友』の社主、橘弘一郎とその相談をしていたのであろう。

橘とは、あの谷崎潤一郎の弔辞を隠匿していた人物である。

ところで、緑波は、どうして友田が金を借りに来たことまで書いたのだろうか。単に〝友田が、旬報の将来に不安があると相談に来た。〟と書けばいいところだが、友田に金がないことも、田中への当てこすりのように読むのは穿《うが》ち過ぎだろうか。給料の遅配か、それとも単に金がなかったのか。当時の公務員の初任給が75円くらいだったから、たいした額ではない。

岸松雄の前掲書では、緑波の田中三郎の妻、郁子にたいする不快感が紹介されている。そこには
「田中三郎夫人郁子はしばしば悪妻の標本のようにいわれていた。三郎の大親友古川緑波すら、それを肯定して、あの女を女房にしているかぎりサブちゃんはダメだとサジを投げたかたちだ。」

と書かれている。岸はしかし、郁子は厳しい性格の女性だからと弁護もしている。

1939年、映画法が公布された。映画法は内務省の映画検閲担当官、館林三喜男が、本気で、統制によっていい映画が作れると考えて、ひとり黙々と作成したものだ。勘違いの使命感に燃える館林の情熱に映画界は賛同した。田中も、粗製濫造される邦画が、これで良くなるのではと思い賛成した。結果は、館林の思惑とは裏腹に、映画界は検閲と統制に縛られていく。

岸の同書によれば、この頃から田中の酒癖が急激に悪くなったとある。酒を飲めば泥酔し、悪口雑言、誰彼なく絡んだ。相当なストレスを抱えていたのだろう。

田中は終戦を経てからも、表舞台に出ることはなかった。多くの友人が救いの手を差し伸べても、ことごとくその期待を裏切り、偏狭、虚無の人物となった。

そんな田中の姿を伝えるエピソードがある。小津安二郎と野田高梧が新作「大根と人参」の脚本の構想を練っているときのことが『蓼科日記』(「蓼科日記」刊行会/小学館スクウア)にある。

昭和三十八(1963)年三月十八日(月)半晴　彼岸の入り

「食後、仕事の話、一時間ほど。一人を学者にし、一人を会社重役にし、その息子と娘の婚約者などを明るく扱い、そこへ級友の虚無感の男(田中三郎的人物)が出ることで二人の間にヒビが入ることになる、等々を話合う。」

田中三郎的人物の注として、「キネマ旬報を創刊した人で社長、信欣三演ずる人物造形のモデルに田中三郎を想起したものと思われる」とある。つまり、虚無感に包まれた男として田中三郎をイメージしたわけだが、この二人に、これだけ強い印象を残した田中の変貌ぶりはそうとうのものだったのであろう。

この日記が書かれたのは1963年3月、田中が亡くなるのは1965年8月だから、田中は尾羽打ち枯らしてアパート暮しをしていたころである。かつて田中は小津と山中貞雄の碑文をともに作った仲だった。

また、田村幸彦も、田中が亡くなり、記念に編纂された、『追悼　キネマ旬報　田中三郎』の巻頭で次のような弔辞を書いている。

「（前略）戦時中の企業整備で廃刊されるまで、『キネマ旬報』はわが国映画界の発達と、映画ジャーナリズムの確立に偉大な業績を残し、旬報社長のさぶちゃんは、清濁あわせ呑む大人の風格をもって、多くの映画評論家を育てました。

戦後ある事情から、さぶちゃんは映画界を遠ざかり、遂にカムバックの機会のなかったことは、かえすがえすも残念です。恐らくさぶちゃんも、それが心残りだったろうと思います。しかし、多くの心温かい友だちを持ったさぶちゃんは、ある意味では幸福な人だったとも云えましょう。」

小津、野田をして〝虚無の人〟として想起させたるほど田中が変貌した、田村の言う、〝ある事情〟とは何だったのか。

1930年代前半までは、誰からも〝サブちゃん〟と慕われた人物が「酒を飲めば泥酔し、悪口雑言、誰彼なく絡んだ。」と言われるほど変貌してしまった。

他の編集者のように映画批評には関心のない田中は、戦時体制で活動の幅は狭まり、鷹揚だった金銭感覚も借財に追われて不自由になれば周囲の仲間も去っていったに違いない。八方ふさがりだったのだろう。

キネマ旬報の終刊

１９１９年７月11日に創刊された『キネマ旬報』は、１９４０年12月１日号、通巻７３５号をもって終刊を迎えた。20年５ヶ月間にわたる歴史に幕を閉じることになった。創刊したとき20歳１ヶ月だった田中の年齢は40歳になっていた。

田中は、蔵前にあった東京高等工業高校（現東京工業大学）で同クラスの映画ファン田村幸彦と出会い、彼の影響を強く受けた。事業家の素質があった田中は、その趣味を出版事業へと発展させたが、もし、田中が田村と出会わなければ、田中はまったく別の世界に進んでいたであろう。発展途上の日本にあって、理科系のエリート学生であった彼らを必要とする場はいくらでもあった。

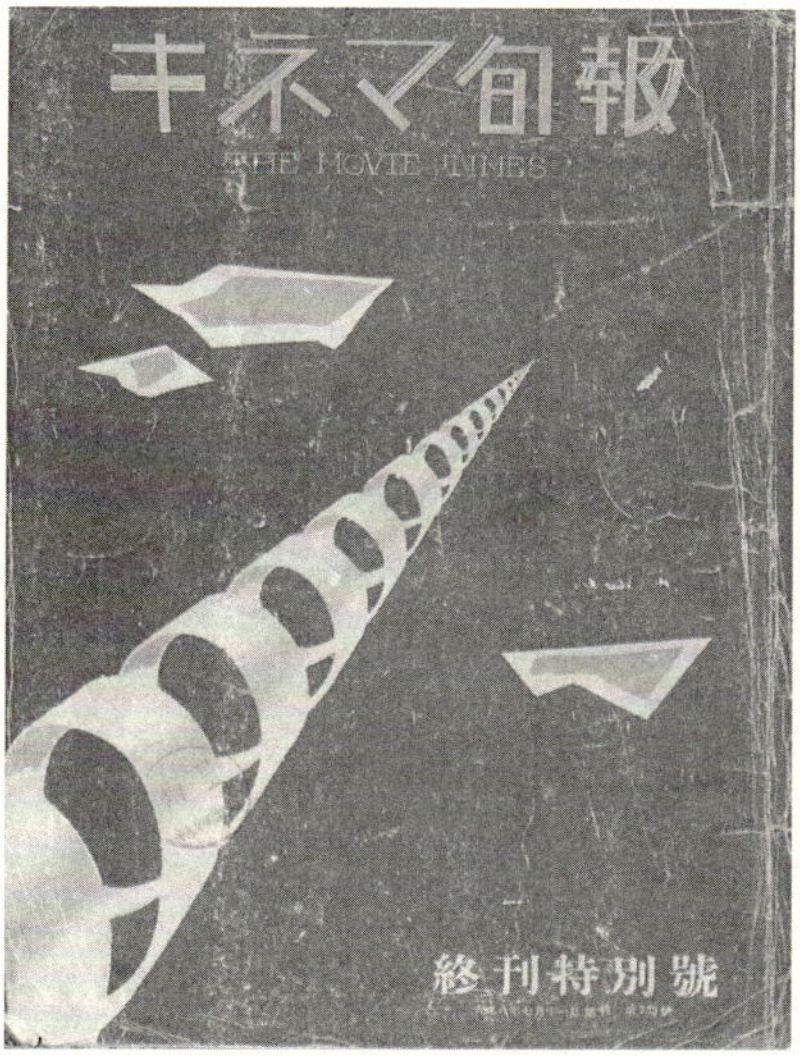

一方、田村は外国映画の知識と英語力から、『キネマ旬報』を創刊しなかったとしても、他の経路から映画の世界に入ったと想像することができる。だからこそ『キネマ旬報』が１９３０年代に入って、日本映画の質的向上とともに批評誌としてその地位を確立し、優れた批評家を輩出するようになったころ、根っからのアメリカ映画好きだった田村が「モロッコ」

で日本初の字幕翻訳家となり、やがてパラマウントに籍を移したことは、自然の流れであった。

1920年代までは、社長の田中、編集長の田村というふたりの役割分担は絶妙なバランスをとっていた。だが1930年代に入ると、田中は編集以外の出版関連事業と映画業界での様々な活動に深く係るようになり、田中の良き理解者だった田村はパラマウントに去っていた。

1930年代の『キネマ旬報』を開くと、その広告ページの量に驚かされる。しかし、田中の編集後記はしばしば資金繰りの悩みに触れていることから察するに、田中の出版以外の活動はモチダシばかりで利益を生んでいなかったことが分かる。私事になるが、私にとってキネマ旬報社で最も大きな課題だったのは、いかに広告出稿を獲得するかであった。これだけの広告がありながら、安定した経営ができなかったことは、田中自身が1946年、友田純一郎による『キネマ旬報』再建号での餞《はなむけ》の言葉で、自身の過去を〝映画三昧の人間ごっこ〟であったと記している通りであろう。

そして、1940年、国による統制から雑誌の統合が行われることになり、田中は内務省との折衝を映画雑誌業界から一任され、答申案を提出。そこで田中は、あっさりと『キネマ旬報』の廃刊を決めてしまった。

終刊特別号では、巻頭に〈映画雑誌の新体制成る!〉の大きな見出しがあり、映画雑誌同業組合による御報告が掲載されている。これは、映画雑誌の統合についての報告である。

次ページに〝映画雑誌同業組合立案業態具体案〟の見出しがあり、続いて〝日本映画雑誌協会〟の役割説明がある。(後にこの協会の理事長に田中は就任することになる)。

続いて、二つの映画雑誌出版社とそれぞれの発行雑誌の紹介が以下のようにある。

株式会社映画日本社『映画之友』（月刊）、『映画評論』（月刊）、『文化映画』（月刊）、『映画研究』（季刊）

株式会社映画出版社『映画旬報』（旬刊）、『新映画』（月刊）、『映画技術』（月刊）

この記事の下に、『映画旬報』の定期購読者の募集と『キネマ旬報』の定期購読者の購読料残金精算の告知がある。

そして、映画人たちから寄せられた「さらば！キネマ旬報」のページがある。

小津安二郎は

「『キネマ旬報』がなくなるそうである。若し旬報がなくなって、日本映画がよくなるものなら早くなくなった方がよい。だが、僕にはそうは思えない。長い間の旬報には僕の思出がある。だが、今はそんなことを悲しんでいる時ではないらしい。これに替るべきものの速な誕生を待ちたい。」

とキネ旬ベスト・ワンを何度も受賞した小津ならではの言葉である。

他にも、伊丹萬作、稲垣浩、衣笠貞之助、田坂具隆、内田吐夢をはじめ、錚々たる顔ぶれの暖かい言葉が寄せられている。

本文には「終刊号に寄せて」という特集があり、田中三郎による「廃刊の辞」、田村幸彦、岸松雄、森岩雄など編集同人たちの言葉が並んでいる。

この田中の廃刊の辞に注目したい。田中の言葉は強烈である。

「前略　そんなわけで『キネマ旬報』は廃刊する。ここに判きり表明しておくが、新しく創刊

される『映画旬報』が『キネマ旬報』の延長であるとか、その生まれかわりであるとか、まして
や改題であるというような考え方は絶対にまちがっている。そんな生まやさしい考慮から今度の
映画雑誌の新体制が発足さるべきではないのである。ここに詳しく説明するまでもなく、そうあ
るべき理由は誰にも肯けるであろう。そんなわけで、『キネマ旬報』は茲《こ》に名実共に全く廃刊する。
（中略）いづれ蛍の光でも威勢よく合唱して、諸君よ立派に『キネマ旬報』を過去へ葬ろうでは
ないか。」

これが田中の廃刊の辞である。

前記、映画人たちの暖かい送る言葉とは対照的な、〝過去へ葬ろう〟とは、まさに〝自爆テロ〟
のような締めの言葉である。

そして、『キネマ旬報』の延長ではないという『映画旬報』の5号目までは、発行・編集人は
田中三郎であるが、6号目から、『キネマ旬報』の編集者だった清水千代太に替わっている。旬
刊であるから、わずか2ヶ月もない交代だった。いったい田中に、何があったのであろうかと再
び考えてしまう。

第一次『キネマ旬報』が残したもの

『キネマ旬報』は内務省の統制と田中の決断によって終刊となり、代わって『映画旬報』が誕
生した。『映画評論』、『映画之友』など、存続した映画雑誌もあり、このとき、田中は内務省と

の折衝を映画雑誌業界から一任されていただけに、『キネマ旬報』を存続させることは可能であったと思う。改めて悔やまれる思いである。

映画製作会社を2社に統合する案が内務省から出たとき、弱小、新興キネマの永田雅一は暗躍。新興キネマと日活、大都映画を合併させて、1942年に大映を設立して3社を残すよう内務省を説得して生き残った。また、日活の堀久作は、永田に会社もろとも吸収されるところを、製作部だけ譲りわたし、興行会社として生き残り、その形が戦後の復活につながった。このとき堀のしぶとい抵抗がなければ、日活の歴史はここで終っていたということだ。戦後の活躍、暗躍ぶりを見るにつけ、永田、堀という人物は〝煮ても焼いても食えない〟という言葉がぴったり当てはまるキャラクターの持ち主であると言える。しかし、その永田も堀も、最後は〝ダイニチ映配〟で共倒れするところが映画界の恐ろしさでもあるのだが……。

ところで、田村は永田に招かれて、大映設立とほぼ同時に参加したようだ。戦後はしばらくGHQの映画配給会社セントラル・モーション・ピクチュア・エクスチェンジで字幕製作に関わり、その後、再び大映に戻った。

田中は映画ジャーナリズム界では最も信頼され実績もあったので、ここで画策すれば、『キネマ旬報』の存続の可能性はあったと思うが、強い言葉で終刊してしまった。田中には続ける意欲が無かっただけでなく、自身が退いて、後任に『キネマ旬報』を引き継がせることすら拒否した。ここに、その頃の田中の旬報の歴史を閉じたいという強い気持ちが窺えるが、その理由はわからない。

田中は、戦後、友田純一郎による『キネマ旬報』再建号での、餞の言葉で「当初に所期した程度の映画界に対する貢献は果たし得たと思ふ。」と書いている。これは、1940年12月に『キネマ旬報』を終刊してから、5年後に書いた文章である。終刊を決意したころの〝『キネマ旬報』を葬ろうではないか〟といった激しい感情から、だいぶ冷静さを取戻している印象だが、田中が控え目に自負する〝映画界に対する貢献〟は多大なものがあった。

最大の貢献は、『キネマ旬報』の創刊によって日本における映画ジャーナリズムの基礎を築き、映画批評というものを確立したことだ。『キネマ旬報』から多くの映画評論家を輩出した。創刊直後に参加した飯島正、内田岐三雄、岩崎昶、昭和に入ってからデビューした双葉十三郎たちは、日本の映画批評をリードした。また、古川緑波は批評からコメディアン、エッセイストになり、森岩雄は評論家から映画プロデューサー、最後は東宝副社長となった。

そして、1924年から（日本映画は1926年から）キネマ旬報ベスト・テンという形で、映画に対して評論家の評価による順位をつけたことだ。映画を点数によって評価することに異論はあるかもしれないが、これはひとつの目安になり、ベスト・テンと批評によって、『キネマ旬報』は、監督、脚本家、俳優たちの求心的な存在となった。

また、創刊当初から続いた日本映画紹介、外国映画紹介が、日本映画のデータベースのための重要な資料となっていることは忘れてはなるまい。

もうひとつ重要なことは、田中、田村が創刊のころから目指してきた『キネマ旬報』のトレード・ペーパー（業界誌）としての役割である。批評と並んで、映画会社の経営者への取材、興行データと封切り作品リストをしっかり掲載した。これは、今日の『決算特別号』に受継がれている。

この、批評と興行という両輪による誌面構成によって『キネマ旬報』が一般読者だけでなく、監督をはじめとする製作スタッフ、そして映画館主、映画業界関係者から広く受け入れられることになった。

そして、戦前の『キネマ旬報』でもう一つ忘れてならないページがある。それは〈ヴァリエテ欄〉である。

ヴァリエテの開設について、山口昌男『エノケンと菊谷栄　昭和精神史の匿れた水脈』（晶文社）に簡潔にまとめられているので紹介しよう。

パリでレヴューを見て来た内田岐三雄が後輩の編集部員、友田純一郎に「キネマ旬報は何故日本のレヴュウを啓蒙しないのか、旬報がやらなければやるところがない」と言ったので、友田は内田を浅草のエノケン一座に案内した。内田は「エノケンをニューヨークに出しても一流の花形だ」と絶賛すると、友田はわれわれがこんな宝を持っているのに殺してしまっては娯楽文化の恥であると、映画雑誌『キネマ旬報』にヴァリエテの開設となった。

この欄は、内田の他に、ニューヨークでミュージカルを見て来た清水俊二、フランス帰りの蘆原英了といったレヴューの本場に触れて来た執筆陣に、友田をはじめ、双葉十三郎、飯田心美をはじめ旬報のスタッフが、エノケンの「ピエルブリヤント」、古川緑波の「笑の王国」、宝塚、松竹少女歌劇、ムーラン・ルージュといった舞台評を書いた。ヴァリエテ欄の記事は、フィルムが残る映画と違って、その場かぎりのライブであることから、１９３０年代の日本の軽演劇の記録として貴重なものである。事実、山口の前掲書でも、ヴァリエテ欄から多くの引用がなされ、この欄がなければ同書は成立しなかったと言っても過言ではない。

『キネマ旬報』に替わって誕生した『映画旬報』は、1943年、100号をもって廃刊となった。映画界も、フィルムの不足から新作の製作本数は激減、1942年に社団法人映画配給社が設立され、映画はこの会社を通じて、紅白2系統で配給されるようになっていた。さらに、この映画配給社は、1945年6月には映画製作まで管理し、製作、配給、興行を統括する映画公社となって、映画産業は国家管理のもとで行われるようになった。

こうして、1945年8月15日の終戦を迎え、映画法は廃止され、映画公社も解散となった。

友田純一郎と『キネマ旬報』再建号

『キネマ旬報』再建号は1946年3月1日に発行された。戦後の混乱の中でのこの船出は、荒波に翻弄されることになる。その荒波となる背景を説明したい。

全国の映画館の多くは、空襲で焼失していた。余談だが、1945年5月25日の東京大空襲の夜、東宝の映画館、新宿文化の支配人となっていた植草甚一は消火活動で大活躍をして会社から表彰されている。理由は、〝自宅の焼失をもかえりみず消火活動に励んだ〟とのことで、植草の家は焼け、彼は蔵書のほとんどを失った。まったく植草甚一に似合わない活躍ぶりで、会社からもらった金一封も、小額だったからスタッフに分けてしまったと日記に書いているが、それはテレで、本心はねぎらいの気持ちがあったのだろう。植草は「ぼくが新宿文化で映画をやらなかったのは、二、三週間です。近所は全部焼けても文化だけは、川本孝栄（スタッフ）と二人で焼きませんでした。」『植草甚一読本』（晶文社）と自負しているが、〝焼きませんでした〟と書いているのは、それだけの使命感があったと思う。

幸い、東京では、有楽町、日比谷（邦楽座、有楽座、宝塚劇場、etc）、新宿でいくつかの映画館が焼失を免れていた。有楽町の邦楽座は占領軍に接収され「ピカデリー劇場」、日比谷の宝塚劇場は「アーニー・パイル劇場」と名付けられた。

映画は焼け残った小屋、または半壊状態の小屋で終戦後すぐに上映され、解放感に沸く国民はバラック小屋の劇場でもつめかけた。

戦後、映画は戦前の内務省に代わって占領軍のGHQの統制のもとに置かれた。GHQは9月21日、早速、松竹・城戸四郎、東宝・森岩雄、大映・菊池寛をはじめとする映画界首脳を、内幸町にあったNHKビル内の民間情報教育局に呼びつけ、「映画製作方針指示」を通達した。

有名な、敵討ち、チャンバラの禁止、民主主義、ラブ・シーンの奨励などである。GHQの検閲第1作通過作品と言われる松竹映画「そよかぜ」（45）は並木路子の挿入歌『りんごの唄』とともに大ヒットした。戦前は、邦画はもちろん、洋画でさえ、ラブ・シーンは容赦なく切られていたが、利に聡い活動屋たちは、早速、接吻映画、裸体映画を作って稼いだ。1946年5月23日公開の松竹映画「はたちの青春」で、日本映画初のキス・シーンが描かれて話題を呼んだ。

また、外国映画は、戦前に輸入され内務省の検閲でオクラ入りとなっていた仏映画「うたかたの恋」（35／1946年12月公開）などが上映されたが、新作は、ハリウッドの各スタジオの映画を統括して配給するためのセントラル・モーション・ピクチュア・エクスチェンジ（CMPE）が設立された。そして、ここに、あの田村幸彦が字幕制作の日本人部長として務めることになった。戦後、初公開のハリウッド映画は、1946年2月28日、グリア・ガースン主演「キューリー夫人」(43)、とディアナ・ダービン主演「春の序曲」(43)だった。

CMPEによる公開が1年余り続くと、他国から強い要請があり、1947年末から、ソ連、イギリス、フランス、イタリアの各国に、1国1社、代表はその国の国籍を持つことを条件に輸入が認められた。外国映画の輸入1国1社は1950年に解除となり、また、CMPEは1952年に解散となり、以降、ハリウッド各社は戦前のように日本支社から直接配給するようになる。

このような時代背景にイギリス映画を扱う会社として、1947年にニッポン・シネマ・コーポレーション(NCC)という会社が設立された。このNCCが、復刊『キネマ旬報』に大きく絡むことになる。

ここで、ちょっと横道にそれるが、セントラルの解散で数多く誕生した外国映画の輸入配給会社について触れたい。

NCCはその後、1956年、名古屋のヘラルドコーポレーションによって吸収され、日本ヘラルド映画となった。社名に〝日本〟がついているのは、NCCのNを継承したものだという。さらに、日本ヘラルド映画は、2005年に角川ホールディングスの100%子会社となり、2006年に角川映画と合併して角川ヘラルド・ピクチャーズとなり、2007年に社名は角川映画となってヘラルドの名前が消えた。

この他にも、「太陽がいっぱい」(60)の新外映、「甘い生活」(60)のイタリフィルム(後の東京第一フィルム)、「スリ」(59)の映画配給株式会社をはじめ、多くの輸入配給会社が誕生した。

ハリウッド映画以外のヨーロッパを中心とした外国映画を扱い、１９６０年代までは、かなりの存在感を示していた。現在、存続しているのは東宝東和（東和映画）だけである。

なお、イタリフィルムの創設者、ジュリアーナ・ストラミジョリ女史は、黒澤明監督の「羅生門」（50）に感動し、大映が海外の映画祭への理解がまったくなかったため、自ら字幕をつけてヴェネチア映画祭に送ったことで知られている。これがヴェネチア映画祭のグランプリにつながった。彼女は大映ばかりか日本の映画人に勇気を与えた大恩人である。

ところで『キネマ旬報』再建号だが、このいきさつは、岸松雄によれば、「八月十五日、終戦。国破れて山河ありというが、田中三郎の荒廃した魂は救われなかった。ところへ水町青磁と飯田心美とが訪れて来た。友田純一郎を加えて自分たち三人に『キネマ旬報』の看板をもらえまいかという頼みである。三郎にさしあたって『キネマ旬報』復活の気持ちがあるわけではない。むしろこのさい、静かにわれもまた戦争犯罪人のひとりとして反省の座にすわろうとしていた矢先だ。快く彼は承知した。」とある。

こうして、『キネマ旬報』は三人の手に渡ったのだが、ここまで触れてきた田中の屈折は、岸が書く〝戦争犯罪人のひとりとして〟ということなのであろうか。確かに、田中は映画法に賛成し、内務省の指導に従って編集方針を進めたが、戦時下では誰もがそうだった。戦争に協力して公職追放となった映画人も多数いたが、田中はその仲間にもならなかった。『キネマ旬報』の看板をあっさり譲ってしまったが、１９４０年の終刊にあたって、〝旬報を葬りさろう〟とまで宣言した田中には未練がなかったのであろう。

『キネマ旬報』再建第１号

１９４６年3月25日に発売された『キネマ旬報』再建第1号は、本文34頁、表紙回り4頁、表紙の写真は戦後公開ハリウッド映画第1作「春の序曲」の主演のディアナ・ダービンである。この再建『キネマ旬報』を、ここでは、第2次キネマ旬報とする。巻頭に「キネマ旬報再建の辞　われわれは今、祖国の凡《あら》ゆるものの再建される機運の中にあって、茲《ここ》に映画の永遠に亡びざる文化のために敢然として「キネマ旬報」を再刊する。（後略）」とあり、最後に責任編集として、飯田心美、水町青磁、友田純一郎、滋野辰彦、村上忠久の名前が連ねられている。

この再建の辞は１６００字ほどの原稿であるが、戦前と同じく業界調査と批評をしっかりやるということを改めて宣言するもので、新体制の主張などはなく、新鮮味を感じさせるものではない。

むしろ、本文3頁にある、田中三郎の〈新しきキネマ旬報に寄せる〉という文章が面白い。

「昭和十五年の終刊号まで、約二十一年間あまり、旧『キネマ旬報』を主催していた私として、今度新しい日本の、新しい映画界に新しい「キネマ旬報」が、若い人々の手に依り創刊されるに就いては、感慨の深からぬ筈がない。ところで御多分にもれず、耳目肺腸《じもくはいちょう》ことごとく未だ真底からの現実把握を自信し得ない一介の知識人の感慨などを以て、方一寸なんぼにつく紙面を埋めるべきでない。そこで、旧「旬報」の省察を行って、新「旬報」への餞《はなむ》けの言葉とする。（中略）

功罪を問へば、当初に所期した程度の映画界に対する貢献は果たし得たと思ふ。ただ事業経済的には、私の不明が禍ひして全く失敗であった。さもあらばあれ、あれは事業ではなく、映画青年一群の運動であり、私にしてみれば、まことに芸言めくが、映画三昧の人間ごっこなのではなかったか。新「旬報」を担って起つ人々が、事業として、運動として、昔の「旬報」をどう継承して行くか、あらゆる点に於て、時代に順応した方途に進まれることと信じる。私の見果てぬ夢や、人間ごっこなどは概して受継ぐ必要はない。といふのは、映画に関して、私はまだその一筋の道だけは、自らの歩みをそこに拓いて行きたいと念じるからでもある。」

田中の文章は、餞けの言葉というより、新体制への忠告、自身の反省と忸怩たる思いを綴り、最後に、僅かながら自らの希望を抱いている。しかし、新体制への忠告は受け入れられることはなく、それはむしろ予言となって彼らを追い詰め、田中の辿った道と同じ道を歩むことになる。また、田中自身の希望も自ら裏切ることになる。

新体制の第2次『キネマ旬報』の事務所は、京橋区新富町二ー十六、発行人・編集人には水町青磁、社長は友田純一郎である。再建号誕生の事情は友田の編集後記からうかがうことができる。再建3号の編集後記に「去秋（1945年）九月の始め、水町君が「田中さんからキネマ旬報をもらってきたが、やらないか?」と僕のところへ相談に来た。これが旬報再建の事始である。それから半年、昭和二十一年三月二十五日に新しい旬報が極めて不満足なかたちながら生まれた。」と書かれている。

また、4号の後記では「旬報再建を志したときは百部の小冊子をつくる紙とてもなく、ましてや往年映画雑誌の最高権威と謳はれた業界誌としての組織をつくる資本なぞなかった。当初の人員は水町君と僕と二人、これに東京新聞社長秘書をしていた日色恵君（筆者註・日色恵は東京新聞の映画、演劇評を担当、署名で原稿を書いていた。女優、日色ともゑの父親でもある）と愚弟早田秀敏（東京新聞映画記者）を交へて紙なく、金なき環境の下に旬報再建を相談した。この世にかほどユウモラスな事業計画があるだろうか？　僕はかねてキネマ旬報の編集を最大の人生目的としていた心美さんが丹波に疎開していたので電報で呼んだ。以上五名焼け出されの無惨な姿で顔をそろえた。これに雑誌整理の名人、いま『近代映画』の編集長松浦幸三君が腕をかしやせうと飛込んできた。類は友を呼ぶと云うか、松浦君も又羅災者――即《すなわち》、焼けたのが六人肉体と頭脳を極度に酷使しながら漸く第四号に到達したのである。」

このとき、友田は既に『スクリーン・アンド・ステージ』（映画演藝社）を発行していたことから、水町は『キネマ旬報』の再建を友田にもちかけたのであろう。この『スクリーン・アンド・ステージ』編集部に、東京新聞・文化部にいた安藤鶴夫が移ってきた。安藤は後に直木賞を受賞、落語、歌舞伎の評論家として活躍した。日色、安藤の人脈から、友田は東京新聞と深い関係にあったようだ。また、『スクリーン・アンド・ステージ』には、相撲、プロレス、芸能評論家の小島貞二も加わり、勢いのある雑誌だった。

水町青磁は、1902年11月19日、神戸で生まれ、本名は木村碧という。ペンネームの由来について、1939年の創刊二十周年記念号で書いている。若いころ無産階級運動に巻き込まれ、「起てよ市井の襤褸の児」という唄を常に口にし、この〝市井の児〟から青磁としたという。〝水町〟は、生まれた神戸が水の街だからだ。

水町は、もともとは花柳界の専門誌『夜の神戸』の記者としてジャーナリズムの世界に入り、その後、帝キネの名物宣伝部長、寺井竜男（谷崎潤一郎が執筆した岡田時彦への弔辞を額装した人物）と親しくなり、映画会社の発行する映画雑誌の記者となった。関東大震災後、『キネマ旬報』が香櫨園に移ると、旬報編集者と親交を結び、1927年に旬報の同人になり、1934年に社員となった。家庭環境に恵まれ、高学歴な他の同人、編集部員に比べ、水町は叩き上げの記者だった。

再建『キネマ旬報』の執筆陣は、セントラルで日本語字幕の制作部長となった田村幸彦、浪人中の田中三郎を除けば、ほぼ戦前の顔ぶれが並んだ。友田と気の合った仲間が集められたのだろう。

また、創刊4号の奥付から、北海道支社、大橋重男の名前がクレジットされるようになる。この大橋は、1950年に復刊する第3次『キネマ旬報』の社長となる人物である。

再建された『キネマ旬報』は、終戦直後の激しいインフレと紙不足のなか、発売日は乱れながらも発行は続けられた。しかし誌面をみると、戦前に比べ、広告は激減している。まず外国映画だが、戦前はハリウッド・メジャー・スタジオの日本支社各社が独自に毎号、数ページの広告を出稿していたが、再建号が発行されたころは、ハリウッド映画はCMPEが一括して配給していたことから、近日公開のラインアップ広告が1ページ掲載される程度になってしまった。また日本映画も、映画を製作、配給していたのは、松竹、東宝、大映の3社。しかも、やがて東宝は争議に入ってしまう。広告出稿が少ないなかでの雑誌経営は厳しいはずである。広告部の体制が整っていなかったこともあろうし、また、経営者というよりは編集者の友田は広告の重要性をどこまで理解していただろうか。

ところで、再建6号、1946年9月1日号で、友田は編集後記に次のように書いている。

「『キネマ旬報』の再建も漸く六号、商売を知らぬ素浪人の、映画雑誌に対する底知れぬ情熱は洛陽の市価を高めたとは誌せぬとしても旬報の再建創刊号は四円の雑誌が二十円の闇値を生んだ。ひと呼んで映画雑誌の『中央公論』『改造』と過称してくれるのも、われわれが算盤に執せぬ不逞の商魂に依るものであろう。われわれはいま、本誌の他に『スクリーン・アンド・ステージ』『シネマグラフィック』『映画物語』『映画春秋』『アメリカ映画』『作品批評』——以上六種の映画刊行物出版に参与して編集の責任を担当している。（後略）」

最後の「参与して編集の責任を担当している。」とはどういうことか。自社広告には、映画文化を推進するキネマ旬報同人編集部とあり、各誌の発行は「シネマグラフィック」はシネマグラフ社、「アメリカ映画」はアメリカ映画研究所、「映画物語」は映画物語社、「映画春秋」は映画春秋社となっている。しかし、本文に掲載されている小さな囲み広告を見ると、シネマグラフ社も他誌も住所は旬報と同じ新富町である。終戦直後は未曾有の雑誌ブームであり、どうやら、これらの映画雑誌はすべてキネマ旬報社が発行していたようである。何故、雑誌ごとに発行元を分けたのか。調べたかぎりでは、その理由はわからなかった。

「再建創刊号は四円の雑誌が二十円の闇値を生んだ。ひと呼んで映画雑誌の「中央公論」「改造」と過称してくれる」とうそぶき、自社で競合誌を多数発行して悦に入る友田に、経営者としての甘さを感じざるを得ない。しかし、映画産業はインフレで入場料金が上がっても、他に娯楽がないことから、観客動員は上昇を続け、こうした背景から、雑誌の需要はあったのであろう。また、友田自身、経営の素人と再三自認して、開き直って好き放題やっているようにも見える。田中の餞の言葉にあった忠告を、友田はまるで聞く耳は持たなかったようだ。

ところで、この時点では、雑誌の販売は日本出版配給株式会社によって一括して行われていた。同社は、1941年に設立された統制団体、日本出版会が45年に解散し、戦後、その業務を引き継ぐかたちで設立され、1949年3月に活動は停止され、同社を母体に現在の取次、トーハン、日本出版販売、大阪屋、中央社などが設立された。

再建1周年を迎えた1947年の『キネマ旬報』での大きな出来事は、戦後初の1946年度キネマ旬報ベスト・テン（この年はベスト5だった）が選出されたことだ。47年3月1日号にわずか4ページで結果が掲載されている。日本映画1位、木下惠介監督「大曾根家の朝」（46）、2位、黒澤明監督「わが青春に悔なし」（46）と、民主主義を強く意識した作品が並んでいることに1946年という年を象徴している。

1947年度ベスト・テンは、48年2月下旬号で発表され、選者の選評、業界決算とほぼ、現在の決算号の基本的なかたちで構成されている。そして、2月17日に、日本映画1位吉村公三郎監督「安城家の舞踏会」（47）の上映と授賞式が銀座松竹劇場で開催された。

終戦直後のこのころ、映画が誕生した初期の巨匠の死が続いた。伊丹万作が46年9月21日、エルンスト・ルビッチが47年11月30日、セルゲイ・エイゼンシュテインが48年2月11日、D・W・グリフィスが同年7月23日に亡くなった。

伊丹万作は、再建3号、1946年6月1日号で、〈政治に関する随想〉と題するエッセイ（日付は昭和21年4月9日）を書いているから、訃報は執筆から間もないことだった。外国の監督のようなグラビア・ページによる追悼記事は、伊丹の死から半年後の47年4月下旬号に掲載されている。稲垣浩の〈時代劇と伊丹万作〉と題する原稿は、親しい仲間を送る言葉として心をうつ。しかし、この追悼記事が、ルビッチの追悼（46年2月下旬号）、エイゼンシュタインの追悼（同3月下旬号）より遅れたのはどういうことか。グリフィスの追悼（同8月下旬号）など、海外の巨匠は訃報の直後に追悼記事が掲載されているのは、編集部の視線が外国映画に偏っているということか。伊丹万作の追悼を、うっかり忘れていたと思われても仕方ない。

終戦直後の外国映画はCMPEによってアメリカ映画のみ独占的に配給されていたが、1948年に入ると、各国からの強い要請で、その後、ソ連、イギリス、フランス、イタリアの映画も配給されるようになったことは既に記した。1948年3月下旬号に、NCC（ニッポン・シネマ・コーポレーション）が、ブリティッシュ・コモン・ウェルス社とイギリス映画の配給契約を結んだという記事が掲載されている。後にキネマ旬報社の社長となる大橋重男は、このとき、NCCの副社長だった。以後、表2ページにはNCCの広告がレギュラーで掲載されるようになる。NCCはその後、テクニカラーのバレエ映画「赤い靴」（48）の配給で大ヒットを飛ばした。

ところで、友田は田中同様、ある時期から編集後記を書かなくなった。やはり田中が辿ったように旬報本誌以外の仕事が増えたのであろう。

再建『キネマ旬報』の終刊

再建1周年のころの『キネマ旬報』は絶好調だった。1947年3月1日号の友田の編集後記は当時の状況をよく表しているので、再建6号の編集後記と重複する内容だが紹介したい。

「再建一周年がくる。机ひとつ、椅子四脚、ひと六人、誰一人経済的な信用があったわけではないから「金は心配するな、確《しっか》りやれ！」などというパトロンとてもない極めて心細い環境から出発した。始め『スクリーン・ステージ』を出し、つづいて本誌を創刊し、七月末には『シネマグラフィック』を世に贈った。幸いに三誌共に評判がよかったので、八月に『映画物語』『映画春秋』を刊行し、十一月には『アメリカ映画』の企画が実現した。雑誌を出す条件が不備なので、『映画春秋』と『アメリカ映画』はまだ意図が汲まれる程度だが、ともあれわれわれは五雑誌一新聞という映画ジャナリズムをまがりなりに展開したのである。夏にはつぶれる、くれまでもつまいという評判が、何時の間にか変って、映画雑誌の「講談社」と綽さるるに到った。」

またこの頃、キネマ旬報社は四戸の社宅を持っており、友田はその中の新築の一軒に住んでいた。須貝正義『私説　安藤鶴夫伝』（評論社）によると「安藤鶴夫は昭和23年6月13日に疎開先の桶川から東京都文京区茗荷谷98に転居。キネマ旬報社の4戸の社宅のうちの1戸で、社長の友田純一郎が新築（後略）」とある。キネマ旬報社が社宅を持っていたというのも凄い話である。調子に乗って浮かれている姿が見て取れるようだ。

短期間にこれだけの雑誌を創刊したというが、企画の立案、編集、販売の人的体制作り、資金繰りなど、いったいどうしていたのだろう。普通の感覚で見れば、これは狂気の沙汰としか思えない。しかし、戦後の数年間は、出版、雑誌ブームであり、出版界がバブルに浮かれていたともいえる。

この出版バブルの熱気を伝える別のエピソードを紹介したい。田村幸彦に師事して字幕翻訳の世界に入った清水俊二は、パラマウントの字幕翻訳部長となっていた。１９４１年、アメリカ映画の日本支社が閉鎖されるころ、パラマウント社が入居していた大阪ビルに六興商会という工作機械を扱う商社があり、その会社が出版事業を始めることになって、清水も参加することになった。ちょうどパラマウント日本支社の撤退と重なるタイミングだった。

この六興出版は、終戦直後、吉川英治の『新書太閤記』を出版することになった。清水の『映画字幕五十年』（早川書房）によれば「刷れば刷るだけ売れる。むりをして闇の紙を都合しても、たちまち売り切れる。こんなうまい商売はない」と書いている。

清水俊二も他人事ながらバブルに浮かれていたのであろう。続けて次のようなことを書いている。「みんなで雑談をしていて野球雑誌の話になった。プロ野球が波に乗り始めたころで、野球雑誌が何種類も出ていた。『野球界』『ホームラン』『ベースボール・マガジン』『野球時代』『野球世界』『オール野球』などなど。うちでも野球雑誌をやろうじゃないか、と誰かがいった。私がすぐ賛成した。」

その雑談から『野球日本』という雑誌が１９４８年12月に創刊された。清水は１９５０年12月末で六興出版を退社、再び字幕翻訳の世界に戻ったが、出版の世界を楽しんだと回想している。

清水は経営者ではないのでリスクはなく、出版が好況な時代を楽しく過ごしたのだろう。

このような時代だったから、友田たちも、積極的な出版活動を展開できたと言える。『日本書籍出版協会の50年史』によると、「出版法、新聞紙法が停止され、出版事業令が廃止されるなど、戦時中からのさまざまな統制が解除され、にわかに出版活動が活性化する時期であった。休刊していた雑誌があいついで復刊し、新雑誌も次々と創刊される。出版社も激増し、48年にその数は4581社と、それまでの最高を記録した。人びとは活字に飢えていたので、出版物であればなんでも売れるといわれるような状況が生まれたのだ」

この引用からも、そのころの状況がうかがえる。

しかし、出版界の好況は長くは続かなかった。友田の編集後記は急速にトーン・ダウンしていった。

1949年12月上旬号「去年の八月、足を患って倒れて以来、性来虚弱な身体がなおいたむのをおぼえた。加えて、頭も回らなくなった。やってきた仕事は六十名の人員を擁し、私としては大きすぎる世帯なのでどうにも手に終えないと思った途端、キネマ旬報とその傍系会社にも従業員組合が出来た。従業員と事業の民主的発展の為にである。本年三月のことであった。（中略）四月二十八日、私は急性肺炎とプレ・バセドー氏病を併発して倒れてしまった。四ヶ月間、病床にあってきいたものは事業の民主的発展ではなくして、会社側の不誠意という時代の声であった。ものの過程というものはこうしたものなのであろうか。『資本の座』とは病みおとろえても猶目（ママ・衆目の誤植かも）指弾される責任の座なのである。」

この『キネマ旬報』従業員組合は1949年3月に結成された。早稲田大学出身で、『映画旬報』

時代に編集者となった時実象平は、1946年4月に友田から『キネマ旬報』編集部への参加を請われて入社、組合が結成されると代表となった。時実は、その後、深作欣二監督「軍旗はためく下に」(72)、浦山桐郎監督「太陽の子　てだのふあ」(73)など社会派の作品のプロデューサーを務めた。

1950年2月上旬号「十一月初旬、思えばキネマ旬報再建五年に入るさる日、漸く出版の質について思いめぐらすゆとりが出来て、表紙はアート百二十斤、本文は上質紙五十斤、さらに三菱製紙初ずきのクリーム・アート百斤なぞと考えて悦に入っていた途端十一月十五日の本誌が発行不能ときいて愕然とした。即、暮がこせないからである。始めて社員の月給遅配になるのか？あゝ、組合員に頭を下げなければならないのか？　イヤダッ！　二百名の家族は敗戦日本の貧寒たる年の瀬にどうなるのか？　そしてその責任は未だ社長職から時には受付、営業係、広告係、雑文屋まで、病み上りで力演する私一人にあるのか？　時は今出版興亡の秋、如何なる運命の復讐か伝統三十年を継承するわがキネマ旬報の風土が再建五年にしてこれなのだ！　その原因を探求するすべとてもない。一体どうしたというのか？　誰を責めるより友田純一郎とか雅号を名乗って編集責任の座に連る旧キネマ旬報の末輩の仕事は五年の歳月をかけてすらかくも脆弱なものだったのである。末輩の非力、しかと肉体にこたえて受取った。」

これが、友田の最後の編集後記となる。

再建『キネマ旬報』は、1950年春季特別号(4月上旬号)、再建79号で、何の予告も終刊の挨拶もなく休刊となった。60名の社員を雇っていたとは、呆れるしかない。

田中三郎は、第1次キネマ旬報を振り返って、ある種の目的達成と自身の経営的責任を引き受け、諦観と虚無の世界に身を置いたが、友田からは、恨みと自己憐憫しかうけとれず、その姿は見苦しくさえ感じる。この友田の自己中心的で、身勝手な性格は後のキネマ旬報社の災いとなるのだが、それは後述する。

友田純一郎から大橋重男へ

戦後、出版社は激増、48年にその数は4581社と、それまでの最高を記録したと紹介したが、それが、前掲の『日本書籍出版協会の50年史』によれば、1951年になると、1881社に激減したとある。再建『キネマ旬報』社も、その消えた1社だった。

元NCC取締役、勝間勝氏の〈NCC創立と初期の思い出〉(『新外国映画ビジネスが面白い』キネマ旬報社)に、〝キネマ旬報の件〟が以下のように書かれている。

「『キネマ旬報』を経営していた友田純一郎氏が野球雑誌に失敗して大橋(重男)君へ助力の申し入れがあり、新『キネマ旬報』として大橋君が預かり、資金はNCCが都合して彼が代表者となりました。」

大橋重男について、勝間氏との関係を交えてもう少し詳しく紹介しよう。

勝間勝氏は、滋賀県大津市出身で、1930年に北海道大学に進学した。勝間氏の兄が同地で富貴堂という書籍、楽器、運動具を扱う店の経営に係っていたので、テニスが得意だった勝間氏は、兄の店を手伝い札幌テニス協会を設立した。そこにいたのがテニス仲間の大橋重男だ。そのころ大橋は、ユナイテッド・アーチスツの北海道、樺太の配給を引き受けていた。そのユナイト映画の東京本社には友田純一郎の妻が勤めており、大橋は、友田の奥さんを通じて、『キネマ旬報』を勝間氏と富貴堂で販売することも手掛けていた。つまり、大橋と友田は戦前からの付き合いがあったということだ。

ちょうど淀川長治がユナイトの大阪支社から東京本社に移ったころである。『淀川長治　自伝』によれば、

「さて宣伝部長とはいったものの宣伝部は私ひとり、その私の宣伝部の部屋にはそのころ台本翻訳の山本恭子さんとその翻訳文をがり版で書いて翻訳台本にする係の堤芳子さんがおられた。そしてずっとのちにこの堤さんは『キネマ旬報』の戦後当時の社主だった友田純一郎夫人となられた女性である。」とある。また、山本恭子も戦後、『キネマ旬報』の編集者となった。

そして、戦後、CMPE以外にも外国映画の配給が1国1社で認可されることになり、戦前、ユナイト映画の北海道の配給を手掛けた経験のある大橋は勝間氏を誘いNCC設立のため、北海道から東京に進出した。NCCが設立されると、大橋は旧友である友田の『キネマ旬報』に毎号広告を出稿するようになり、その『キネマ旬報』が息絶えると、友田は大橋に助けを求めたということである。それに関して勝間氏は、「野球雑誌に失敗して」と書いているので、この野球雑誌については、いろいろ調べたが、その存在は未だ分からない。清水俊二氏が、六甲出版で野球雑誌を思い付きのように発行したことは既に記したが、野球雑誌がブームゆえ、あり得る話ではあるものの、勝間氏の記憶違いの可能性も高い。

テクニカラー作品として話題になった「黒水仙」(47)、「赤い靴」(48)などを配給したNCCは、

戦前のユナイテッド・アーティスト日本支社（1939年年に解散）に勤務していた人たちが集まり、1947年に設立され、1961年にヘラルド映画に吸収合併された。

ところでこのころ、不幸な事件が起った。第2次『キネマ旬報』の編集長を務めていた水町青磁が事故死したのだ。岸松雄の『人物・日本映画史・水町青磁』によれば、1950年3月5日の夜、水町は大磯の自宅に帰る途上、新橋駅で既に動き出している列車に飛び乗ろうとして、列車とホームのあいだに挟まれて不慮の死をとげたとある。

第2次『キネマ旬報』の終刊号となった春季特別号（4月上旬号）は3月20日発売である。20日発売号の最終下版（校了になった原稿を印刷行程に渡すこと）は3月5日ころであるから、まさに下版直後の夜に事故にあったにちがいない。

おそらく本人は知らなかったであろう、第2次『キネマ旬報』の終刊号となる、そして、水町自身の人生の最後の編集となった雑誌の後記には次のように書かれている。

「ほんとうの旬刊にしたいのだが現勢ではむづかしいので、増頁の計画のもとに、事情の許す限り、特別号を出すことにした。新年号二月決算号とつづいて、この特別号はかなり骨折りだったが、兎に角、骨折り甲斐のあったことはみとめて頂きたい。読者諸君の要望が、ファン雑誌から、だんだん研究誌の方に向いて来てることが本誌の売行きから察しられる。随《したが》って今後は、ますます本誌の本領を発揮してゆきたい。」

何も知らずに、この後記を書いた水町には同情を禁じ得ない。水町は

水町青磁

1902年11月19日生まれだったから、47歳だった。水町は、帝キネの歩合館の歩金取り（映画館へ映画上映料の集金）など、業界の底辺をわたり歩いて旬報編集部にたどり着いた苦労人である。自身の辿った過去を、「その懶怠《らんたい》の精神に身をゆだねた」と表している。

岸松雄は前掲書で「翌日の夕刊でその記事を見た私は、しばし茫然とわが家の戸口に立ちつくしたままだった。彼の懶怠の精神が美しい実を結ぶ日は近づいていたのに、まことにままならぬは人の世の姿ではある。葬儀は数日後、芝の青松寺において盛大に執行された。」とある。岸のこの本は633ページもあり、映画史に残る人物の歴史だが、そこに、わずか2ページだが、水町青磁を紹介しているのは、岸の水町への友情の証しであろう。

それにしても、同じ号の飯田心美の後記にも、まさか、この号が終刊となるという気配はない。既に紹介した友田の悲痛な後記を読んでいれば、会社がかなり危機的状況にあることは認識していたとしても、いきなり終るとは思ってもいなかったのだろう。仲間に実情を伝えていない友田の不誠実さが感じとられる。

第3次『キネマ旬報』の誕生

友田から救いを求められた大橋重男は、新たにキネマ旬報新社を設立、1950年10月、第3次『キネマ旬報　復刊特別号』（10月下旬号）が発行された。6カ月のブランク後の復活である。現在の通巻ナンバー、例えば2019年の2月下旬号がNo.1802となっているが、これは、この復刊からの号数である。

『復刊特別号』の最終ページに、〈本誌発刊までの経緯〉が紹介されている。そこには、1919年の創刊からの歴史が解説され、続いて

「一九四五年八月十五日、日本は連合国に降伏した。いくばくもなく、日本映画の製作が許され、日本映画界は復活した。翌一九四六年即ち昭和二十一年三月、キネマ旬報は、不死鳥が死灰の中から蘇るように、再建された。敗戦の廃墟の中に人みな虚脱状態に陥っている時、奮起一番、キネマ旬報再建の事業が成し遂げられたことは日本の映画ジャーナリズム史上に特筆されるべきである。この功績を担うべき友田純一郎の名は、大正八年キネマ旬報を創めた田中三郎、田村幸彦の名とともに、記録され且つ記憶されねばならない。

しかるに今年、一九五〇年四月惜しくもキネマ旬報は休刊した。経済界の大変動が直接の大きな原因であったが、友田純一郎氏の心身を賭した善処も遂に実を結ばず休刊は続いたのである。

しかし、キネマ旬報の無い日本映画ジャーナリズムの空白を、一日も放置してはならない。これは私たちも、友田氏も、誰もが

『キネマ旬報』復刊特別号

同感するところである。ここにおいて私たちは、キネマ旬報の発行権を友田純一郎氏から譲り受け、新経営体キネマ旬報新社を創設し、編集スタッフも一新して、新キネマ旬報を発刊することになった次第である。」

とある。

この原稿には署名はないが、友田純一郎に対して、田中三郎、田村幸彦と同等に扱う配慮がなされ、〝発行権を友田純一郎氏から譲り受け〟とあるのは、その後の経緯を見ると、ここでしっかりと経営の引き継ぎを記録したことでも意味深長である。しかし、この〝譲り受け〟について、無償なのか有償なのか、実際に友田と大橋のあいだでどのような約束、契約がなされたかは不明である。そしてこのことは、後に大きな禍根となる。

この原稿の下段に、新編集長となった清水千代太の後記がある。そこには、

「すこし痩せた。

みんなが心配し、励まし合い、奔走し、執筆して、やっと新しいキネマ旬報の第一号ができた。みんなが早く出さなければいけないと、一所けんめいになり、骨折った。飯島、筈見、俊ちゃん、甚ちゃん、双葉君、野口君は、とりわけ心配した。いつも縁の下の力持ち役の松ちゃんは、幾晩か徹夜した。あいにく胃腸を病んでいた恭子さんも、方々を歩きまわって使い走りした。（後略）」

飯島正、筈見恒夫、清水俊二、植草甚一、双葉十三郎、野口久光、岸松雄、山本恭子といった親しい仲間と映画雑誌に取り組む喜びが溢れている。

前記した〝発刊までの経緯〟に〝編集スタッフも一新して、新キネマ旬報を発刊することになった次第である。〟とあるのは、復刊『キネマ旬報』が、友田キネマ旬報の延長線上にあるもので

はないという新編集長、清水のこだわりが強く感じとれる。加えて、友田に対する過剰な配慮と慇懃な文体も作為的に感じる。

清水千代太は、1900年9月25日、長崎で生まれ、東京外国語学校（現東京外国語大学）仏語科を出て、1925年にキネマ旬報社員となった。以後、1940年の終刊まで編集部員として勤め、その後、『映画旬報』の編集人を6号から廃刊まで担当した。清水は映画への強い思いを持った、ある意味、愚直な編集者であるだけに、大橋という出資者のもとで、編集に専念できるということでは、順当な組み合わせだった。

キネマ旬報社という会社は、経営と編集という両輪で成り立っていた。初期の田中の経営、田村の編集時代は、浮沈はありながらも一定の安定感があった。それが、田村が欠け、田中一人の体制になって、安定感を欠くようになった。そして、第2次キネマ旬報は、友田ひとりの経営と編集で迷走した。友田は自身でも言うように出版経営の才覚はなかった。その意味で、第3次『キネマ旬報』の大橋の経営、清水の編集という明確な役割分担には安定感が感じられた。

『復刊特別号』の奥付には、編集兼発行人に清水千代太の名がある。そして三号目から、「銀座事務所　中央区銀座西五の五、秀吉ビル五階」と書き加えられた。また、1952年4月特別号（4月上旬号）から、奥付の社名は、キネマ旬報新社からキネマ旬報社に戻っている。

この秀吉ビルは、銀座並木通りの三笠会館本店の隣にあり、1階にドイツ料理のケテルというレストランの入る由緒ある建物であった（2009年解体）。しかし、1928年築の古い建物で、エレベーターはなく、5階の編集部までは、かなりキツイ階段である。キネマ旬報社は、

1968年12月上旬号まで、ここをオフィスとした。私はキネマ旬報社に入社する以前の1970年代に、この秀吉ビルの、まさにキネマ旬報が入居していた5階にあった予告編製作会社に友人がおり、たびたび訪れる機会があった。5階までを上りきると息が切れた。友人の仕事を手伝い、35ミリのプリントを持って階段を上ると、真冬でも汗が浮かんだ。その時は、愛読している『キネマ旬報』の編集部が、かつてこのビルに入居していたことなど、知る由もなかった。キネマ旬報は、秀吉ビルの時代、座談会、インタビューなどは三笠会館の個室を使用していた。私が編集部の現場にいた1980年代になって、オフィスは地下鉄日比谷線神谷町駅の近くにあったが、座談会などは三笠会館の個室が使用された。階ごとに伊、仏、和と料理がわかれ、それぞれに個室があり、電話で空いている個室を予約し、終るとサインをすれば済んだ。あとで会社に請求書が送られてくる。そのころのキネマ旬報の経営は低空飛行で、銀座のど真ん中の高級レストランの個室を使うのは不思議と感じていたが、それは、古い付き合いの伝統だった。

次々と登場する戦後の編集者、映画評論家たち

清水千代太編集長となって、若手の映画評論家の登用が続いた。清水の編集後記には、特に意識して若手執筆者の育成について書いてはいないが、戦後の映画産業の隆盛、新しい時代に若い筆者の登場は自然の流れであったのか。

まず、1950年10月下旬の復刊特別号で、ロベルト・ロッセリーニ監督「無防備都市」(45)

のシナリオ採録で、場面採録として荻昌宏（本名は昌弘なので誤植かも）が登場している。荻は1925年、東京、文京区の裕福な家庭に生まれ、1945年春に召集されるが、すぐに終戦を迎え、復員後の1946年に東京大学文学部に入学、在学中に後に映画監督となる中平康、渡辺祐介らと東大映画文化研究会を結成した。1951年に大学を卒業、キネマ旬報社に入社しているから、この原稿は在学中の仕事である。その後、独立して映画評論家となった荻はKRテレビ（後のTBS）で映画解説を務め、映画評論家のテレビ進出の先鞭をつけた。また、グルメ、オーディオ評論家としても多数の著作を残している。1988年、62歳で早世している。私は何度か、大塚の荻さんの仕事場に原稿をとりにお伺いしたことがある。小僧同然だった私に対してもとても礼儀正しく接していただいたことが強く記憶に残っている。

1951年新春特別号（1月上旬号）では、新人評壇（現在の読者の映画評のようなもの）がはじまり、田山力哉が〈「古いもの」と「新しいもの」―小津作品を中心に―〉で登場している。1930年生まれの田山も、この原稿執筆時は早稲田大学政経学部在学中だった。田山は卒業後、日本放送協会を経て1969年にフリーの評論家となった。晩年、『キネマ旬報』で連載コラム〈シネマ・ア・ラ・モード〉を執筆、その辛口、毒舌で映画会社を困惑させたが、1997年、66歳でやはり早世している。現在では絶滅してしまった無頼派評論家で、大学も学部も後輩だった私は、何度もその酒席にお伴させていただき、その毒舌の裏にある愛すべきキャラクターが忘れられない。

1952年新年特別号（1月上旬号）の編集後記のページに、編集スタッフによる謹賀新年の挨拶があり、その中に進藤光太が荻昌弘に続いて記されている。このころ、進藤の署名原稿はなく、いつから編集スタッフに参加したかは分からない。

進藤は、編集部時代は際立った仕事をしていないようだが、1955年に社内に事件が起こり、他のスタッフとともに退社した。その後は字幕翻訳、草創期のテレビの吹替え版の翻訳に進んだ。「名犬ラッシー」、「サンセット77」、「ベン・ケーシー」などを手掛けた。また映画ファンなら「ラジオ・デイズ」、「セプテンバー」などのウディ・アレン作品、「八月の鯨」をはじめ多くの作品で進藤光太の名がクレジットされているのを記憶しているはずだ。私も字幕翻訳者として進藤光太の名を何度も画面で見ているが、かつてキネマ旬報の編集者だったことは知らなかった。

1952年9月上旬号の清水千代太の編集後記に「本誌編集部員募集に応じた読者は八十二名に達した。誌上に広告した直後は大へん応募が少かったので、少々悲観していたのだが、〆切近く殺到して予想の倍以上の応募者があって、とても嬉しかった。二つ宛の論文を精読して、約二十人の応募者に僕がお目にかかった。北は札幌、西は京都、神戸からも来てもらって、目下最終決定に苦慮している。（後略）」とある。

そして次号（9月下旬号）の後記で清水は北大在学中の品田雄吉と他一名の合格者の名前を伝えている。

品田雄吉は1930年2月3日、北海道留萌で生まれ、北海道大学に進学、キネマ旬報社に合格したときは大学4年生だった。品田さんは、2014年12月13日に84歳で亡くなれたが、私は、その半年前の夏、ご自宅の近くの六本木の喫茶店でかなり長い時間、お話を聞かせていただいた。品田さんによれば、合格通知を受取ると、大学なんていいからすぐに出て来いと連絡が来たという。そこで上京すると、いきなり編集作業をさせられ、翌年の3月に卒業のためにいったん帰郷した。

品田さんはそのころのことを〈荻昌弘氏のことを思う〉（『心に残る人びと』（文春文庫））で次のように書いている。

「（前略）私が映画ジャーナリズムの世界に入れたのは、実は荻さんのお蔭だった。

札幌の大学生だった私は、映画雑誌〈キネマ旬報〉が募集した懸賞論文に応募して入選した。この懸賞論文を実質的に仕切っていたのは、新進の映画評論家として注目を浴びていた荻さんだった。そのころ、荻さんは、〈キネマ旬報〉の若手編集部員でもあったのだ。

一九五二年の六月ごろだったろうか、キネマ旬報誌上に「編集部員募集」という小さな広告が出た。大学の最終学年を迎えて、そろそろ就職のことを考えなくては、と思っていた矢先のことだったので、ウォーミングアップのつもりで、募集要項にしたがって、短い論文を二編書いて送った。

萩昌弘

品田雄吉

少しして『書類選考に合格した。面接をしたいので東京にこられたし』といった意味の通知がきた。
ちょうど夏休みになっていたので、生まれて初めて北海道という島を出て、東京に行った。銀座並木通りの五丁目の秀吉ビル五階にあったキネマ旬報社で、清水千代太編集長の面接を受けた。

そのあと、編集部の若い人が東和映画の試写室に連れていってくれた。試写室で映画を見る、というのも生まれて初めての経験だった。井の中の蛙が大海に出るとはこういうことか、と思った。

この、初めての試写室体験を味わわせてくれた編集部の若い人こそが荻昌弘さんだったのだ。札幌に帰ると、追いかけるように採用決定の通知がきた。こうして、先輩の荻さんと私との長いお付き合いが始まった。

あとでわかったことだが、編集部員の応募者についての実質的な選考は荻さんが中心になってやったようだ。懸賞論文の入選といい、編集部員に採用されたことといい、みんな荻さんの存在があったことを感じないわけにはいかない。つまり、今日の私は、荻さんなくしてはなかった、ということなのである。（後略）」

映画の好きな、ふたりの青年が出会う光景が浮かぶ、とてもいい話である。

１９５２年、秋の特別号（10月上旬号）新人評壇で〈ロベルト・ロッセリーニとその「詩」〉で佐藤忠男が登場している。１９３０年10月６日生まれであるから、22歳になる直前のことだった。

荻さんは１９２５年、田山さん、佐藤さん、品田さんは１９３０年生まれであり、１９５０年に20代になった彼らが戦後の映画ジャーナリズムを牽引することになる。

清水千代太の退社

1950年6月の朝鮮戦争勃発は日本に経済特需をもたらし、映画産業もその波に乗って急拡大を見せた。日本映画産業は、松竹、大映をはじめ、東映が誕生、争議を収束させた東宝、東宝から別れて誕生した新東宝、日活は製作再開に向けて活発に動き始めた。洋画もCMPEが解体すると、ハリウッド各社は支社を開き、ヨーロッパ映画を輸入するいくつものインディペンデントの会社が誕生した。1980年ころまで、ハリウッド日本支社各社をメジャー、日本資本の外国映画輸入配給会社をインディペンデントと称していた。

日本映画産業は映画館入場者数、映画館数でも1950年代後半がピークだが、評価の高い、映画史に残る作品は前半に集中している。『キネマ旬報ベスト・テン全史』を参照しても分かると思う。

例をあげれば、1950年、「羅生門」（キネマ旬報ベスト・テン5位、黒澤明）、1951年、「麦秋」（同1位、小津安二郎）、「めし」（同2位、成瀬巳喜男）、「カルメン故郷に帰る」（同4位、木下惠介）、1952年、「生きる」（同1位、黒澤明）、「稲妻」（同2位、成瀬巳喜男）、1953年、「にごりえ」（同1位、今井正）、「東京物語」（同2位、小津安二郎）、「雨月物語」（同3位、溝口健二）、「煙突の見える場所」（同4位、五所平之助）、「あにいもうと」（同5位、成瀬巳喜男）、1954年、「二十四の瞳」（同1位、木下惠介）、「七人の侍」（同3位、黒澤明）、1955年、「浮雲」（同1位、成瀬巳喜男）、「夫婦善哉」（同2位、豊田四郎）、「野菊の如き君なりき」（同3位、木下恵介）などが並び、「東京物語」も「七人の侍」もベスト・ワンを受賞できなかった。

そして「羅生門」のヴェネチア国際映画祭グランプリ受賞をはじめ、日本映画は世界で高い評価を受け、1950年代後半の日本映画産業のピークに向けて助走を始めていた。

1950年10月の復刊以後『キネマ旬報』は、業界の活気のなかで、邦洋各社の広告も入り、安定を維持していた。

そんな中、1955年7月下旬号の編集後記で、編集長の清水千代太は、突然、退社を宣言した。

「昭和二十五年十月の復刊第一号以来四年九ヶ月、みな様のお力添えのおかげで、微力ながらキネマ旬報の成長に務めてきたのですが都合により退社することになりました。しかし胸中なお残んの青春の意気は、映画を愛する情熱とともに燃えているので、今後も秀筆《とくひつ》を駆って日本映画ならびに映画業界のため、及ばずながらいささかの寄与をしたいと思います。ここに従来たまわった業界各位・読者諸賢の御後援を感謝します。なお将来も相変らず御鞭撻くださるようお願い申しあげる次第です。

千代太」

この号の奥付から、編集人・清水千代太の名は消えている。この唐突な退社宣言は編集部内、映画業界に波紋を投げかけた。まず、突然の退社の理由が分からない。大橋社長との対立による解任が憶測された。同じ後記欄でも編集部員は驚きを表している。

荻昌弘は「私は、ほうほうの態で卒論を書上げると、すぐキネマ旬報にはいった。早いもので、もう五年になる。入った時から編集長は清水千代太氏で、私は計何千日をこの甚だこわい編集長に叱られつづけて来た勘定だ。しかし、私達は、清水さんをまだ何と頼み甲斐のある保護者として、その翼の下に隠れさせていただいたことだろう。清水さんは私達に正論の強さを教えられたが、私達は氏の強さをいいことに清水さんに一倍の苦労を強制しつづけて来たのではないかとおそれる。いま清水さんが新しい出発に赴れるにあたって、正直、偸安《とうあん》をむさぼっていた形の私は、心細さを味わずにはいられないのである。こころから清水さんの御多幸を祈る。　荻」とあり、清水編集長への強いシンパシーが感じられる。

　後記に名を連ねる品田雄吉、滋野辰彦、松村武夫、進藤光太も清水の退社に驚きと今までの感謝の言葉を寄せている。いかに清水編集長が皆から慕われていたかがわかる。ただ、田中純一郎だけが、まったく触れていない。１９０２年生まれの田中は、荻たちとは2世代以上も離れており、独自の道を歩んでいた。田中はこの直後の１９５７年に、労作『日本映画発達史　第一巻』（中央公論社）を上梓している。

大橋重男

清水千代太

　一方、清水の退社に、清水と親しい執筆者たちも強く反応した。

　東和映画の宣伝部長だった筈見恒夫は清水と親しかった。私が編集部員のころもそうだったが、編集者はそれぞれ親しい宣伝マンや評論家がいた。友田純一郎が古川緑波と親しかったよう

筈見恒夫

に、清水は筈見と親しかった。清水は食通、大酒飲みだった筈見の飲み仲間だった。大橋社長が清水を解任したと怒った筈見は、さっそく仲間の映画評論家に『キネマ旬報』への執筆ボイコットを働きかけた。

清水俊二は、筈見から渋谷の飲み屋に呼び出され、「友田純一郎が投げ出した「キネマ旬報」を引きついだ大橋重男が編集長清水千代太をくびにしたから、みんなで〈大橋旬報〉をボイコットしよう」（『映画字幕五十年』）と声をかけられた。

筈見は、野口久光、植草甚一、淀川長治、岡俊雄、双葉十三郎、岸松雄、東宝の藤本真澄といった影響力ある映画人と親しく、その反響は大きかった。

驚いた大橋社長は、1カ月後の8月下旬号の編集後記に次のような弁明を書いた。「本誌経営の座について四年有半壮《さか》んなる御声援を頂いて参りましたこと、本欄に初めて筆をとるに当りまして、読者及映画界の方々へ深く感謝の意を表するものであります。先日、清水千代太君の退社について全国の読者から、また業界多数の各位から種々御心配をいただきましたので、そのお礼をかねて一言させていただきます。すでに本欄で同君も挨拶せられた如く、この問題は同君と小生の間におけるあくまで個人的な事で円満了解の上に退社せられたものであって、同君の永年の激職と努力に対しては、小生も深甚の謝意を表しておるとともに、編集長としての功績は、旬報史の頁をかざるものであると信ずるものであります。なお又一部紙上に、本誌の編集方針が清水君の退社を機に、業界偏重主義に転換するかの如く誤り伝えられておりますが本誌の編集方針と同君の退社とは何ら関連はないので、この点はどうか誤解のないようにお願いいたします。（後略）」

この弁明の半月後の９月上旬号の編集後記から、７月下旬号の後記で清水退社にシンパシーを寄せた、荻、品田、滋野、進藤、松村の名が消えていく。つまり、大橋に反旗をひるがえしての退職である。

この退職騒動について、品田さんは「荻さんがボクのところに来て〝みんなも辞めるのだから君も辞めなさい〟と言ったのです。ボクは入社して間もなく、本当は辞めたくなかったのだけど、行きがかり上、辞めざるを得なかったのですね。上京して間もなく、辞めろと言われても、急に次のあてを探すのも不安で、荻さんはキャリアもあり、東京に家があるんだから……」と、当時はとっても不安だったと、懐かしそうに話してくれた。

大量退社と大橋の対応

編集部員の一斉退職の動きを察知していた大橋も対抗策を用意していた。雑誌の発行を休むわけにはいかない。私の編集部時代（１９９０年代初頭）にも、この種の出来事があり、スタッフの補充にはたいへんな苦労をしたことがある。大橋と田中純一郎は、戦前から活躍していたベテラン映画評論家ならびに映画界外部の知識人にアプローチした。早くも９月上旬号に新布陣の顔が揃った。

大橋は同号の後記に書いている。

「編集部の人員に移動があり、これを機会に映画界の先輩及び読者側よりのかねての希望に添って、誌面に溌剌新風をおくるため、別項（巻頭）に記したような編集企画室というものを新設することにした。幸い長い間キネマ旬報の編集長をして居た飯田心美君をはじめ、同じくキネマ旬報に堅実博識な映画批評をされていた詩人の北川冬彦氏、それに映画評論界の耆宿《きしゅく》永戸俊雄氏、本誌にはすでに御馴染の社会心理研究家南博教授、フランス文学を専攻せられ映画音楽・美術にゾウケイふかい森満二郎氏、等の賛同を得たことは、何よりも心強く喜びに堪えない。次号からの批評欄には新人評論家も登場するし、これらによってキネマ旬報は大きく脱皮してゆくことであろう。（後略）」

巻頭の〈編集企画室の設置について〉には、当然のことながら、編集スタッフの大量退職には触れず、編集同人の名が並ぶだけである。

今号から編集企画室のメンバーとなった北川冬彦の後記が、この間のいきさつを克明に伝えているので紹介しよう。

「突然田中純一郎氏の来訪を受け、『キネマ旬報』への原稿執筆を私は依頼されたが、そのとき、清水千代太氏のキネマ旬報社退社をきっかけに、飯島正氏並に評論家グループの一部が執筆拒否をしているのを、薄々私も伝え聞いていたから、飯島正氏と私との間柄が並々のものではないし、評論家グループ（私はこんなものがあることを初めて知った）が執筆を拒否している際に、たとえ映画評論家グループとは何の関係もない私ではあるが、今、キネマ旬報へ私が執筆することは文筆家としての礼儀に反すると考え、田中氏には飯島正氏と話し合ってから、お返事すると約した。

そして、その夕方、私は飯島氏に、あなた方とキネマ旬報社と妥協が成立する可能性があるかないかを訊ねた。すると、九十九パーセント可能性はない、と答えた。九十九パーセント妥協が成立する可能性がないとなれば、この際、私は執筆を辞退せねばならないと考え、飯島氏にもそのことを云い、田中氏には事態が好転したら御依頼に応ずるが、今は執筆を控えたいとお返事した。田中氏も私の立場を諒とされたが、それから一週間ばかりして、意外にも、ある人から、飯島正氏一派が、新たに『映画旬刊』という雑誌を出すことになったそうだ、と聞かされた。私はすぐ飯島氏に電話して、事の真偽をたしかめたところ、その通りだという。これは決裂による解決である。それなら、もう私は飯島氏並に評論家グループを頭に置くことはないと考え、『キネマ旬報』への執筆と編集企画室のメンバーに加わることを承諾したのである。」

北川の後記は、『キネマ旬報』からの原稿依頼は引き受けたいが、大橋と清水をはじめとする辞めた編集部員の間に和解が成立しなければ引き受けることは出来ないという。しかし、清水たちが対抗して新雑誌を創刊するなら、自分も遠慮なく『キネマ旬報』に原稿を書くということで、いかにも正論を貫いているようだが、『キネマ旬報』に執筆するための苦しい言い訳のようにも読める。

9月下旬号から、武田泰淳も編集企画室に参加した。筈見恒夫が煽動した『キネマ旬報』への執筆ボイコット、大橋旬報を困らせようという作戦も、少しは慌てさせたが、このように、間もなく収束する結果となった。

大橋が揃えたメンバーはそれぞれ名の通った顔ぶれだが、新しい時代の映画を受け止めるには相応しいとは思えない。

この清水千代太の退社について、大橋は、この4年後の1959年10月上旬号(復刊10周年)の後記で書いている。まず、最初に友田純一郎から『キネマ旬報』の経営を引き継いだいきさつが書かれている。これは、後に裁判となり、その公判の日が、後の編集長、白井佳夫の海外出張と重なり問題となるが、それは追って触れたい。清水編集長とスタッフの退職について次のように書いている。

「次は読者諸君にもご心配をかけた三十年七月の清水千代太退社事件である。同氏が退社とともに計画した『映画旬刊』へ、五編集員が参加転社したので、うるさくさわがれたことはご承知のとおりである。(キネマ旬報も九月をもって閉鎖)と、大きな活字で無責任な新聞に書かれたりして、迷惑したものである。(中略)四年を経たいまは、古傷にさわるようなもので、私としてはやはり不愉快なものがあるし、これをとりあげて詳述するのはやめたい。ただひとことだけ記しておきたいのは、清水千代太退社の原因は、彼の使った金銭の整理不始末が、経営上に支障を来すものであり、社会通念の上からも黙過できないものがあったので、退社してもらったのでこれは当然の処置であったし、いまそのときの記録を見ても、私は間違っていなかったと確信している。」

私は、2014年の夏に品田雄吉さんを取材したとき、この件についても聞いている。品田さんによれば、この金銭の使途について、大橋社長と清水編集長との金銭に絡んだ個人間のやりとりで、見解の相違があったという。編集方針、経営方針の違いといったことでの解任ではなかった。当然、周囲はこの事情を知っての上での退社、執筆拒否であるから、清水の人望は相当なものだったのだろう。というより、大橋は編集会議には編集部員を原宿の自宅に呼び寄せて行うなど、日常的な接点は少なく、彼らの信頼を得ていなかった。

キネマ旬報社を退社した清水千代太たちは、雄鶏社から『映画旬刊』を発刊した。『映画旬刊』の創刊号となった１９５５年10月上旬号は、９月15日に発売された。

清水が退社したのが７月、追って荻たち編集部員が退社したのが８月で、直後の９月15日に新雑誌が発行されたのだから、水面下で準備は進んでいたことは間違いない。逆算すれば８月末には校了、８月25日には入稿、原稿依頼は８月の10～20日に手配しなければ間に合わない。

清水千代太は編集長ではなく、映画旬刊編集委員会・代表となっている。編集委員会には飯島正、植草甚一、清水俊二、野口久光、双葉十三郎らの名が、編集室には清水千代太、滋野辰彦、荻昌弘、進藤光太、品田雄吉の名が並んでいる。誌面の構成、記事のレイアウトは『キネマ旬報』とほとんど同じである。そして『映画旬刊』は１９５６年６月上旬号、第17号で息絶えた。編集スタッフは大橋が急遽集めた『キネマ旬報』以上の顔ぶれを揃えていたが、内容は大差なかった。『キネマ旬報』の気鋭の編集者が結集した新雑誌でも、同種の雑誌なら読者は戦前からのブランドを選んだ。

『映画旬刊』が生き残るには、新たな方向を目指さねばならなかったわけだ。大衆映画雑誌としては『映画の友』、『スクリーン』があり、シネフィル系では、この年（１９５５年）１月に、休刊していた『映画芸術』が大橋恭彦によって再刊されたときでもある。これらの既存映画雑誌や『キネマ旬報』とも異なる映画雑誌の存在する場を開拓するのは困難であった。『キネマ旬報』の歴史で、この種

『映画旬刊』創刊号

の出来事は、その後も起きるのだが、その意味で、『映画旬刊』の顛末は示唆に富んだ出来事であった。

また、雄鶏社には既に、1952年創刊の『映画ストーリー』という映画雑誌があった。向田邦子は、52年に編集者募集の新聞広告に応募して採用され、『映画ストーリー』の編集部に配属された。向田が雄鶏社を退社したのは1960年だから、清水たちとは顔を合わせていたはずだ。

嶋地孝麿、白井佳夫の入社

一方、『キネマ旬報』は戦後入社の編集者が大量退社し、戦前のベテラン映画人と、武田泰淳をはじめとする映画好き言論人で急場をしのいでいた。映画界の外から人材が集まるところが『キネマ旬報』のブランド力だった。そして1957年、1月上旬号の編集後記欄にある新年の挨拶に、嶋地孝麿が登場している。嶋地は1930年11月22日、北海道・石狩市で生まれ、北海道大学出身、同じく北海道出身だった大橋社長のご子息と親しかったという。57年3下旬号から編集後記にも執筆するようになった。

翌、1958年1月上旬号の同欄で白井佳夫が登場した。1932年4月29日生まれ、早稲田大学出身の白井は、在学中、結核を病み、療養のために卒業が遅れていた。

嶋地、白井が登場した1957～1958年は日本映画産業がピークを迎えたころである。1957～1960の4年間、年間映画観客数は10億人を超え、1958～1961の4年間、

嶋地孝麿

白井佳夫

映画館数は７０００軒を超えた。しかし、『キネマ旬報』の誌面からは景気のいい話は聞こえてこない。作品的にも、既述した１９５０年代前半の作品に比べれば、明らかに１９５６年あたりから下降している。

１９５６年以降、日本の映画産業は量産体制に入り、各社は人員を増やし、作品は供給過剰となった。松竹、東宝、新東宝、大映、東映、第二東映、製作再開した日活といった会社が映画を製作した。観客数は増えても、一本当りの観客動員は下り効率は悪く、新東宝は１９６１年に倒産、第二東映もニュー東映に改称し、同じく１９６１年に東映に吸収されるように、量産体制から落伍者が出るようになった。そして、60年代に入ると、テレビの普及とともに、映画観客数、映画館数ともに急降下した。10億人を超えていた映画館入場者数は１９７０年には2億５０００万人にまで減少した。市場規模は四分の一に縮小したのだ。この間、映画産業は、邦画、洋画ともに、余剰人員の整理、組合との争議の時代に入った。また、入場料収入の減少は料金値上げでしのいだ。そして、私たちの世代にとって、就職先としての映画界は限りなく狭き門となった。

キネマ旬報社は、日本映画産業のピークから急降下という激動の時代を、小規模のためか、荒海に漂うゴムボートのように、沈むこともなく、何とかやり過ごしていた。

このころの『キネマ旬報』を読んで強い印象を受けたのは、1960年8月下旬号の〝八月十五日の日本映画〟という特集である。森岩雄、小津安二郎、田中絹代、稲垣浩をはじめとする、錚々たる顔ぶれの40人余の映画人が、1945年8月15日をどのように過ごしていたかというアンケートである。8月下旬号（8月5日発売）といえば、原稿の〆切は7月20日前後で、この大アンケートは1カ月以上前から行われていたはずである。60年夏といえば、岸信介内閣は日米安保条約を強行採決、6月15日、国会前での安保反対デモで、東大生、樺美智子氏が警備の圧力のなかで死亡するという騒然とした時期である。私はこの特集をもとに、2011年、WOWOWでノンフィクションW「映画人たちの8月15日」前後編を企画した。このとき、編集部の様子を嶋地さんに電話して訊いたのだが、あまりにも昔のことで、よく覚えていないとのことだった。この連載を10年早くスタートしていたら、もっといろいろなことを聞くことができたと悔やんだ数多い中の一例である。

また、1945年8月15日という敗戦の日を扱う一方、その頃の誌上では60年安保騒動や時代の空気についてほとんど触れられていない。このアンバランスには違和感を禁じ得ない。後に白井が「当時の編集部は古典映画や過去の監督の研究ばかりで、現在の作品を見ていない」と指摘するが、このことも、そのあらわれかもしれない。

そして、1964年1月上旬号、大橋は編集後記で、嶋地を編集主任に任命したことを記した。この号から奥付は、発行人＝大橋、編集人＝嶋地となった。白井佳夫氏によれば、実際のところ編集長心得だそうで、大橋は何故、編集長に任命しないで、もったいぶったのだろう。この大橋の器量の小さいところが大橋重男たるもので、彼の書いた文章の行間からもうかがえる。嶋地の編集主任時代は、この１９６４年1月上旬号から１９６８年2月下旬号まで続いたが、編集長という肩書は付かなかった。そして、翌3月上旬号から白井佳夫が編集長となる。

嶋地の編集主任時代は、映画産業がまさに斜陽の急坂を転げ落ちる時期と重なり、誌面には、業界への提言などが目立つ。また、編集面では従来の流れに乗ったもので、激変の時代にありながら、新機軸は打ち出せていない。

１９６１年にＡＴＧが発足し、キネマ旬報ベスト・テンも50年代とは異なる傾向を示すようになった。ベスト・テンに独立系の会社の作品が目立つようになった。全国的には邦高洋低だったが、都市部では明らかに洋画が優位を示していた。

「ウエスト・サイド物語」（61）は１９６１年12月23日に丸の内ピカデリーで封切られ、翌々年の１９６３年5月17日まで５１１日にわたるロングラン上映となった。「アラビアのロレンス」（62／日本公開63）、「マイ・フェア・レディ」（64）、「サウンド・オブ・ミュージック」（65）など、大作やミュージカルがヒット、「００７は殺しの番号　ドクターノオ」（62）などのシリーズも始まった。

私が『キネマ旬報』を読み始めたのはこのころ、中学3年の１９６５年だった。『映画の友』の併読だった。『キネ旬』は業界記事が多く、関心のある映画についての記事だけしか読まなかった。

田中三郎の戦後の姿

1965年8月6日、『キネマ旬報』の創刊者、田中三郎が66歳で亡くなった。9月下旬号に、わずか1ページで飯田心美、杉山静夫、田村幸彦の追悼文が掲載された。戦後、田中三郎は常に不遇ななかで過ごした。『キネマ旬報』は、友田純一郎によって再建され、大橋重男によって復刊され、もはや編集部のスタッフと田中の接点はなくなっていたが、わずか1ページの追悼記事は、田中の晩年を象徴するかのような寂しさである。

ここで『キネマ旬報』終刊後の田中の足跡を追ってみよう。

田中は『キネマ旬報』を終刊した1940年ころから酒癖が悪くなったという。もともと田中は名だたる酒豪で、酔えば口論もしたが、人に絡むことはなかった。しかし後年は、呑めば悪口雑言、誰彼かまわず絡んだ。終刊前、かつて慕って集まって来た仲間は遠ざかり、借財に追われ、限りなく鬱屈していた。

また、妻、郁子の行動も田中を悩ましていたようだ。郁子は1938年、京橋（銀座）泰明小学校の横にあったメイ牛山の美容院と関係を作り、美容院の経営に乗り出した。終戦まで続けたが、うまくいかず、大きな負債を作った。

田中が『キネマ旬報』終刊を決意するころ、妻の借金にも悩まされていたのだ。

こういったことがあったから、古川緑波は「あの女を女房にしているかぎりサブちゃんはダメだ」と言ったのだろう。

田中は終刊後の1941年、全映画雑誌の統裁及び映画事業界に関する有意義な諸奉仕的業務、ならびに研鑽的任務を遂行することを目的とする日本映画雑誌協会の理事長に就任した。理事長と言っても名ばかりで、田中のやる事はない。1942年ころから、妻の郁子は美容院とは別に、西銀座三丁目に「春竹」という小料理屋を開いていた。ここは李香蘭など映画関係者も訪れる店で、1945年5月の空襲で焼けるまで酒を絶やさずヤミ営業を続けていた。田中はほとんど毎夕「春竹」で時間を過ごした。

1945年3月、田中が住んでいた蒲田一帯が強制疎開になると、東玉川に住んでいた岩崎昶が近所の家を紹介した。そして、終戦を迎えたとき、そこに水町青磁と飯田心美が「『キネマ旬報』の看板をもらえまいか」と訪ねて来たわけだ。

そのころ、妻の郁子は終戦後の混乱のなかで闇物資をあつかって巨利を得ていたという。そして、岩崎の紹介した家を出て、大田区に大きな洋館を建てた。その家を訪れた岸松雄は、部屋の隅に闇物資が積まれ、とても不気味に見えたという。

郁子に振り回されて嫌気がさした田中は郁子の家を出ると、継母の家に転がり込んだが、1952年、田中が胃潰瘍で入院中にその継母も亡くなった。

かつて田中と親しかった松竹の女優、五月信子は元大阪毎日新聞学芸部記者・御手洗彦麓と二度目の結婚をし、夫の影響で熱心なクリスチャンとなっていた。そして、田中は御手洗の世話で、新警察社という出版社の『新警察』の編集の仕事を紹介されたが、それも長続きしなかったようだ。

そのころ、友田が復刊した『キネマ旬報』が瓦解すると、日色恵をはじめ数人の編集者が『映画新報』を創刊することになり、田中に参加を懇請した。田中はかつての仲間、鈴木重三郎、山本緑葉を引き連れて行くが、これも長くは続かなかった。

その後、上田光慶氏が経営する日刊興行通信社（黒井和男が大学卒業後に勤務していた）のところで手伝いをしていたがここも程なく去っていった。ヨレヨレの服を着た田中らしき人物をみかけたという噂が映画界にしばしば流れていた。

それからしばらくたった1953年、田中は京都の映画俳優協会で、会長の月形竜之介の補佐を務めることになった。同年の11月、岸松雄は山中貞雄の17回忌のため京都を訪れ、田中と久しぶりの再会をした。噂にあるような惨めな姿ではなく、岸はすっかり安心した。しかし、京都の暮らしも2年と続かなかった。月形竜之介の友情を裏切ったことになる。

それでも仲間たちは田中を見放さなかった。1960年3月23日、創刊以来の仲間、徳川夢声、森岩雄、古川緑波たちが集まり田中をなぐさめようと、「田中会」が催された。古川緑波は昔のように声帯模写で皆を楽しませた。そのころ、田中は『ララミー牧場』など外国テレビ放送の日本語版制作会社、太平洋テレビに勤めていたが、若い同僚と喧嘩したことがきっかけで、ここも程なく退社する。また、別れていた郁子とはヨリを戻していた。

第4回の「田中会」は1962年8月6日、日活ホテルで開催された。40人ほどの参加者の中には、帰山教正、小谷ヘンリー、池田信義、牛原虚彦、碧川道夫など映画界の錚々たる顔ぶれが集まったが、古川緑波は1961年1月16日、田中より先に57歳で亡くなっていた。古川緑波も元来の浪費家だったために蓄財がなく、糖尿病と結核に苦しみながら仕事を続け、厳しい最期だった。

太平洋テレビを辞めた田中は郁子と新宿のアパートで暮していた。このアパートへ如月敏がしばしば訪れた。如月は大親友の古川緑波が亡くなると、心の友と言えるのは田中以外にいなかった。かつては脚本家として活躍していた如月だが、そのころは映画業界通信『毎日レポート』の記者として勤めていた。仕事を終えると、如月は田中のアパートを訊ね、鮭缶を肴に酒を交わした。

そんな日々からしばらくたった1964年の夏、田中は高血圧症による眼底出血で倒れ、お茶の水順天堂病院に入院。「田中会」が中心となって見舞金を募ると、38万5千円という大きな額が寄せられた。危うい常態はやがて快復、自宅療養となった。岸松雄には見舞いにたいする丁寧な礼状が届いた。

晩年の田中三郎

そして、1965年の7月7日、田中と郁子は息子（郁子の子供を嗣子として引き取っていた）、正継が暮らす三重県に転居した。それから1カ月後の8月6日、田中は心筋梗塞で66歳の生涯を閉じた。
9月9日、故人の三十五日に四谷の愛染院において友人葬がいとなまれた。友人総代はともに『キネマ旬報』を創刊した田村幸彦だった。
田中の足跡をたどると、全盛時代は1919年から1930年代前半までと意外と短い。その後は、資金繰りに追われ、友人、知人に裏切られ、鬱屈した時間を過ごしたようにとらえられる。確かに、田中の行動からはそのように感じられるのだが、これは窮地においつめられた田中の僻み根性が悪循環となって後半の彼の人生にまとわりついたと私には思える。戦後、かつての仲間たちは田中に何度も手を差し伸べたが、ことごとく田中はその期待を裏切った。それでも仲間たちは田中を見捨てなかった。

１９６５年12月14日、本文36ページ、表紙を含めて40ページの『追悼　キネマ旬報　田中三郎』（田中会事務所・発行／非売品）が編集委員・田村幸彦、飯田心美、岩崎昶、岸松雄、岡部竜、橘弘一郎によって編まれた。内容は、友人総代・田村幸彦の弔辞、田中がかつて執筆した「『キネマ旬報』を創刊した頃」、岸松雄による「年譜　田中三郎」などで、田中が創刊メンバーの精神的支柱だったことが、改めて読み取れる。

ここで、田村幸彦の弔辞を紹介しよう。

弔辞

田中三郎君　――というよりは、さぶちゃんと呼んだ方がピッタリする私たちの良き友が、八月六日伊勢市で突然亡りました。訃報を聞いても本当にできないほど、それは余りに急な出来事でした。私たちは、もはや君の温顔を二度と観ることができなくなったのです。

思えば、私がさぶちゃんを知ったのは、大正六年の四月、二人が東京高等工業学校の応用化学科に入学した時でした。二人にとってお互いは、中学時代の友達を除けば、人生で一番古い、一番親しい友だちです。

私たちが三年生になった頃、同級生の間で映画雑誌をやって見ないかという話が始まりました。その頃は高級映画ファンの読むような雑誌がなかったからです。

大正八年七月十一日、さぶちゃん、私、その他二三の級友の手で「キネマ旬報」が世に送られました。創刊号は四六倍判四長の、雑誌と呼ぶには余りにも貧弱な体裁でした。

数年後には、映画界の羅針盤といわれるような大雑誌に成長しようなどとは、その時は誰も考えませんでした。月に三回発行することと、封切られる映画全部を厳正に批評することとが、成功の原因だったと思います。

それから二十数年、戦時中の企業整備で廃刊されるまで、「キネマ旬報」はわが国映画界の発達と、映画ジャーナリズムの確立に偉大な業績を残し、旬報社長のさぶちゃんは、清濁あわせ呑む大人の風格をもって、多くの映画評論家を育てました。

戦後ある事情から、さぶちゃんは映画界を遠ざかり、遂にカムバックの機会のなかったことは、かえすがえすも残念です。恐らくさぶちゃんも、それが心残りだったろうと思います。しかし、多くの心温かい友だちを持ったさぶちゃんは、ある意味では幸福な人だったとも云えましょう。

三十五日の命日に当り、われら友人集って、ここに友人葬をとり行いました。

願わくは、地下のさぶちゃんの霊よ、安かれ。

昭和四十年九月九日

友人総代　田村　幸彦

追悼　キネマ旬報　田中三郎

追悼　キネマ旬報　田中三郎

白井佳夫編集長の誕生

1963年4月下旬号の大橋の編集後記では、「本誌の売行きが好調」と記している。しかし、その直後の7月上旬号の後記では「四年間の決算は赤字続き、二百万円の小資本、発行部数は3万9000部」と書いている。発行部数も後の白井の言う数字とはだいぶ異なる。3万9000部は眉唾で、実際には経営は楽ではなかったことが推察される。また、この資本金200万円は、後の上森時代の増資のこともあるので、忘れてはならない数字である。

1968年3月上旬号から白井佳夫が編集長となった。編集後記では

「今号から、編集長の重責を果すこととなった。キネマ旬報生活十年。考えていたことやりたいことは、いろいろある。半世紀におよぶこの雑誌の歴史と伝統をふまえた上でいかに新しいエネルギーを誌面に注入していくか。とにかく、半歩ずつでも、一歩ずつでも、着実な前進をここがけて、頑張ってみたい。（後略）」と書いている。

しかし本当のところ、白井はこのいきさつを『白井佳夫の映画の本』（話の特集）で次のように書いている。「私がキネマ旬報の編集長になったのは、入社以来十年目の、昭和四三年（一九六八）のことである。当時のキネマ旬報は、発行部数七千五百部、返品率（売れないで本屋の店頭から送り返される部数の割合）四五パーセント、という正直のところ、さんたんたる状態にあった。当時の金で毎月、五十万円の赤字が確実に出て、経営者は、青息吐息であった。

これも正直に書いてしまうと、実は私は、入社十年目のこの年の前年の秋に、社長に〈社をやめたい〉という申し入れをした。編集部生活が、つくづくいやになってしまっていたのである。当時のキネマ旬報は、内部にいた自分の不甲斐なさへの自省をこめて率直にいえば、まるで《映画界の官報》とでもいうべきような存在の雑誌であった。（中略）

ところが、それを聞いた社長が突然〈実は近々、君を清水千代太氏以来の、正式のキネマ旬報編集長に任命するつもりだった。思いとどまって、この雑誌をやってみるつもりはないか。君の思う通りに、やらせるつもりだ〉と、思いがけないことを、言い出したのである。」

こうして、白井は辞意を撤回して編集長に就任した。

大橋が白井を編集長に任命した思惑は、白井に語ったこととは異なり、実は裏があった。

2015年10月4日、私は白井佳夫氏のお宅を訪ねた。そのときの話は以下の通りである。

当時のキネ旬の編集方針は、古典映画監督の系譜をはじめ、過去を探ることばかりに向けられていた。今の映画にぜんぜん触れていなかったのは、編集者たちがロクに試写も見ていないからだ。そんな編集部に嫌気がさしていた白井は、大阪・朝日放送で澤田隆治がやっているクイズ番組のレギュラー出演の申し出を受け、1週おきに大阪に行けば、キネマ旬報社の給料と同じくらいの金額が出るとわかり、辞めさせてくれと大橋に申し出た。そこで大橋は、既述のように白井を編集長に任命した。今回の取材で、白井は次のように話した。

「後で分かったことですが、どうも、大橋さんはうちのオヤジ（白井鋼之助）にキネ旬の経営権を買わせる気だったようですね。東京農大の出版部にいて、出版にかかわっているうちのオヤジは、税理士にキネ旬の過去数年間の経営を調査させた。結果、これはとんでもないとなり、その申し出は拒否したそうです。僕はそのとき、ぜんぜん知らなかったんですけどね。要するに、経営も裁判も、全部逃げちゃって、白井のオヤジに押し付けようという魂胆だったんじゃないですかね。」

裁判とは、友田純一郎によるキネマ旬報の営業権の譲渡についてのものだ。このことについても、以前に触れていたが、白井の証言でもう一度整理してみよう。大橋のところに、経営に行き詰まった友田が『キネマ旬報』を引き継いでほしいと訪ねてきたことから、大橋は改めて復刊した『キネマ旬報』の編集後記で、友田から『キネマ旬報』の営業権の譲渡を受けたと記した。復刊10周年号でも同様のことを記しているが、細かいことは書いていない。白井によると、大橋と友田のあいだには、幾ばくかの譲渡金の約束が取り交わされていた。大橋は、それを分割で定期的に払っていたが、それが滞りはじめたことから、友田が大橋を訴えたのだ――というのが裁判の概要である。

白井が編集長となったこの号（1968年3月上旬号）から、小藤田千栄子が編集後記に登場している。この10年後の1978年に私はキネマ旬報社に入社するのだが、既に独立して映画評論家として活躍していた小藤田さんに、「今度、キネ旬に入った掛尾です」と自己紹介すると、「あなた、キネ旬はネ、奨学金もらって映画の勉強するつもりくらいの気持ちじゃないともたないわよ」と言われたことを強く記憶している。安い給料を奨学金と例えたのだ。私は当時、準大手の広告代理店からキネマ旬報に転職したのだが、給料は、本当に半減するほどだった。

その小藤田千栄子さんも、2018年9月11日、79歳で亡くなられた。小藤田さんはキネマ旬報退社後は、女性映画やミュージカルを積極的に取材して大きな足跡を残した。

また、この号の嶋地の後記では、『映画の友』の休刊が伝えられている。映画産業の低迷とともに、映画雑誌も影響を受けるようになった時期だった。

私は白井編集長時代から『キネマ旬報』を夢中に読みはじめた。明らかに、白井編集長になって誌面は変わった。また、産業としての映画界は低迷していても、映画そのものは逆に活気を帯びていた。68年、「俺たちに明日はない」(67)を筆頭にアメリカン・ニューシネマが台頭し、日本映画はどん底のなかでの開き直り、ヤケクソのような企画が逆にパワーとなって噴出していた。それは、一般の人々には眉をひそめるものであっても、熱心な映画ファンの心には強く刺さった。白井は映画ファンの熱い思いを誌面に展開したのだ。

白井が編集長になったとき、映画が活気を帯びはじめ、それがピタリと重なったのだ。それは、1960年代後半から70年代前半にかけて集中的に映画を見た世代が共有する意識となったと思う。『キネマ旬報』の〈読者の映画評欄〉から誕生した映画評論家たちや『ぴあ』を創刊する矢内廣などだ。

白井キネマ旬報の魅力をあげてみよう。

第一は、ジャーナリスティックな編集である。白井は68年3月上旬号で編集長になると、その直後の4月下旬号で〈直木賞作家映画を語る〉というタイトルで、野坂昭如、五木寛之の対談を行っている。続いて5月下旬号の「2001年宇宙の旅」(68)の特集では、星新一、福島正実、小松左京による鼎談、69年3月上旬号では、大島渚、五木寛之による対談、6月上旬号では〈中曽根康弘氏(芸術議員連盟会長)政治と映画について語る〉などなど、映画人ではない、その時代の熱を発散するさまざまな人材を起用する特集は、70年安保を控えた時代を背景に誌面を活性化させた。

第二は、誌上での論争である。68年11月下旬号の佐藤忠男の〈日本映画の最低線への警告「徳川女刑罰史」(68)の愚劣さについて〉とその反論、石井輝男の〈それに目をつぶることはできない〉、他の号でも、「祇園祭」(68)をめぐる、伊藤大輔、鈴木尚之をはじめとする関係者の発言、そして、竹中労による様々な論争である。竹中は同志ともいえる大島渚、松田政男に対して、連載〈シネマ・プラクティス〉(落合恵子、矢崎泰久、山藤章二の座談連載)を読者賞に選んだ読者にまで苦言を呈している。また、読者のあいだでも、〈キネ旬ロビイ〉欄で、さまざまな意見が交わされた。

第三は、読者の誌面参加である。これは、〈読者の映画評〉、〈キネ旬 KINEJUN NEW WAVE〉、〈キネ旬ロビイ〉、〈私はこう思う〉、紅衛兵をもじった〈キネ旬紅衛兵運動〉といった欄に、熱心な読者の声が掲載され、その意見にまた他の読者からの反論、応援が掲載され、誌面には編集と読者の熱気が一体化して溢れるようだった。

私が面白がっていたこの3点は、実は白井佳夫が意図的に仕掛けていたものだった。つまり、私は白井の術中にはまった読者だった。

五木寛之の起用について、キネマ旬報を面白くし活性化する試みをはじめるために、インパクトある企画を何とか毎号の誌面に出したいと思い、一面識もない五木寛之に連絡したと白井はいう。そして五木は、「近々、野坂と個人的に食事をする機会があるから、そのとき、二人で映画の話をする。あなたたちは、そこに来ればいい。野坂には私から話を通しておく。食事代は私達がもつ」と、キネ旬の貧しい編集部の事情までおもんばかっての返事をくれたという。こうして、毎号、刺激的な企画を試みていたのだ。

「映画以外の分野での文筆家で（あの人は映画が好きそうだ）と、かねてマークしていたかたがた。映画について面白い意見をもっているジャーナリスト。そうしたかたがたに、助力を要請した。」

白井佳夫編集長は、ジャーナリストや映画界の外の人の起用について、そう書いている。（『白井佳夫の映画の本』）

さらに論争について、白井は〝ディスカッション〟という言葉を使っている。「すべての映画文筆家、評論家のかたがたが、自由にものを言える場所に、キネ旬をすることが理想だと思った。対立があったら、それぞれ署名記事で、誌上でしていただければいい。そうなれば、葛藤のエネルギー自体が、キネ旬を太らせ、面白いものにするだろう」（同前掲書）

第三の読者参加についても、若い評論家の育成に加え、お金を出して雑誌を買ってくれる読者の意思表示を、大事にしたいということだった。実際、この読者の参加から、多くの評論家が育った。

1970年4月上旬号から始まった〈キネ旬紅衛兵運動〉。現在から見れば、紅衛兵をもじったこのタイトルのネーミングは非常にまずいものだが、当時は大きなインパクトがあった。ネーミングの巧みさも白井の特徴である。連載は、全国の映画館の上映環境やフィルムのカットによる映写時間の短縮について、入場料金を払った観客の立場から抗議の声をあげたものだ。

1970年8上旬号の同欄、〈「バンドレロ」クライマックスが飛んだ　松山銀映の場合〉と題された抗議は、学校の帰りに同館で見た作品の結末の15分が飛んでいたというもの。投稿者は現在、映画評論家として活躍している尾形敏朗氏、当時、何と15歳である。抗議もさることながら、尾形氏の早熟な映画ファンぶりにも驚かされる。そして、9月上旬号の同欄では、〈ご迷惑を深くおわびいたします　松山市の尾形様へ〉と松山銀映の支配人からの謝罪文と状況説明が掲載された。

なかには意地悪な指摘、揚げ足取りと思えるものもあったが、この運動は映画館、配給会社をまきこんで映画界に大きな波紋を投げかけ、編集部には、興行会社から脅迫まがいの電話もかかってきたという。この当時の映画館ビジネスは、斜陽の急坂を転げ落ちるなかにあり、設備投資の余裕などなく、上映環境にたいする意識も低かったのだ。

さらに白井編集長のテーマには、若い映画評論家の育成があった。そして、若い読者に誌面を解放し、多くの筆者を育てた。

白井時代に登場し、その後映画人となった主な人々をあげてみよう。基本的には、初掲載のときの年齢である。

KINEJUN NEW WAVE 欄には、1969年9月下旬号に、寺脇研氏（高校2年生＝17歳）の〈戦無世代の映画論〉が、続いて同年11月下旬号に、その後キネ旬副編集長となる酒井良雄氏（22歳）の〈日本映画の今日と明日を思う〉が、70年4月上旬号に原田眞人氏（22歳）の〈「ガンファイターの最後」の発掘を〉が、71年2月下旬号、藤田真男氏（18歳）の〈「野良猫ロック・セックス・ハンター」の論理と構造〉等が掲載された。

〈読者の映画評〉では、71年4月上旬号＝秋本鉄次氏（18歳）「ふたりは恋人」、5月下旬号＝石井保氏（21歳）「誰のために愛するか」、11月下旬号＝内海陽子氏（21歳）「シシリアの恋人」、黒田邦雄氏（30歳）「真夜中のパーティー」、72年5月上旬号＝尾形敏朗氏（17歳）「ロミオとジュリエット」、8月上旬号＝大高宏雄氏（18歳）「現代やくざ　人斬り与太」、73年3月下旬号＝大森一樹氏（20歳）「赤い鳥逃げた？」、同号＝野村正昭氏（18歳）「哀愁のサーキット」などが掲載された。石井氏は、中野武蔵野ホール、新宿武蔵野館の支配人を歴任した、酒と映画を愛する人で、惜しくも夭逝してしまった。

70年11月下旬号〈私はこう思う〉のコーナーに野村正昭氏が登場したときは15歳で、〈洋画の邦題について、宣伝部さんへ。「ある日アンヌは」がなぜ「愛撫」になるのですか？〉と書いた。

ここにあげた名は、ほんの一部であるが、これだけでも、白井編集長が多くの映画評論家を育てたことが分かると思う。

また、１９７３年２月下旬号のベスト・テン発表（１９７２年度）から、読者のベスト・テンが独立して発表されるようになった。これも、評論家ではない、読者の立場からの映画を選ばせるという白井の狙いだった。

若い評論家の育成と同時に、白井時代になって注目すべきことは、多くの新連載を始めたことだ。それは、今まで『キネマ旬報』では起用されなかった映画評論家から、前記したように、映画界以外の映画好きな人々の起用である。

１９７０年12月下旬号　都筑道夫「辛味亭事苑」（イラスト・山藤章二）

１９７１年４月上旬号、山田宏一「シネブラボー」

同年　5月上旬号、竹中労、「日本映画横断」（73年7月上旬号から「日本映画縦断」に改題）
1973年8月下旬号　斉藤正治「日活ポルノ裁判ルポ」
1973年10月上旬号　和田誠「お楽しみはこれからだ」
同号　小林信彦「架空シネマテーク」
1974年1月下旬号　落合恵子、矢崎泰久、山藤章二「シネマ・プラクティス」
1975年1月上旬号　永六輔「六輔七転八倒」

映画界でも特に邦画は低迷を続け、1975年に、初の洋高邦低に。スピルバーグの「JAWSジョーズ」（日本公開1976年12月6日）登場前夜で、決して明るい状況ではなかった。しかし、『キネマ旬報』誌面は、活力が溢れていた。

今ふりかえれば、私が『キネマ旬報』を隅から隅まで読むようになったのは、白井編集長が誕生した1968年3月上旬号からではないか。高校2年から3年に進級する時期だ。白井が編集長になった1968年はたいへんな年だった。全国の大学、そして高校まで波及したベトナム反戦運動は68年10月21日の国際反戦デーでピークに達した。デモ隊と野次馬は数万人にふくれあがり、新宿駅になだれ込んで騒乱罪が適用された。そして、1969年1月18、19日に、新左翼系学生に占拠されていた東大・安田講堂が落城した。

また日活の鈴木清順監督は67年に「殺しの烙印」を発表するが、社長の堀久作が難解な内容に激怒、「わからない映画を作ってもらっては困る」と68年、専属契約を一方的に破棄して解雇した。そして、民間の自主上映団体シネクラブがフィルム貸出しを要求すると日活は拒否し、〈鈴木清順問題共闘会議〉が結成された（1971年12月に和解）。

白井が五木寛之、野坂昭如といった作家、矢崎泰久をはじめとするジャーナリストなどを起用するにいたったのは、そんな時代背景に大きな影響を受けていたはずだ。

私が大学に入学した69年4月ころになると、新左翼系の学生運動は先鋭化し、心情左翼、一般学生は付いて行けない気分におちいるようになった。若松プロを描いた「止められるか、俺たちを」（18／白石和彌監督）が69年3月、新宿の喫茶店から始まるのは、まさにそんな時代を象徴していた。

1970年6月、日米安保条約は大した騒ぎもなく自動延長された。闘士だった4年生のなかには、見切りをつけて大手出版社に入社する者も少なくなかった。逆に、闘争にこだわる少数派はますます先鋭化していった。よど号ハイジャック事件（1970年3月31日）から、浅間山荘事件（1972年2月19日～28日）、テルアビブ空港乱射事件（1972年5月30日）といった事件が続いた。

1971年12月24日の夕方に発生した新宿クリスマス・ツリー爆弾事件のとき、私は新宿三越でアルバイトをしていたのだが、現在ビックロとなっているビルが揺れるほどの衝撃があった。私はその日、吉田喜重監督「告白的女優論」（71）を新宿文化で見る予定だったが、現場から100メートルほどの劇場前あたりまで騒然としていた。

1971年は映画界としても、後で振り返ればターニング・ポイントの年だった。クリスマス・ツリー爆弾事件の2日前の12月22日、黒澤明監督の自殺未遂が報じられた。また、大映も12月に倒産した。私はその年の8月末、新宿大映で日活作品「八月の濡れた砂」（71／藤田敏八）、「不良

少女　魔子」（71／蔵原惟二）を見たのだが、『キネマ旬報』誌上での好評にもかかわらず、観客の入りは惨憺たるものだった。この作品はダイニチ映配の配給だったが、日活はこの作品を最後にダイニチから離脱、ダイニチは9月には消滅する。日活は同年11月からロマン・ポルノ路線に進み、一方、大映は前記したように倒産した。また、東宝はこの年、映画会社の経営には重荷となる製作部門を本社から切り離した。１９６０年、映画館の年間入場者数は10億１４３６万人だったが、１９７１年には2億１６７５万人まで落ち込んでいた。この斜陽がカタチとなって現れたのが１９７１年だった。

映画産業は瀕死といってもいい状況だったが『キネマ旬報』の誌面は時代の空気をすくいとり活気づいていた。

私は『キネマ旬報』と同時に、69年4月、中村とうよう氏によって創刊された『ニュー・ミュージック・マガジン』（後に『ミュージック・マガジン』に改称）も熱心に愛読した。『ニュー・ミュージック・マガジン』も音楽雑誌にもかかわらず、『キネマ旬報』以上に時代の気分を感じさせてくれた。

白井氏に話すと、「中村とうようさんは、僕が音楽誌でやっていることを、白井さんは映画誌でやっていると言われ、いつも新刊が出ると送ってくれた」という。

時代はアメリカン・ニューシネマの台頭を背景に、60年代後半の激しい政治運動の残滓と、来るサブカルチャー時代の予感が交錯していた。

その予感は、まだ誰も気づいていなかったと思う。１９７２年4月上旬号の編集後記で、白井は「近く巻末の〈邦・洋画番組予定表〉にのってない名画座のいい番組を、その住所と電話番号入りでご紹介する〈今号の名画座キネマ旬報推薦番組紹介ページ〉を、作ります」と書いている。名画座時代の到来を示唆していた。

しかし、同年9月上旬号では「〈邦・洋画番組予定表〉に上映時間と入場料と地図を入れてほしい――というご注文をよくいただきます。大へん正直に申し上げますと、そこまではご面倒をみきれないな、というのが実感です。映画を見にいこうという時、電話で上映時間の問い合わせをするというのは、まず映画ファンの常識です。そのためにこの表には電話番号が入ってます。入場料金もこの時、おたずねいただきたいですし、道順もこの時聞けば、教えてくれます――」と書いた。

この白井が書いた2つの後記の間の7月、中央大学4年生だった矢内廣は仲間たちと『ぴあ』を創刊した。『ぴあ』は、映画館の上映番組、上映時間、料金、地図を掲載した。福島県から上京した矢内は、自分が必要と思う情報は、きっと他の人も必要とすると考えた。神奈川生まれの白井にとって、また、東京生まれの私には、そんなことは、思いもよらなかった。

政治の季節が過ぎ去りつつあり、映画、音楽ライブ、小劇場の芝居、ミニコミ誌『ビックリハウス』など、ポップなサブカルチャーの時代がはじまろうとしていた。『キネマ旬報』が特定少数のシネフィルを対象にするなら、『ぴあ』は、不特定多数の映画、音楽、サブカルなどのファンを対象とした。

こうした時代を背景に、白井の『キネマ旬報』は70年代を歩み始めた。70年代前半の『キネマ旬報』はジャーナリスティックなテーマを追いかけ、新しい連載、映画界外部の執筆者の起用などで活気を帯びていた。

一方、『ぴあ』は創刊から数年間は苦戦するが、１９７０年代後半から部数を伸ばし、１９７６年に「ぴあシネマブティック」、１９７７年、第1回「自主製作映画展」を開催、これが今日のＰＦＦ（ぴあフィルムフェスティバル）へとつながる。大森一樹、森田芳光、石井聰亙（岳龍）、長崎俊一と続く自主映画の時代が明けようとしていた。60年代後半に新しい時代を予感した白井の『キネマ旬報』だが、早くも次の時代が訪れようとしていた。

上森子鐵がキネマ旬報社社長就任

白井編集長就任のころに戻る。白井から辞意を聞いた大橋は、留まらせるために編集長を任命、68年3月上旬号で就任となった。しかし、恩着せがましく白井に編集長を任命した大橋は、何と、その9ヵ月後の12月下旬号で社長を退任してしまう。

白井が編集長になった直後、「２００１年宇宙の旅」の特集座談会を事務所の近所の鰻屋（新橋・大和田）でやろうと企画したことがある。しかし、大橋は、毎月50万円の赤字が出ているのだから座談会などやるな、と命じた。白井は仕方なく、出席者の謝礼を半額にしてもらい、事務所の社長室で座談会をやった。私が夢中になって読んだこの記事の背後でこんな事情があったとは思いもよらないことである。

そして、毎月50万円の赤字のまま、大橋は「さてこのたびキネマ旬報社社長を退任　左記御挨拶の通り　ひごろ社の中心であった三名へ引継ぎました　この若い血潮を燃やして経営に当る三君へ皆様の変りない御援助をお願いして止みません」（68年12月下旬号）という挨拶をのこして会社を去った。白井の父親に『キネマ旬報』の経営権を売ろうとした大橋の思惑は外れたが、問題を放置したまま逃げ出したわけだ。

三君とは、代表取締役専務、花嶋英雄、代表取締役常務、嶋地孝麿、同、白井佳夫である。突然、登場する花嶋だが、元ニッポンシネマコーポレーション（ＮＣＣ）の営業担当ということから、大橋が連れてきた人物であろう。この号から、奥付の発行人は花嶋となった。そして、事務所は銀座から新橋に移った。銀座の家賃も3人には重たかったからだ。

上森子鐵

69年の1月上旬号、新体制がスタートした。編集後記には社員一同の挨拶が復活した。しかし、社長のいない不安定な経営から脱却しなければならない3役員は、新たな経営者を探した。そこで、朝日新聞の映画記者で映画評論家の井沢淳が〝危険な人物だが〟と念を押したうえで白井たちに紹介したのが上森子鐵だ。

上森に関しては、１９３２年、松竹の人気スターである鈴木傳明、岡田時彦を引抜き、不二映画を設立したときに紹介した。上森はその後、マキノ雅弘『映画渡世　地の巻』（平凡社）によれば、戦中、配給会社が統合されたときに設立された映画配給社の全国配給顧問をやっていたとある。また、古川緑波と彼の劇団のマネッジメントを、戦中から戦後までつとめていた。山本一生『哀しすぎるぞ、ロッパ』（講談社）によれば、上森はそうとうあこぎにロッパの金を食いものにしていたとある。１９７０年代の上森は、三菱グループをはじめ、大企業を取り仕切る大物総会屋として経済界の影の世界で君臨し、１９７６年のロッキード事件では総会屋としてその名が取り沙汰された。

白井によると、井沢は上森から私的に相当世話になっていたという。白井たちが直接、上森を訪ねると、「どうせ名誉職だろう」と、あっさりと社長を引き受けてくれた。白井の記憶は定かではないが、上森が社長を引き受けたのは、大橋が辞任した68年12月から、それほどの時間はかからなかったはずだ。70年7月上旬号の表3に三菱銀行の広告が、7月下旬号で富士フィルムの広告が入るが、これは、上森の紹介によるものだから、これより以前に上森が社長を引き受けていたのは間違いない。

キネマ旬報社の資本金は、以前、大橋の編集後記で記した２００万円で、それを役員３人が買い取っていた。そして上森に増資のお願いをすると、白井の眼の前で、４大証券会社（野村、大和、山一、日興）の総務部長に電話して、それぞれに出資の要請をした。こうして、キネマ旬報社の資本金は１２００万円となった。１０００万円の増資となったわけだ。ここで、白井と、後に編集長となる黒井の見解が異なる。上森は自ら出資することはなかったので、各社から２５０万円ずつ集めたと言う白井に対し、黒井は各社からの２００万円に加え、上森自身も２００万円出資したという。事実は明らかではないが、白井が言う、１円も出さずにキネ旬を手に入れたという説のほうが上森らしく、話としては面白い。

白井によれば、このとき、ある証券会社の担当者が、上森に「そんなお金（小額という意味）差し上げますよ」と言うと、「バカッ！　４大証券が株主に名を連ねているから会社の信用になるんだ」と一喝したという。白井は、大物総会屋のチカラワザというものを見せつけられた。

上森が社長に就任して間もなく、友田から訴えられていることが発覚した。裁判所から、大橋の後を継いだ上森に通知が届いたのだ。上森は、この裁判のことを社長就任時に知らされておらず、それを報告しなかった白井たちに激怒した。友田の訴えに対し、大橋は弁護士も立てず、裁判にも出廷せず、一審は敗訴していた。裁判所は何を勘違いしたのか、戦前から続くキネ旬ブランドを過大評価して5000万円の供託金を積めという。この時も、上森は白井の前で自宅に電話をして、奥さんに、どこそこの株を売って5000万円の現金を用意しておけと言ったという。

しかし上森が大人しく金を支払うはずがない。上森は原告（友田）を呼びつけ、「オレから金取るのか、喧嘩売る気か」と恫喝、友田は「大橋さんとは喧嘩したけど、子鐵さんから金を取る気は毛頭ありません」と平身低頭だったという。結局、上森は友田にいくばくかの和解金を支払い、この件は示談で終った。

白井はこの間、友田に呼ばれたという。「キネ旬に何年いるの」と聞かれ、「下積み10年、編集長になって7～8年」と答えると、「オレはキネ旬と関わって10年くらいかな、いずれ戻るから、それまで頑張って」と言われた。しかし、「友田はもうオジイサンで、弱気なお金無い人って印象でした」と振り返った。

上森が社長になってからも、映画産業は厳しい状況にあったが、『キネマ旬報』の業績は安定していた。上森は編集に口を挟むことは一切なく、白井はそのころ、上森からこういわれたことがある。

「白井、お前の責任でなんでもやれ、どっかからクレームがきたら、私の後ろには上森子鐵がいますが、よろしいですか、と言え」と。

「こんな好き勝手なことやっていた編集長いないでしょう。本当に面白かった。」と白井は言う。

ある時、白井は上森から「白井鋼之助を知っているか」と聞かれた。それに対して「知ってるってもんじゃないですよ、ぼくは長男ですよ」と答えたら、「早く言えばいいのに」というやりとりがあった。

同じ頃、白井は父親から「今度、上森子鐵が社長になったんだって」と言われ、「エッ、何でオヤジが知ってるの」という会話もあった。

実は、戦時中、上森は衆議院に神奈川県から立候補したことがある。その時、白井の父親は上森が立候補した政党の神奈川県の責任者であり、上森を後援したことがあったのだ。

こんなことからも、当初の上森と白井の関係は良好だった。しかし、白井は後に、「こんな関係でも、怒らせればクビにするんだから、それが上森なんだな」としみじみ語っている。

1971年12月1日の〈映画の日〉に、キネマ旬報社が特別功労賞を受賞した。〈映画の日〉は日本映画製作者連名（映連）が制定した日で、多年にわたり日本映画界に貢献した人々、団体を表彰している。キネマ旬報社の受賞理由は、大正八年の創刊以来、五十余年にわたり、映画専門誌の発行を続け、わが国文化の向上に貢献してきたというもの。ちなみに、淀川長治氏が同時受賞している。

1972年1月上旬号、グラビアでその模様が掲載されている。受賞式に登壇したのは上森子鐵で、上森の写真が初めて『キネマ旬報』に登場した。同時に、最終ページにも初めて、その名が掲った。そして同年9月下旬号から、発行人の名も花嶋に代わって上森となった。

このころから、上森は『キネマ旬報』の表舞台に出るようになった。それまで、丸ビル内にオフィスのある総会屋、千代田商事の社長であったが、キネマ旬報社社長の方が世間での通りがいいということに気づいたのだ。そして、ベスト・テン授賞式はオレがやると言い出した。井沢淳が入れ知恵してたんじゃないかと白井は言う。

ある時、白井は上森に呼ばれ丸ビルのオフィスに行くと、「キネマ旬報の表彰式の後、帝国ホテルでパーティーをやれ。犬丸（一郎／父、犬丸徹三に続いて帝国ホテル社長）に上森子鐵社長に言われたと電話しろ」と命じられた。

実際、白井が帝国ホテルに頼みに行くと、あっさり会ってくれて、下にも置かぬもてなしで、即、OK。通常の値段に比べ、相当割安でやってくれたという。

そのとき、上森は、「パーティーで出すウィスキーはニッカ、ビールはアサヒ」と、総会を仕切っている会社のブランドを指定した。

白井は「パーティーのときも犬丸さん自身がわざわざ出て来て、（何か不都合はありませんでしたか）と言われ、あらためて総会屋・上森の力を見せつけられました」と、当時を振り返り言う。

ビアンコ・エ・ネーロ（白と黒のコンビ）の誕生

白井佳夫の後を継いで黒井和男が編集長となったことは、白井の解任事件と、名前が白と黒ということもあって、広く知られているが、実は、黒井はペンネーム。本名は土橋寿男である。

１９６７年４月上旬号で、〈映画ファン、劇場支配人と対決す〉という記事があり、そこで初めて土橋寿男が『キネマ旬報』に登場する。映画ファンと劇場支配人の座談会を土橋と白井が司会のかたちですすめているものだ。

まだ白井が編集長になる以前の、嶋地編集長時代のころである。白井によれば、興行関係に強くて面白い人物を探していたら、日刊興行通信に勤める土橋寿男という男がいいと推薦されたという。土橋は１９３８年７月７日生まれだから、まだ29歳直前だった。

（左から）白井佳夫、黒井和男、アラン・ドロン

やがて、土橋はペンネームの黒井和男（１９７３年９月下旬号までは和夫）を併用して『キネマ旬報』に頻繁に登場するようになる。そして、70年5月下旬号から〈映画トピック・ジャーナル〉のレギュラー・メンバーになった。

１９７３年５月下旬号で〈ビアンコ・エ・ネーロ欧州映画旅行報告／１　ビアンコ（白・白井佳夫）とネーロ（黒・黒井和男）による二つの視点からのヨーロッパ・ルポ〉が掲載される。

ビアンコ・エ・ネーロ（Bianco e nero）は、イタリアの映画雑誌のタイトルをもじったものだ。以後、この白と黒の海外取材レポートは年に数回、掲載されるようになる。これは配給会社に強い黒井が特集タイアップを根回しして行われたが、だからといって、お手盛り記事にはならないよう白井は編集には口出しさせなかった。

このころの記事を読むと、白井と黒井の息のあったチームワークが見て取れる。『キネマ旬報』のいい時期は、常に編集とビジネスのバランスの均衡がとれていた。田中三郎と田村幸彦、ある期間の大橋重男と清水千代太、そして、この時期は白井佳夫と黒井和男、そしてバックに上森子鐵がついていた。

白井は、そのころのことを次のように回想している。

「僕は編集的センスをもち、彼が業界的センスをもち、ふたりが手を組んだら、これはすごい力になると思いました。彼と仕事を始めたころ、土橋も参加していたある飲み会で、当時の日本ヘラルド映画の原正人さんが〝近頃の映画業界のうわさ話では、白井も最近は多少本が売れて、だいぶ威張っているようだと聞いている〟と言ったとき、土橋が色をなして、〝白井の悪口を言わないでくれ、業界の泥はオレがかぶる、そういうことはオレに言ってくれ〟と応えたことがありました。それで、原さんが私に、〝土橋のあんたへの入れ込みもたいしたもんだね〟と言ってたことがありましたね。そういう時代もあったんですよ。ぼくがクビになって、土橋が編集長になったとき、白井の足を引っ張ったみたいに、ずいぶん嫌な思いをしたそうですね。」

このように、白井と黒井が、直接、反発しあったことはなかった。しかし、私の知る限り、外部からはそのようには理解されていない。白と黒が対立していた方が面白いということもあったのだ。

竹中労の登場

『キネマ旬報』の誌面に竹中労が登場したのは、1969年1月上旬号、〈まぼろしの「祇園祭」〉という原稿からだ。

この原稿は、伊藤大輔監督、中村（萬屋）錦之助主演の映画「祇園祭」（68）をめぐる大論争のひとつだ。そもそも「祇園祭」は伊藤大輔が東映に出した企画だが、巨額の製作費のため頓挫していた。その後、当時の革新府政、蜷川虎三京都府知事のもと、〝府政百年記念行事〟として竹中労がこの企画を再浮上させたのだ。それが、それぞれの思惑の違いなどで、監督・伊藤大輔と脚本・鈴木尚之の対立に発展した。68年12月上旬号、伊藤大輔の〈「祇園祭」始末〉で論争の口火が切られ、続く12月下旬号で、脚本家、鈴木尚之・清水邦夫の〈私たちの反論〉が載せられた。竹中の原稿はそれに続くものだった。この論争は、荻昌弘、山田和夫などの外部の意見も交え、69年5月上旬号、竹中労の〈祇園祭論争から発して大島渚へ〉まで続いた。もともと竹中は「祇園祭」の監督に大島を推挙していたため、5月上旬号の原稿は、明日の日本映画にむけた大島へのエールである。

これはまさに白井佳夫が仕組んだ、論争による誌面の活性化だった。そして、竹中労は論争のアジテーターとして、白井の期待以

竹中労

上に活躍した。

竹中労は1930年5月30日、東京で生まれた。父親、竹中英太郎は画家で社会主義者だったことから、その影響を受け、竹中労も戦後のある時期に共産党に入党していたこともある。1959年『女性自身』のルポ・ライターとなり、1960年代半ばには、東映俳優労働組合を支援して、たびたび京都撮影所を訪れていた。

69年5月上旬号以後、竹中は不定期ながら、たびたび『キネマ旬報』に寄稿し、1971年5月上旬号から〈日本映画横断〉の連載を開始する。この連載は、現在進行形で日本映画産業の問題、自身の活動のみならず、同志に近い批評家であった松田政男、佐藤重臣といった面々の批評家にも及び、さらにその矛先は、深く入れ込んでいた大島渚にまで向けられた。毎号4ページという長文の連載は当時でも異例の扱いで、今にして思えば、白井もよくやらせたものである。竹中の原稿は、友人でも異論があれば容赦なく切り込んでいった。仲間内の事でも、気に食わなければナアナアで済ませないこの姿勢は痛快であった。この連載は1973年1月上旬号、38回で終了した。

そして、1973年7月上旬号から、〈日本映画縦断〉が始まる。竹中は、新連載の意図を「軸をタテにとろう、横断から縦断へと位相を転換する、日本映画はどのような道程をたどっていまに到ったか。」と記している。1回目は〈南部僑一郎氏との対話から・その1〉で、何と7ページ、以後、毎号5ページの連載である。伊藤大輔、紅沢葉子、嵐寛寿郎、滝沢一、団徳麿、稲垣浩、マキノ雅弘、岡田茂といった映画人のインタビューを通じた竹中による、日本映画のオーラル・ヒストリーでもある。また、あるときは、〈横断〉のときのように、山田和夫批判や、横道にそれて、マルレーネ・ディートリッヒ来日帯同記など、かなり自由気ままな連載でもあった。

連載中、当時の私（20代前半）は、〈横断〉はワクワクして読んだが、〈縦断〉のマニアックな部分にはついていけないところもあった。今、読み返してみると、これは竹中労が自分の興味の赴くままに、日本映画の足跡を辿ったもので、実際の映画史のパースペクティブからはそうとうに歪んでいる。読み手に映画的リテラシーが不足（当時の私）していれば、かなり危険な読み物である。

基本的には、従来の映画史では見過ごされていた映画人や事実を掘り起こそうというもので、竹中の生き方にも重なる。そして竹中は、次第に憑かれたように、山上伊太郎の人物探求とマキノ正博監督の「浪人街」（28）のリメイクにのめり込んでいく。

中島貞夫『遊撃の美学・映画監督中島貞夫』（ワイズ出版）によると、「発端はあるパーティーの席上でのことだった。たまたまその席の司会役を務めていた私が、マキノ雅弘監督の監督五〇周年を期し、是非時代劇映画の製作を、と口ばしったことがあった。（中略）『浪人街』はいわずと知れたマキノ雅弘監督の代表作。そのリメークを持ち込んできたのは、竹中労、白井佳夫、滝沢一の三氏のグループだった。三氏の中でどのような話し合いが為されたかは判らぬが、脚本を笠原和夫、監督は深作欣二、そしてプロデュースを私に委ねるとのことだった。」

1974年8月下旬号、竹中は〈東映京撮／映画づくりの現場から・上〉に、東映京都撮影所を訪れた際の深作欣二監督との対話を紹介している。

竹中　『仁義なき戦い』ね、とつぜんいうけれど、あれはマキノ雅弘の不滅の名作を意識しているな。

深作　うーん、『浪人街』ねえ。そのニオイが、やはりやはりしますか！

竹中　する、ぷんぷんと。（笑）

深作　ノー・スターじゃないが、鶴田浩二・高倉健ぬきやからね。集団演技という点でも、意識していないといったらウソになるでしょうな。

実は山上伊太郎のシナリオを、大好きでしてね。よく読むんです。『浪人街』なんかむしろいまの時代に撮るべきだと思う、自分なりにね、イメエジに溢れた脚本《ホン》です。もういちど時代劇の復活が、日本映画にあると思うし、ひそかに胸にあたためてきたんだがバレたか（笑）、〝日本映画縦断〟は世辞ではなく面白いですね、もちろん山上伊太郎も出てくるわけでしょう？

深作欣二が「浪人街」のリメイクをやりたがっているということを、竹中が『キネマ旬報』誌上で言質をとった形だ。

白井は、竹中の文章を、実際には語っていないこと（言葉の背後にある話者の意図を読んで）も面白くするために書いてしまう——と指摘していたが、深作欣二が語っていたか否かはさておき「浪人街」のリメイクは、出来るものならやってみたいとは思っていたことは確かだろう。

このことについて、中島貞夫は前掲書で「そらね、サクさんっていうのはすぐ助平根性で、ちらっと言われたら飛びつくタイプですからね。」と書いている。また、「竹中労の原稿は自分の思惑を交え事実とは異なることばかりだが、それに反論すれば竹中の思うつぼなので、無視することにした」とも記している。

白井佳夫や中島貞夫の話を参考にすれば、深作の発言は、竹中に誘導され、脚色された部分もあるのかもしれない。

竹中は、ここから「浪人街」リメイクに動き始め、深作欣二、中島貞夫、笠原和夫はとめどなく振り回されることになる。

竹中と親しく行動を共にしていた白井佳夫も、竹中労の言葉をいろいろな意味で真に受けてはいけないと、次のような例を話した。

「嵐寛寿郎のインタビューをやったのですが、あがった原稿は、そこで出た話ではなく、竹中労の考えなんですね。アラカンはあんな事言ってないのに、どんどん自分の思いを入れちゃう。自分でつくって書いちゃう。しかし、それは、アラカンが考えていることでもあり、実際のインタビューよりはるかに話は面白くなっていることはあるんですね。」

私はこのアラカンのインタビューをとても面白く読んだと記憶している。それは白井の言うように、アラカンが言葉にはできないが考えていることを竹中が代弁していたと思う。確かにそこにかなりの誇張は含まれていたかもしれないが。そして、これが竹中労の魅力なんだと思う。

このアラカンのインタビューは〈日本映画縦断〉からスピン・オフして、『聞書アラカン一代 鞍馬天狗のおじさんは』（白川書院）となった。

私が、『アラカン一代～』はとても面白い本でしたと言うと、白井は、「実は、あれはキネ旬で出したかったんだけど、単行本編集部（嶋地編集長）に反対されて出せなかった。」と口惜しそうに話してくれた。

追悼・田村幸彦

1970年11月上旬号に田村幸彦の追悼記事が掲載された。65年9月下旬号で掲載された田中三郎の追悼記事同様、扱いは、飯田心美による追悼文1ページであった。『キネマ旬報』を創刊した中心人物のふたりの追悼が1ページというのは寂しい。

大の映画ファンだった飯田心美は、ミツワ石鹸の店員から、松竹外国部に転職、そこで田村と田中に出会った。飯田は追悼文で田村のことを次のように記して、その功績を讃えた。

「九月十六日、牛込弁天町の寺で田村さんの告別式が行われ、私も焼香の列に加わったが、元気そうな笑顔の遺影を前にしたとき、田村さんとはじめて会ったころを思い出し、一瞬すぎ去ったむかしがつい昨日のように思われた。忘れもしない、あれは大正九年の初冬、松竹外国部の部屋へ行った時だった。

そのころ私は、ミツワ石鹸丸見屋の店員をしていたが、ソロバンにあけくれる毎日がいやになり、東健而氏のお世話で松竹に入れて貰ったのである。当時、松竹は映画企業にのりだした直後で、自社でつくる作品だけでは足らず、外国映画を加えた番組でいく方針をとり、その扱う外画の翻訳をするのに外国部を設けた。創立まもないころとして蒲田撮影所の一室に外国部長の東さんはじめ、部員が働いていた。

部員といっても六、七名。アメリカ・スラングはじめ流行、海外事情にくわしい部長の博識におどろきつつみんな仲よく試写を見たり翻訳したり台本をつくったりした。この部員の中にキネマ旬報の創始者たる田村さんと田中さんがいたのである。田村幸彦、田中三郎といえば映画ジャーナリズムの畑では、誰知らぬ人なき先達だが、そのころはまだ無名の青年だった。

工業大学の前身たる蔵前高工に在学中から映画が好きで。キネマ旬報を大正八年に創刊したが、学業余暇の片手間雑誌でアート四六版四ページの小誌では、とても食っていけない。仕方なく卒業後二人は縁あって松竹の禄を食むことになり、月給の一部を雑誌につぎ込んでいたのである。編集の必要上、日活の重役に申込んで赤坂溜池の葵館弁士室の一隅に机をおいた。当時の主任弁士徳川夢声の助力に負うところも、少なくなかったという。

そのころ私は誘われて葵館を訪れ、両兄の苦闘ぶりに敬服したものだ。やがて一年二年とたつうちにキネ旬は斯界から真価を認められ次第に成長、社屋らしきものも見つかり、同人や社員もふえて、数年後には両兄とも松竹をやめキネ旬に専念するようになった。それからの同誌は映画研究誌としても業界誌としても、堂々たる存在になっていった。

考えてみるとこれは出発当初における方針がよかったからで、それまでのファン雑誌の甘さをさけ、あくまで作品検討と記録にマトをしぼり、月三回着実に発行したのが成功したのだ。加えて執筆陣が揃ったことも落せない。その点、最初にそれを立案、実践した創立者、なかんずく田村さんの功績は大である。要約すると田中さんの性格は人情にあつい親分肌で、同人はじめ身辺にあつまる青年達と親しんだので、みんなサブちゃん、サブちゃんと兄のように慕った。それだけに感情に弱いところもあった。これにひきかえ田村さんは陰でこそ凸ちゃんの異名でよんだ者もいたが、表面は「さん」づけでよんだ。それだけ親しみにくい点があった。感情交友よりも、

(左から)田村幸彦、溝口健二、宮川一夫、永田雅一、一人おいて成沢昌茂

独りやりたいものをつかんでテキパキやることに、愉しさを見出す方だった。これが後に田中さんと袂をわかち、キネ旬からはなれて独立独行の途を歩かせたのだろう。

だが田村さんは、そのころとしては稀な語学力の持主であり、性格的にも見る人が見れば有為な才能である。これを見抜いたのはトマス・コクレンであった。コクレンは大正初期から昭和初期にかけて日本映画業界に多大の貢献をした米人である。初め米国各社にさきがけてユニバーサル支社をつくり、青鳥《ブルーバード》映画や連続ものを封切りしたが、これが邦画現代劇に大きな影響を与えた。大正十一年にはパラマウントに移り、数々の名作を入れたかと思うと、トーキー時代に入るや「モロッコ」に最初の日本語スーパーを入れて、トーキーの魅力をつたえた。この試みをやるにあたり選んだのが、ユ社時代から親しかった田村幸彦である。そして田村さんはみごとその信頼にこたえた。後にコクレン主宰するパラマウント支社に田村さんは招かれ要職についたが、まさによき伯楽と名馬の関係を想わせる。コクレン亡きあと田村さんを高く買ったのが、大映永田社長で、洋画部製作部長として厚遇した。

晩年の田村さんは円満な人柄となり、会えば不遇の中にこの世を去ったサブちゃんのことなど、静かに話す人に変っていた。私は青年時代を想うとき両兄の姿が懐かしくよみがえって来るのを、覚えるのである。」

改めて田中と田村の性格の違い、互いに相手を尊敬しながら、相容れないところがあったことが理解できる追悼文である。

田中三郎の晩年の生活は厳しいものだったが、一方の田村は、戦後、CMPEで字幕翻訳の部長を務め、その後、大映の洋画部長となり、ディズニー・アニメ「ダンボ」（41／日本公開は54年）で日本初の日本語吹替え版を制作した。また永田雅一社長とカメラマンの宮川一夫が渡米したときには通訳として同行するなど、安定した晩年を過ごした。

白井佳夫編集長解任まで

竹中労の連載〈日本映画縦断〉は、やがて1976年の白井佳夫編集長解任につながっていくが、ここでは、その過程での『キネマ旬報』をめぐる動きについて紹介しよう。

まず、キネマ旬報社のオフィスは、1970年4月下旬号以降、港区新橋6－23－4から港区芝栄町9－3　芝パークビル（港区芝公園3－6－24／場所は同じだが、後に町名変更になった）に移った。場所は東京タワーの足元にあり、1階にはジャズ専門誌『スウィング・ジャーナル』社が入っていた。

1970年9月下旬号、白井の後記には高沢瑛一の退社及びその後任に酒井良雄が引き継ぐことが記されている。また、別ページに編集部員の募集がある。

1971年1月上旬号、恒例の編集後記欄の新年の社員一同挨拶に、酒井良夫、板東護、原田雅昭、植草信和の名が並んだ。また、同年10月下旬号の白井の後記には吉田成己の入社も紹介された。彼らが、前記した社員募集で入ってきた新入社員であり、彼らが白井を支えることになる。

1972年3月上旬号のトピック・ジャーナル欄では〈日活ロマン・ポルノに警視庁の手入れ!〉が紹介され、この事件はやがて裁判に発展し、73年8月下旬号から連載が始まる斉藤正治による〈日活ポルノ裁判ルポ〉へとつながる。

同じく1972年に公開されたロマン・ポルノ、神代辰巳の「濡れた唇」、村川透監督「白い指の戯れ」に出演した伊佐山ひろ子がキネマ旬報主演女優賞を受賞した。また同年度のキネマ旬報ベスト・テンで「一条さゆり/濡れた欲情」が8位、「白い指の戯れ」が10位にランク・イン、両作の脚本を書いた神代辰巳が脚本賞を受賞、ロマン・ポルノが一般映画と並んで認知されたことを証明した。

しかし、伊佐山の主演女優賞受賞にたいして異を唱えた映画評論家、清水晶は選考委員を棄権した。

そして翌1973年キネマ旬報ベスト・テンをめぐり問題が起った。

斉藤耕一監督「津軽じょんがら節」(ATG配給)は1973年末に完成、一般公開は年明けの予定であった。そこで配給のATGは73年12月20日、1日だけの有料公開を行い73年のベスト・テン対象作品とした。そしてベスト・テン選考委員には試写を見るまで案内を送り続けた。

一方、読者だった私や映画ファンの友人たちは、皆、ベスト・ワンは深作欣二監督「仁義なき戦い」と確信していた。

結果、1位に輝いたのは「津軽じょんがら節」で、監督賞・斉藤耕一、主演女優賞・江波杏子が受賞した。「仁義なき戦い」は2位だった。読者選出ベスト・ワンは「仁義なき戦い」、「津軽じょんがら節」は1票も入らなかった（一般には未公開だから）。

ATGのベスト・ワン工作が功を奏したわけだが、この工作に白井編集長も後押ししたと言われている。一日だけの有料上映で、その年の公開作品としてベスト・テンの対象作品としたからだ。

（左から）黒井和男、原田眞人、S・スピルバーグ、白井佳夫

この騒動がきっかけとなって、キネマ旬報ベスト・テンの対象作品は一週間以上の劇場公開が条件となった。

１９７３年3月下旬号では、キネマ旬報ベスト・テン授賞式の模様が紹介されているが、初めて上森子鐵が読者の前に登場している。

１９７５年9月上旬号では、当時、まだ映画監督になっていない原田眞人によるロサンゼルスでの〝フィルメックス映画祭〟のルポが掲載された。この記事を『ぴあ』の矢内廣が読み、翌年のフィルメックスに出向き、その映画祭の熱気と運営をヒントにして〝ぴあフィルム・フェスティバル〟実施へと発展していった。

また、10月上旬号のビアンコ（白）・エ・ネーロ（黒）の取材ツアーは、原田眞人の通訳で、「JAWSジョーズ」の撮影現場を訪問、スピルバーグをインタビューし、白井、黒井の絶妙のコンビネーションを見せている。

ここまで、上森子鐵社長、白井佳夫編集長の体制はなんの問題もなかった。白井編集長解任は突然のことだった。

1976年の白井解任までの出来事を追ってみよう。

5月下旬号、竹中労の〈日本映画縦断〉の連載記事のなかに〈「伊太郎地蔵」建立に基金を募ります〉の案内が掲載された。「山上伊太郎終焉の地――ルソン島北部、イプラオ河のほとり（キャンガン三叉路）、地蔵尊を建立したいと考えます。（中略）基金募集目標は一〇〇万円、目標を超えた場合は、「新・浪人街」製作費出資金にあてさせて頂きます。／発起人　白井佳夫、滝沢一、竹中労　宛て先キネマ旬報社」とある。

振込先が記されてないから、現金書留なのか。「浪人街」は東映で製作を予定する映画であり、そこに読者のお金を投下するとなれば、寄付なのか、対価を求める出資なのか、また募金者の合意を確認するなど、いろいろ調整が必要である。

竹中労のプロジェクトだから、そんなことは後で考えればいいぐらいのことだったのか。

1976年6月上旬号の日本映画縦断では〈『浪人街』リメーク中間報告〉があった。その中では、「白井佳夫、竹中労（の）両ペン鬼は、去る四月二十一日京都へおもむき滝沢一、深作欣二、中島貞夫、高岩（東映）京都撮影所所長、渡辺同次長、日下部プロデューサーらと会談、『浪人街』リメークの最終的ツメを行いました。笠原和夫の脚本は未完成であるが、五月の中旬を目処として製作発表記者会見を行い、六月十六日、山上伊太郎命日を期してクランクインすることを確認、本社に了解を求めることを決めました。（中略）『浪人街』の製作スタッフ、ペン鬼三人を〝講師〟とする〝山上伊太郎ツアー〟を企画しております、これも詳細を近日中に発表の予定であります。」

とある。

よく読むと、〝ツメを行い〟、〝クランクインすることを確認〟、また、〝本社に了解を求める〟とあるのは、東映側と話し合いを行ったが、まだ決定していないわけである。

同連載、6月下旬号では〈伊太郎地蔵　／　建立基金　第一次発表〉があり、マキノ雅弘の10万円をはじめ、25万4000円が集まった。この発表は、その後、毎号掲載されていく。

7月上旬号で、山上伊太郎の原シナリオ「浪人街」が掲載される。また、白井の編集後記で「この号が店頭に出る頃には、ビアンコ・エ・ネーロのコンビ（白井佳夫・黒井和男）の、1976年度の欧米映画の旅が、スタートしている筈です。（中略）ヨーロッパをまわってアメリカを経、日本に帰ってくる、約40日間の旅になる予定です。」と書いている。

ちなみにこの出張が取材先の関係で長引き、帰国予定が遅れた白井は、友田とキネマ旬報社との裁判に出席できなかった。裁判の欠席はそれほど大きな問題とは思われなかったが、上森は怒り、白井は後日、鎌倉の上森の自宅に帰国の遅れについて釈明に行くことになる。

この出張中、白井は編集後記の欄を、吉田、原田、坂東、植草、酒井の若手編集部員にまかせ、黒井が執筆する〈興行価値〉、〈映画界の動き〉も坂東が代わって書いていた。

ところで余談になるが、76年4月上旬号「日本映画縦断」の読者の応援に塩田時敏19歳浪人とある。現在、映画評論として活躍する塩田時敏氏の若き日の姿である。

そして1976年9月上旬号、帰国した白井はかつてのように編集後記をひとりで書く。が、翌9月下旬号からはこの〈編集室〉を編集部員に書かせ、自身は〈編集長のメモ〉という欄を作る。

同号の〈日本映画縦断〉では、伊太郎地蔵建立基金の第五次発表があり、累計金額は116万5850円、目標の100万円を超えた。また、「〝浪人街・ツアー〟は、旅行代理社との契約が成立し、奥仁志とご相談を現在すすめております。次号に詳細を発表しますが、十月二十八日羽田発、五泊六日の旅程で、テキスト・講師謝礼をふくみ十四万七千円、ペン鬼三人、マキノ・稲垣両監督が同行する予定であります。（編集部）」とある。（奥仁志は、元陸軍二等兵、敗戦後もフィリピンに残り、市民権を得て、余生をこの地で亡くなった戦友の慰霊にささげている）

9月下旬号、10月上旬号の〈日本映画縦断〉では「浪人街」フィリピン・ツアー募集告知が掲載された。旅行経費は十四万三千円、セミナー経費五千五百円の計十四万八千五百円と前号の告知から若干の修正があった。参加人員は現地のバスの乗員人数から45名までとされ、〆切は9月30日、申込先は日本交通公社海外旅行虎の門支店とある。しかし募集告知が9月5日、20日発売号で、申込〆切が30日というのはそうとう無茶な募集である。また、申込先は日本交通公社となっているが、この告知に主催社は記されていない。

さらに10月下旬号〈日本映画縦断〉では〈「浪人街」ツアー募集〉の〆切が10月12日に延期されている。そして、以下がとても重要なことだが、ここで、はじめて主催（株）キネマ旬報社と記された。

また、同号、白井の〈編集長のメモ欄〉では、「浪人街」に関する今後の予定が記されている。少し長いが重要なことなので紹介する。

「○次号11月上旬号も、日本映画シナリオが一本入ります。笠原和夫・深作欣二・中島貞夫共作の、問題の「浪人街・ぎんぎら決闘録」のシナリオです。マキノ雅弘氏とペン鬼三人の「このシナリオについての意思表明」つきの特集となるでしょう。

1. 一年数カ月の月日を待って、とにかく現段階で出来たシナリオそのものを、一度活字化公開することに、創作者側支援者側、ともに意見の一致をみたものです。創作者側は活字による意思表明はしない意向ですので、このシナリオ自体とわれわれの「意思表明」をご一読なさっての、ご愛読者の、投稿による誌上ディスカッションを要請致します。

2. ついで11月下旬号では、竹中労氏予告の如く早くも完成した夢野京太郎（竹中労のペンネーム）「浪人街・天明餓鬼草子」シナリオを活字化の予定です。あるいはこのシナリオは、分量によっては二号に連続分載、ということになるかもしれません。

3. こうして、7月上旬夏の特別号で活字化した山上伊太郎原シナリオ「浪人街」を筆頭に、三つの「浪人街」シナリオを活字化し、キネ旬が「日本映画縦断」を通じておこなってきた、「浪人街」映画化運動の今後のための指針を、この運動を支えて下さったご愛読者ご自身に、問いたいと思います。よろしく。」

これは、単なる今後の予定発表なのか。ここまで、克明な今後の予定を書いたことに、白井のある種の意図を感じる。10月下旬号の原稿締め切りは10月5日ころだから、その前に白井は上森から警告を受けたのだろうか。それとも、上森の言葉の行間から何かの予感を感じてのことなのか。

白井が、何か起きることを予感して書いたのではないか——と指摘したが、11月上旬号の〈編集長のメモ〉では、特別号の値上げについてなど日常的な報告が書かれただけで、深刻な問題は

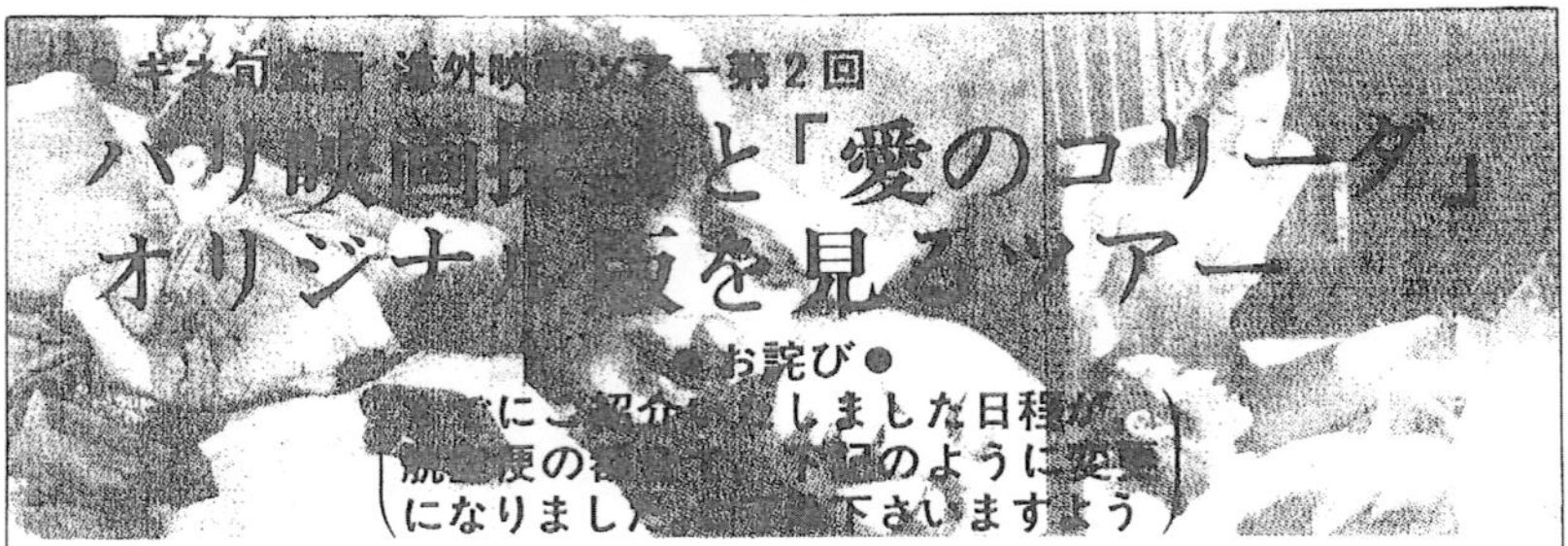

12月4日(土)〜12月11日(土)　8日間のパリ映画旅行

12月4日　21時羽田発エール・フランス／5日　5時50分パリ着／12月10日　15時30分パリ発エール・フランス／12月11日　17時10分羽田着

費用　¥260,000　最終締切 11月10日(水)

主催 ㈱日本交通公社・企画 ㈱キネマ旬報社

お申し込みとお問合せは　〒105 東京都港区芝琴平町35　日本交通公社海外旅行虎の門支店（運輸大臣登録一般64号）三輪グループ　Tel. 03･504･3631 旅行業務取扱主任者・日毛義雄

●日本映画縦断

山上伊太郎・追悼

「浪人街」フィリピンツアー募集

日　程

12月22日(水)〜27日(月)

旅行経費

148,500円（セミナー経費5,500円を含む）

申込〆切

11月20日(土)

申込先

日本交通公社・海外旅行虎の門支店
（運輸大臣登録一般64号）
三輪グループ ☎03(504)3631
東京都港区芝琴平町35

シナリオ・ライター山上伊太郎終焉のルソン島北部、ラムット河畔に地蔵尊を建立したいと考えます。現地において、竹中労氏、白井佳夫編集長を中心に、時代映画と山上伊太郎についてのセミナーを行ないます。マニラの市内観光、フィリピン戦跡一巡、民族舞踊鑑賞とマニラのクリスマスをお楽しみ下さい。お申込みと同時に、詳しい案内書をお手もとにお届けいたします。

主催 ㈱キネマ旬報社

キネマ旬報社●東京都港区芝栄町9の3　☎ 03(432)8721代表

うかがえない。

そして、この号の〈日本映画縦断〉では〈『浪人街』ツアー延期のお知らせ〉が掲載された。理由としては、深作欣二の撮影開始が遅れていること、ツアーの応募者が最低催行人数に満たないことがあげられている。また、〝伊太郎地蔵建立基金〟の累計は124万8350円と微増している。

11月下旬号では夢野京太郎「浪人街・天明餓鬼草子」が掲載された。また、123ページに注目すべき自社広告が掲載されている。

ひとつは、《「浪人街」フィリピンツアー募集》で申込〆切は11月20日、主催は（株）キネマ旬報社とある。

もうひとつは、《パリ映画深訪と「愛のコリーダ」オリジナル版を見るツアー》で、これは、主催（株）日本交通公社、企画が（株）キネマ旬報社とある。

キネマ旬報社は、前者では主催であるが、後者では企画となっている。これが後々、問題となる。

ちなみに、この号の〈編集長のメモ〉でも、白井の解任を感じさせるものを読みとることはできない。

しかし、翌号12月上旬号の24ページに〈最後の編集長のメモ〉と〝最後の〟という言葉を付して、唐突に「大へん突然なことですが、今号をもって、キネマ旬報社を離れることとなりました。」と記している。

上森によって白井は編集長を解任されたのである。同時に竹中の〈日本映画縦断〉の連載も打

浪人街通信　1

1976.12.8

白井佳夫キネマ旬報編集長の解任をめぐって………

白井佳夫／斎藤正治／矢崎泰久／滝沢一／竹中労ほか

ち切られた。

11月下旬号（11月5日発売）と12月上旬号（11月20日発売）の間に解任があった。

白井の解任と、連載〈日本映画縦断〉の打ち切りの経過の顛末を紹介した『浪人街通信』1号（1976. 12. 8／『浪人街通信』を発行する会・発行）に掲載された〈私の解任問題についての報告〉によれば、11月7日の夜9時、突然、上森子鐵社長から電話があった。「今、雑誌を読んでいたら、キネマ旬報社主催で『山上伊太郎地蔵建立フィリピン・ツアー』なんてものを、やっとるじゃないか。もし、その飛行機が落ちでもしたら、どうなるんだよ。一人何千万円という金が要求されて、億の金を払わねばならんことになるよ。それを要求されるのは、俺じゃないか。いやだよ。これは、君の職権逸脱行為だよ。責任問題だよこれは。」

11月7日の電話だから「今、雑誌を読んでいたら」というのは、11月5日発売の11月下旬号だろう。二つのツアー広告が掲載された号である。

それでは、上森は、この広告を見て、初めてこのツアーを知ったのであろうか。それは、きっかけに過ぎなかったのではないか。上森は以前から、白井の活動に苛立つものを感じており、このツアーでその怒りを爆発させたとも考えられる。

白井編集長解任事件は、白井自身が残した文章からも、このツアーをきっかけとしたものとされてきた。

前掲の〈私の解任問題についての報告〉によれば、上森の11月7日の電話は次の様につづいている。

「だいたい『白井佳夫という男は、思想的に偏向した人間だから、あんな男に編集長をやらせておいたら、キネマ旬報はどうなるかわからない』と、俺は今まで、何人の古い映画人に言われたか、わからないよ。

だいぶ名前が売れてきているようだがな、後ろにキネマ旬報というものが、あればこそなんだぞ。あまり図にのるんじゃないよ。」

白井は、いよいよ、きたるべきものが来た、と感じた。

ここで私は、〝古い映画人に言われた〟という言葉に注目する。これが、誰なのか。10月4日に白井氏を取材したとき、その人物が浮かび上がってくるが、これは追って触れることにする。

電話のあった翌日、二人の取締役（嶋地と黒井か）が上森の自宅に呼ばれた。

上森の言葉の裏にあるものを悟った二人は、「社長は激怒して、君を解任する、といっている。容易ならぬ事態だ。どう説得しようとしても、だめだった。こうなったら、誰か間に立つ人を介して、とにかく頭を地面にすりつけても、あやまるよりほか、ないと思う。」と白井に忠告した。

しかし、白井は社長に顔色をうかがいながら編集を続けることはできないと思った。

そして、二人に次のように告げた。

「この半年ほど予感していたものが、いよいよやってきた、という気がする。実をいうと、十八年半の、かなりしんどい疾走に、僕はもう疲れている。オール・オア・ナッシングの社長が、ああいう風に解任を言い出したからには、もう後退はしまい。僕も四十四才、そろそろ自分自身のための仕事をしたい、という欲求も出てきている。僕のシステムが失速し、この六年間巧く作動していた社長対自分の力関係が崩れた、ということは、僕の政治力の限界、ということである。こうなった以上、未練が無いといったら嘘になるが、解任が言い出された以上、僕はすっぱりと『いち抜けた』と言いたい決意だ。」

二人の役員によれば、上森社長が11月11日の夕方、キネマ旬報のオフィスに来て、全社員の前で白井の解任を申しわたす予定という。

白井は、その前日の11月10日、旧丸ビルの上森の事務所を訪れ、社長の意思を確認した。

11月11日午後5時半ころ、予告通り、上森は地下鉄日比谷線、神谷町駅の近くにあるキネマ旬報社のオフィスを訪れ、白井の解任と、その理由（11月7日の白井への電話とほぼ同様の内容）を全社員の前で伝えた。この時、上森に「白井佳夫を抜かして、キネマ旬報が現状を維持していけるのか？」と抗議する営業部のスタッフがいたという。

白井は、今となってもそれに対し「感謝の言葉もなかった」と振り返る。そして、上森から、偏向していると言われたことこそ、自身の編集方針が間違えていなかった証しであり、誇りに思うと回想している。

白井編集長解任の真実の理由

白井は〝この半年ほど、予感していたもの〟を次のように書いている。

「今年（1976年）の四月七日のニューヨーク・タイムズ紙に、二十四人の日本人の連名による「あなたの決意が日本のデモクラシーを殺す」という英文意見広告がのった。ロッキード資料の公開をアメリカ大統領に求め、そのための行動を起すことをアメリカ市民に訴えた内容のものである。小沢昭一、ばばこういち、林冬子、矢崎泰久、和田誠などの諸氏とともに、私もそこに名を連ねた一人だった。

そのことが、日本のジャーナリズムで報道された頃のことであったと思う。差出し人の名の記してない、一通のハガキが、私のところにとどいた。

〈あなたがあのことについての行動を、ご自分の意思からやっておられることは、疑いません。しかし、これ以上それにかかわられると、あの方とあなたの間が、決定的になってしまって、それが、雑誌に妙な形でかかわりを持ってくることを恐れます。くれぐれもそれにご留意を。あなたのお仕事を支持する者より〉といった意味の内容のものだった。」

最初は、何のことだか、よく解らなかった。が、今は思いあたる。

「あの方」は、確かに、ちょうどあの頃から、ナーヴァスになってきたようだった。

「六月十八日、私は黒井和男とともに、欧米映画界取材の長期旅行に出た。この旅行のために、キネマ旬報上森子鉄社長は、百万円の取材費を社費から出してくれた。取材を終えて日本に帰ってきたのが七月二十七日。実は最初の予定では七月二十五日には帰ってきて、七月二十七日開廷の東京高裁三号法廷を傍聴するはずだったのだが、今度の旅の大きな目的だった、話題作「キングコング」(76)の製作者ディノ・デ・ラウレンティスへのインタビューが遅れて、日程がズレたのである。

日本に帰ってきてみると『法廷傍聴の日までに帰らなかったことで、社長が激怒している』という。『白井は、キネマ旬報の経営のことより、編集のことの方が大事なのか！』と雷が落ちたのだ、という。」

この裁判は、例の大橋重男前社長が放り出したまま逃げてしまった、友田純一郎とキネマ旬報社の営業権をめぐるものだ。

以上が白井自身が当時、解任された理由として考えていたものだ。差出人不明のハガキについて、白井の頭にまず浮かんだのは、上森の秘書の女性だった。そこで白井は、彼女に問いただしたが、まったく覚えのないことだという。結局、その送り主は分からなかった。

ニューヨーク・タイムズに記事広告が掲載された直後に来たハガキに〝あなたがあのことについての行動を、ご自分の意思からやっておられることは、疑いません。〟とあるのは、上森の周辺の人間が上森に忖度し、また白井に警告のつもりで書いたのだろう。

白井は解任の半年前を振り返って、解任の伏線を推理するが、もし、上森がニューヨーク・タイムズの記事に苛立っていたならば、取材費の百万円を用立てただろうか。

実は、私は、２０１５年10月４日の日曜、白井佳夫氏の自宅を訊ね、長時間のインタビューの機会をいただき、そのとき、白井氏から、後に分かった驚くべき新事実を聞いた。

新事実とは〝キネマ旬報社主催によるフィリピン・ツアー〟は、表の理由で、その背後に別の事情があったということだ。この〝フィリピン・ツアー〟も、2度の延期で、実現の可能性は限りなく低い。

では、本当の理由は何であったのか。1976年9月下旬号に掲載された、巻頭の提言〈顔と言葉〉、読売新聞映画担当記者、西沢正史による〈日本映画の明日のために〉という記事が問題となったのだという。〈日本映画縦断〉で、〈「浪人街」ツアー・募集〉が掲載された号と同じ号である。

この西沢の記事は以下の伏線がある。1975年、洋画の配給収入が初めて邦画を上回る、いわゆる〝洋高邦低〟現象が起きていた。そうした時代を背景に、映画界の長老は、マスコミは日本映画を冷遇しているとナーヴァスになっていた。その経緯が、西沢記者も参加している8月下旬号の〈映画・トピック・ジャーナル〉で紹介されている。

A（前略）今号の〝トピック〟欄は、少々視点を変えて、大きな問題を扱ってみたいと思う。というのは、つい先日、朝日新聞の夕刊評で、「撃たれる前に撃て！」（76）が酷評されて、これに対して製作した松竹が、余りにもヒドい評ではないか、と抗議を行なった。次いで、この件も含めての、いわゆる『マスコミにおける日本映画の扱い』について、映連の宣伝部会でも問題化され、取材ないしは扱いについて映画界側の姿勢を確認しあおう、という動きが起ったわけだ。勿論、キネ旬等も含めたジャーナルと業界の関係について、改めて考えてみたいと、いうことなのだが……。

D　その朝日の件のみならずこれまでも、というか、日本映画が低迷続きという背景もあって近年マスコミにおける邦画の扱いは厳しい論調が続いてきていて、いま一つの例を引くと、読売新聞においても、つい先日の〝松竹製作合理化＝自宅待機・配転問題〟の取材及び扱いについてモメまして、新聞広告を差し止める、というくらいまでの紛糾したわけです。洋高邦低という厳しい状況下とあって、やや神経過敏といえる反応も出て来た、といえるのだけど。

B　その映連での動きなんだが、宣伝部会の席に〝余りにも日本映画を冷遇して、洋画を持ち上げている。そして、しきりに洋高邦低と取り上げ、日本映画の不振をあげつらっている〟ということで、映連城戸四郎会長名で各新聞社の編集局長・社長に抗議したい、という提案があった。これに対して、東映・東宝らは、松竹会長として抗議なされるのなら結構だが、映連会長としてはちょっと困る、ということになったのだが、趣旨は尤もであるので、宣伝部会というより理事会の方で検討しよう、ということになった。

白井の解任のきっかけとなった読売新聞映画担当記者、西沢正史の〈日本映画の明日のためにはこの〈映画・トピック・ジャーナル〉の次号に掲載される。

西沢記者の問題の記事には、東宝作品「不毛地帯」（76）のヒットについての東宝・松岡功副社長のコメント及び城戸四郎松竹会長のマスコミへの対応について書かれていた。

西沢は「不毛地帯」のヒットについて松岡副社長の業界紙のコメント「たぶんに城戸（四郎）会長のおかげをこうむっている」「各新聞がこぞって好意的な批評をしてくれたからだ」と言う

コメントを引用し、
「これは、謙虚なお人柄の松岡さんらしい発言であります。業界の長老、城戸さんを立ててユーモラスに語られたものでありましょうが、これは悪い冗談だと申し上げておきます。映画評は映画がおもしろいから好評したのであって、城戸さんを恐れて筆を曲げたのではありません。映画評には作品以外の要因が加わっては絶対ならないのです。
八月下旬号の本誌「トピック・ジャーナル」でも取り上げていますが、城戸さんを会長にいただく松竹の体質には少なからぬ驚きを感じます。やれ映画評がけしからん、合理化問題を大きく書いたのがけしからん、ロッキード事件の児玉がらみで城戸さんの名前が出たのがどうのとこれほど記事にクレームをつけるところも珍しいことです。間違いなら訂正もしようが内容がひどすぎるとか扱いがでかいとかいうのでは、これは難クセそのもの。しかも広告サイドへのつき上げも伴うとくれば、これは常識を超えて悪質であります。」
松竹会長を名指しで批判する西沢記者のこの原稿は驚きであり、ある時代の新聞記者魂を感じるものでもある。また、この原稿を掲載した白井にも編集者の矜持があっ

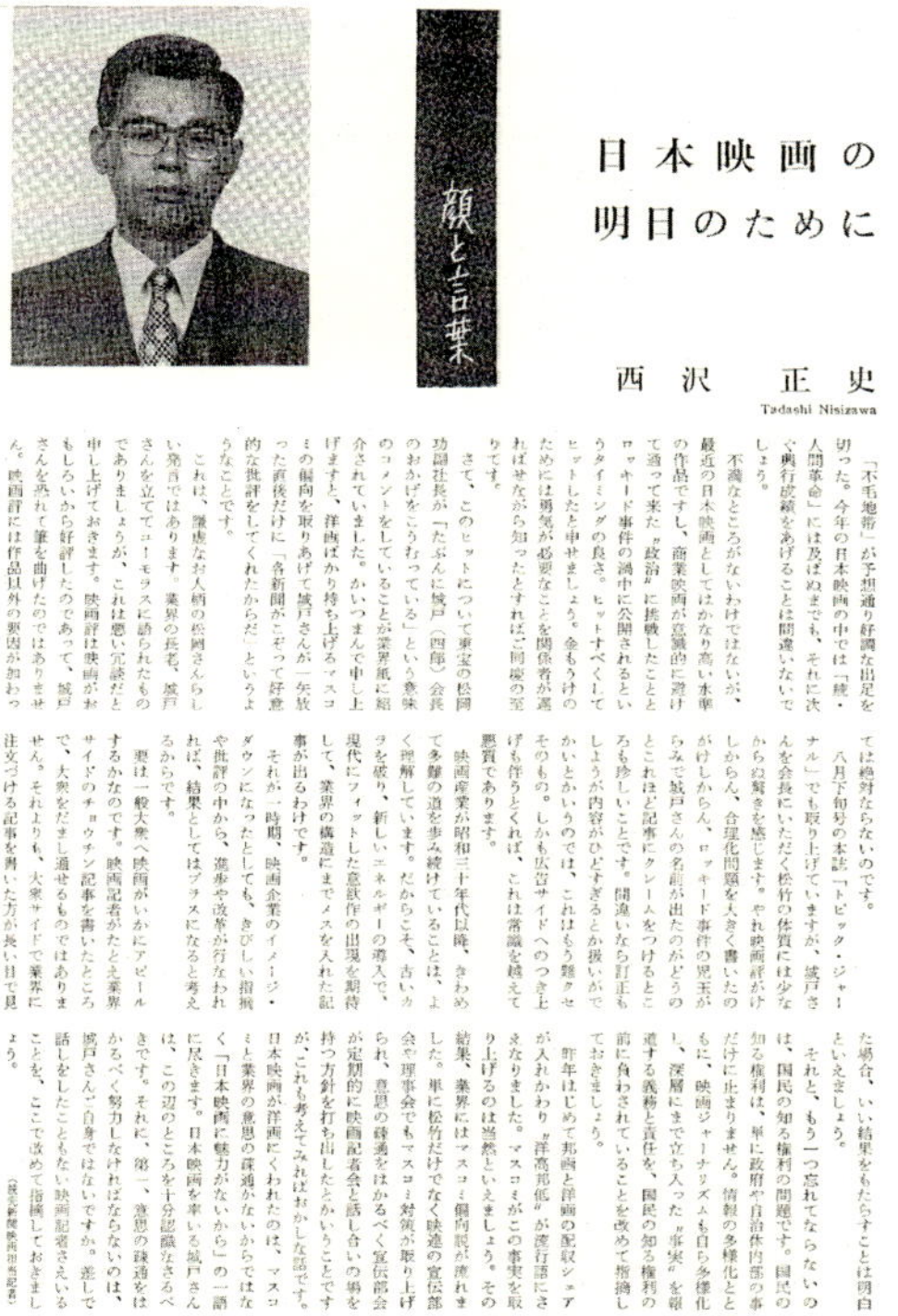

顔と言葉

日本映画の明日のために

西沢　正史
Tadashi Nisizawa

「不毛地帯」が予想通り好調な出足を切った。今年の日本映画の中では「続・人間革命」には及ばぬまでも、それに次ぐ興行成績をあげることは間違いないでしょう。

不満なところがないわけではないが、最近の日本映画としてはかなり高い水準の作品ですし、商業映画が意識的に避けて通って来た〝政治〟に挑戦したこととロッキード事件の渦中に公開されるというタイミングの良さ。ヒットすべくしてヒットしたと申せましょう。金もうけのためには勇気が必要なことを関係者が遅ればせながら知ったとすればご同慶の至りです。

さて、このヒットについて東宝の松岡功副社長が「たぶんに城戸（四郎）会長のおかげをこうむっている」という意味のコメントをしていることが業界紙に紹介されていました。かいつまんで申し上げますと、洋画ばかり持ち上げるマスコミの偏向を取りあげて城戸さんが一矢放った直後だけに「各新聞がこぞって好意的な批評をしてくれたからだ」というようなことです。

これは、謙虚なお人柄の松岡さんらしい発言ではあります。業界の長老、城戸さんを立ててユーモラスに語られたものでありましょうが、これは悪い冗談だと申し上げておきます。映画評は映画がおもしろいから好評したのであって、城戸さんを恐れて筆を曲げたのではありません。映画評には作品以外の要因が加わっては絶対ならないのです。

八月下旬号の本誌「トピック・ジャーナル」でも取り上げていますが、城戸さんを会長にいただく松竹の体質には少なからぬ驚きを感じます。やれ映画評がけしからん、合理化問題を大きく書いたのがけしからん、ロッキード事件の児玉がらみで城戸さんの名前が出たのがどうのとこれほど記事にクレームをつけるところも珍しいことです。間違いなら訂正もしようが内容がひどすぎるとか扱いがでかいとかいうのでは、これはもう難クセそのもの。しかも広告サイドへのつき上げも伴うとくれば、これは常識を越えて悪質であります。

映画産業が昭和三十年代以降、きわめて多難の道を歩み続けていることは、よく理解しています。だからこそ、古いカラを破り、新しいエネルギーの導入で、現代にフィットした意欲作の出現を期待して、業界の構造にまでメスを入れた記事が出るわけです。

それが一時期、映画企業のイメージ・ダウンになったとしても、きびしい指摘や批評の中から、進歩や改革が行なわれれば、結果としてはプラスになると考えるからです。

要は一般大衆へ映画がいかにアピールするかなのです。映画記者がたとえ業界サイドのチョウチン記事を書いたところで、大衆をだまし通せるものではありません。それよりも、大衆サイドで業界に注文づける記事を書いた方が長い目で見た場合、いい結果をもたらすことは明白といえましょう。

それと、もう一つ忘れてならないのは、国民の知る権利の問題です。国民の知る権利は、単に政府や自治体内部の事だけに止まりません。情報の多様化とともに、映画ジャーナリズムも自ら多様化し、深層にまで立ち入った〝事実〟を報道する義務と責任を、国民の知る権利の前に負わされていることを改めて指摘しておきましょう。

昨年はじめて邦画と洋画の配収シェアが入れかわり〝洋高邦低〟が流行語にさえなりました。マスコミがこの事実を取り上げるのは当然といえましょう。その結果、業界にはマスコミ偏向説が流れました。単に松竹だけでなく映連の宣伝部会や理事会でもマスコミ対策が取り上げられ、意思の疎通をはかるべく宣伝部会が定期的に映画記者会と話し合いの場を持つ方針を打ち出したとかいうことですが、これも考えてみればおかしな話です。

日本映画が洋画にくわれたのは、マスコミと業界の意思の疎通がないからではなく「日本映画に魅力がないから」の一語に尽きます。日本映画を率いる城戸さんは、この辺のところを十分認識なさるべきです。それに、第一、意思の疎通をはかるべく努力しなければならないのは、城戸さんご自身ではないですか。差しで話しをしたこともない映画記者さえいることを、ここで改めて指摘しておきましょう。

（読売新聞映画担当記者）

85

たということだろう。

白井によれば、後でわかったことだが、この西沢の記事を読んだ城戸四郎は激怒し、上森子鐵に〝こんな記事を載せる白井と云う編集長をほっとくのか〟と抗議したという。

そもそも城戸四郎と上森子鐵は因縁の仲である。１９３２年、上森は、鈴木傳明、岡田時彦を松竹から引き抜いて不二映画を設立、そのときの蒲田撮影所長が城戸四郎だ。上森が蒲田にトラックで乗り込むという話があったときは、撮影所では、スタッフを揃えて待機し、剣道に心得のある者は抜き身の日本刀を握りしめていたという。

さて、この西沢の記事が掲載されたとき、１８９４年生まれの城戸四郎は82歳、１９０１年生まれの上森子鐵は75歳、ふたりはサイレント時代から映画に係ってきた。城戸は一中、一高、東京帝大法学部卒、国際信託銀行（現みずほ銀行）を経て松竹の社長、会長に登りつめ、常に表舞台を歩んできた。一方、上森は尋常小学校卒、菊池寛の書生から、風俗出版、総会屋、財界の黒幕と裏街道を歩んだ。また、二人は文藝春秋社の社外取締役として席を並べたこともあったという。かつては敵対したこともあったが、76年当時、表と裏の顔役として繫がっていた。

そこで、前述した上森がいうところの「『白井佳夫という男は、思想的に偏向した人間だから、あんな男に編集長をやらせておいたら、キネマ旬報はどうなるかわからない』と、俺は今まで、何人の古い映画人に言われたか、わからないよ」――の何人かの古い映画人とは、城戸ではないかと私は推察する。

だが、城戸四郎の抗議を受けて白井編集長を解任するとは、上森は口が裂けても言えない。そこに、絶好のタイミングで、白井が独断専行で、キネマ旬報社主催〈山上伊太郎地蔵建立フィリピン・ツアー〉を企画したわけだ。これは、上森にとって、白井のオウン・ゴールのようなものである。

それでは上森は、果たして本気で白井の解任を考えていたのだろうか。白井解任が本誌上で取り上げられ、城戸四郎に白井を処罰したかたちが見えれば、後は白井が詫びをいれれば元に戻ったのではないかとも思える。上森に呼び出された黒井は、白井に〝間に誰かをたてて謝罪しろ〟と忠告した。それは、謝れば編集長解任は取り消される可能性もあるのではないかと考えていた。しかし、白井は白井で、そろそろ退社するいい頃合いと考えていたのではないか。

白井が2015年10月4日、私に語ったことが真実だとすると、白井解任後の、『浪人街通信』を舞台にした騒ぎは何だったのだろうか。確かに、西沢記者の原稿は白井解任のひとつの要因と考えることはできる。しかし、城戸四郎の抗議を受けて、白井解任のために〈独断で進めたフィリピン・ツアー〉を理由として利用しただけというのも強引な推理と思える。〈フィリピン・ツアー〉問題のうえに、城戸の抗議が重なり、上森の怒りが頂点に達したと考えるのが自然ではないか。また、時を経て私が聞いた白井の言葉に〈浪人街をめぐる騒動〉を矮小化したいという意識、白井なりの総括があったのではと想像したくなる。

白井の突然の退社の挨拶があった12月上旬号でも、「浪人街、天明飢鬼草子」（夢野京太郎シナリオ・クラシック）素稿・後半1は掲載され、それでも収まらず、12月下旬号で完結した。

また、この12月下旬号から、編集人は嶋地孝麿の名となった。そして、このシナリオの完結に竹中が用意していた〈あとがき〉がボツにされた。理由は白井編集長解任のいきさつが書かれているためだった。上森は、白井編集長解任のゴタゴタが外部に漏れることを嫌い、竹中に書き直すよう嶋地に命じた。しかし、竹中は書き直しを拒否した。このとき嶋地は、上森の指示を竹中に伝えて突き返され、それを何度も繰り返して右往左往した。同じく連載中止の話があった「日活ポルノ裁判ルポ」の筆者の斉藤正治は『浪人街通信』で、右往左往する嶋地を〝メッセンジャー嶋地〟と揶揄した。あらゆる情報を知ってしまった今、『浪人街通信』で竹中と斉藤の原稿を再読すると、嫌な役を仰せつかった嶋地の苦しい立場が理解できるし、また、斉藤の意地の悪い書きっぷりには嶋地に同情を禁じ得ない。

また、この12月下旬号で落合恵子、矢崎泰久、山藤章二の座談連載〈シネマ・プラクティス〉は36回で、永六輔の〈六輔七転八倒〉も48回で最終回となった。〈シネマ・プラクティス〉も、オリジナル原稿は白井編集長の解任について触れられており、掲載された原稿は書き直されたものだった。

そして、竹中労の〈あとがき〉と〈シネマ・プラクティス〉のオリジナル原稿は『浪人街通信』1に掲載された。

〈シネマ・プラクティス〉の三人や永六輔は、白井解任への抗議の意味での連載中止であろう。しかし4人は映画専門の執筆者ではないので、『キネマ旬報』という舞台を去っても困ることは少ない。また、（当時の私の）読者の立場からは、連載はかなり煮詰まっており、連載する彼らにも、止めるいい頃合いとの思いもあったのではないか。ちなみに、1977年1月上旬号で〈六輔七転八倒〉のページの代わりに始まったのは〈小林信彦のコラム〉だった。これは私の愛読の連載となった。

また、同号168Pには「竹中労氏の連載「日本映画縦断・79」は、やむをえぬ事情により、休載になりました。（編集部）」とある。

『日本映画縦断』連載中止の顛末

1977年1月上旬号（12月20日発売）、黒井和男のコラム〈指定席〉で白井編集長解任について触れているが、白井編集長の業績を讃えながらも、若干、淡白な内容でもある。黒井は、白井が上森から電話を受けた11月7日の直後の11日から「カサンドラ・クロス」（76）のタイアップ取材でヨーロッパに向かう予定だった。その日はまさに、上森がほとんど訪れたことのない港区芝公園のキネマ旬報社のオフィスを訪れ、全社員に向かって、白井の解任を発表した日でもあった。つまり、黒井はその後の編集部の騒ぎに立ち会っていなかった。このコラムは「カサンドラ・クロス」の取材を終えた帰国後に書かれたものである。

そして、1977年1月下旬号（1月5日発売）の編集室で、嶋地は「黒井和男氏の全面協力を頂くことになり」と書いた。

また、同1月下旬号の黒井の連載〈指定席・最終回〉で、「一緒にやって下さい、と頼んできた編集部員たち」と書いている。黒井によれば、ヨーロッパ取材からの帰国を編集部員たちは羽田で待っており、そこで「キネ旬を一緒にやってほしい」と請われたという。一方、編集部員たちの「一緒にやって下さい」には、微妙なニュアンスの違いがあったようだ。

白井によれば、「編集部員たちは、編集の方向性は自分たちで決めて行きたいと考えていた」

らしい。

白井解任の数号前から編集の現場はスタッフの持ち回りで行っていた。つまりスタッフたちは編集の現場はそれまで通り自分たちで行い、黒井には編集長をお願いするというより、経営全般を見てもらい、上森社長と編集現場の調整、社長の代行のような役割を期待していたようだ。

実際、嶋地が〝全面協力〟と書いたように、黒井もその期待に応えるように社長代行的立場で経営全般を見て、配給会社との編集タイアップの根回しも行った。編集長となった黒井は、編集会議で各号の構成を決めると、編集現場は全面的にスタッフにまかせた。

しかし、編集現場はスタッフが行ったとしても、編集の方向性については黒井の承認が必要であったわけだ。これは、編集部員が望んだ流れに近いが微妙に違った。

白井は、極端に言えば唯我独尊で自己の映画の世界を追求したが、黒井は、白井とは違ったかたちで映画の世界と向き合っていた。編集部員たちは、白井にも黒井にも、ある種の違和感があったのではないか。

去っていく白井、また、黒井に対する編集部員それぞれの思いも、微妙に異っていた。白井の続投を望む編集者もいれば、一方でテレビ出演など外部の仕事をするようになった白井が、『キネマ旬報』の編集に情熱を失っていたと感じていた編集者もいたという。

１９７６年12月の動きは非常に慌ただしい。11月下旬、黒井の帰国を編集スタッフが羽田で待っていた。一方、嶋地が「黒井和男氏の全面協力を頂くことになり」と書いた1月下旬号の入稿は12月20日ころだから、それまでに嶋地は上森と今後の対策を協議、黒井に編集長を任せることにしたわけだ。

嶋地は同時に、竹中労の連載のあとがきの掲載について、〈シネマ・プラクティス〉の最終回の原稿の書き換えの交渉をしていた。

そして、3月上旬号、編集後記に黒井が参加、嶋地の後記には、黒井が編集長に就任とある。この号から、奥付の編集人は黒井になった。

以上が白井編集長の解任から、その後の流れである。

前後してしまうが、76年12月下旬号、竹中労による〈日本映画縦断79　夢野京太郎シナリオ・クラシック『天明飢餓草子』〉の〝あとがき〟がボツされたことで、キネマ旬報社は竹中から訴えられた。

その経過が『浪人街通信　1』で、〈ボツにされた〔あとがき〕〉と〈日本映画縦断79　〝四周目〟に入る前に――〉が掲載されている。

〈ボツにされた〔あとがき〕〉には、

「以下の文章は、キネマ旬報12月下旬号夢野京太郎シナリオ・クラシック『天明飢餓草子』（日本映画縦断―78）に、あとがきとして書いた文章ですが、上森子鉄社長の指示でボツ原稿とされました（嶋地孝麿氏の爾後報告による）。このような最低限の事実経過さえ、キネ旬の今後の編集方針としては載せられない、いっさいの事実をインペイする、ということなのであります。（後略）」

とあり、これに続いて、ボツにされた〈あとがき〉が掲載されている。

また〈日本映画縦断79〉は、結果としては掲載されなかった原稿である。

ふたつの原稿では、会った日時を克明に記した嶋地とのやりとり、また、直接、上森と会談した模様が書かれている。会談の内容を日時と場所とともに書くことで説得力を与えている。

この竹中のふたつの原稿を読むと、上森は防戦いっぽうで、だいぶ分が悪い。上森は、〈日本映画縦断〉の連載の再開を提案するなど、そうとうな譲歩を示している。

白井は、そのときのことを次のように話す。

「子鐵さんは、竹中と直接会えば、説得できる自信があったのだと思う。友田と会って、ちょっと恫喝して言いなりにさせたことが、竹中にもできると思っていたのでしょう。しかし、竹中は友田のようなヤワな人間ではない。竹中は上森子鐵ごときに一喝されたからって引き下がるような男ではないですよ。そういう時、彼は活気づくのね、上森子鐵とならやってやろうじゃないかと。そういう快感で生きている人だから。新左翼の活動のなかで揉まれ、鍛えられていた。」

今、まぼろしの〈日本映画縦断79〉を改めて読み直してみると、そのころでは考えもおよばないことに気づく。

竹中は「キネマ旬報社と、この連載を十五年間つづけることを私は契約している、また記述の内容には一切クレームをつけず、トラブルがおこったときには連帯責任を負うことを約束しているのだ。」と書いている。

白井はそんな契約を交わした覚えはないという。これは冷静に読めば、竹中らしいアジテーションと想像つくのだが、その当時の盛り上がった気分の中で、おおくの読者は乗せられてしまった。〈日本映画縦断79　〝四周目〟に入る前に――〉のなかで、〝ようやく白井佳夫と連絡がついて経過を聞く、「不当解任というような主張はせず争わない……」〟と白井の意思を紹介しているが、このとき、白井は自身の道を歩むこと、竹中とは共闘しないということを決断していたのだろう。

この〈日本映画縦断〉での伊太郎地蔵建立とフィリピン・ツアー、そして自身の編集長解任という流れのなかで、白井は必ずしも竹中と一心同体ではなかった。白井はジャーナリストとしての嗅覚から、竹中という人物を冷静に見つめてもいた。

また白井は私に次のようにも語った。

「清水千代太さんが、大橋さんからクビになって、荻昌弘さんたちが清水さんを担ぎ上げて『映画旬刊』を創刊したけど、長くは続かなかったでしょう。あのとき、瞬間、盛り上がって熱くなった〝熱〟も次第に冷めていきました。」

雑誌は情熱だけでは作れない、経営という基盤がなければ成立しないことを白井は理解していた。そして、自身に経営の才覚がないこと、また、竹中らと行動を共にして、だれが責任をとるのかということも冷静に見ていたと私は思う。

しかし、当時、読者としての情報しか持たなかった私は、多くの読者と同様に圧倒的に白井、竹中を支持し、二人は一枚岩と信じていた。

ところで、白井解任騒ぎで振り回された嶋地孝麿だが、2015年11月30日に逝去された。享年85歳。2016年5月上旬号に4ページにわたって追悼記事が掲載された。そのなかで、本誌編集部員ながら、一時期、嶋地の書籍編集部で日本映画人名事典「女優編」を手伝っていた原田雅昭が嶋地の仕事ぶりを克明に伝えている。徹底した調査で事実を追求した嶋地の書籍は今でも古びない貴重な資料となっている。

白井編集長解任まで

1976年4月7日	ニューヨーク・タイムスに「あなたの意見が日本のデモクラーを殺す」意見広告が掲載
5月5日（5月下旬号）	〈「伊太郎地蔵」建立基金募ります〉掲載
5月20日（6月上旬号）	〈「浪人街」リメーク中間報告〉（白井・竹中・滝沢VS深作、中島、高岩、渡辺、日下部の会談）
6月18日	白井、黒井和男と共に欧米映画視察に出発。上森が100万円を取材費として出した。
6月20日（7月上旬号）	山上伊太郎の「浪人街」シナリオが掲載される。
7月27日	欧米映画視察より帰国（予定は25日帰国だった）。同日、キネ旬VS友田の裁判を傍聴出来ず上森は激怒
8月5日（8月下旬号）	「映画・トピック・ジャーナル」で松竹と城戸四郎会長の対応を非難
9月5日（9月下旬号）	〈編集長メモ〉欄で「浪人街ツアー」を準備していることを発表、募集告知も掲載される
	読売新聞映画担当記者・西沢正史「日本映画の明日のために」掲載
9月20日（10月上旬号）	「浪人街ツアー」募集告知掲載。募集の締め切りは9月30日
10月5日（10月下旬号）	「浪人街ツアー」募集告知、締め切りは10月12日に延期。募集告知に主催キネマ旬報社と記される
	白井の〈編集長メモ〉に「浪人街」に関する今後の予定が記される。
11月5日（11月下旬号）	「浪人街ツアー（主催キネマ旬報社）」と「愛のコリーダ・ツアー」の広告が掲載。
	夢野京太郎「浪人街・天明餓鬼草子・前」シナリオが掲載
11月7日	上森子鐵より白井に電話、解任通告
11月10日	白井、丸ビルの上森のオフィスに出向く
11月11日	上森、キネ旬のオフィスを訪れ、全社員の前で白井の解任を告げる
	黒井和男「カサンドラ・クロス」取材のためヨーロッパに出発
11月20日（12月上旬号）	〈最後の編集長メモ〉で白井、退社することを書いた。
	夢野京太郎「浪人街・天明餓鬼草子・後1」シナリオが掲載
12月5日（12月下旬号）	編集人の名前が白井佳夫から嶋地孝麿に変わる
	夢野京太郎「浪人街・天明餓鬼草子・後2」シナリオが掲載、"あとがき"がボツになる
	落合恵子、矢崎泰久、山藤章二の連載「シネマ・プラクティス」36回で終了。最終回は書き直しが掲載される
	永六輔の連載「六輔七転八倒」48回で終了
12月8日	「浪人街通信」第1号が発行、ボツになったあとがき、「シネマ・プラクティス」オリジナルが掲載される
1月5日（1月下旬号）	嶋地が編集後記に「黒井和男氏の全面協力を頂く」と書く
	黒井〈指定席・最終回〉で編集部員がいっしょにやってくださいと請われたことを書く
2月9日	日比谷千代田劇場にて1976年キネマ旬報ベスト・テン授章式が開催される
2月20日（3月上旬号）	黒井編集長就任

誰が勝利者だったのか

白井は竹中労という人物について次のように語っている。

「竹中さんは、非常に危険なところのある人で、アジテイター、オルガナイザーとしては抜群の人ですね。ときどき、ノロシをあげるんですね。『戒厳令の夜』(80) という映画を独立プロで作ると。そうすると、竹中のところに行けば、今まで、日本映画では出来なかったことが出来るんじゃないかって思いにさせられる。興行的にも成功させるんじゃないかと、その気にさせる、もの凄いアジテイターですね。彼はアナキストということになっていますが、実はもの凄いロマンチストなんですね。民衆のための芸術はこうやって作る、みんなオレの指とまれと。

それで、金出そうという人、シナリオ書こうという人、出演したいという人が集まってくる。そうすると、竹中って人は、自身のイメージのなかで作り上げた理想を共有できないと、組んだ他の人がバカに見えてくるんですね。こいつら、なんてバカなんだ、オレがこんないい器を用意して始動させようとしているのにと。それで、怒鳴っちゃうんですね、〝馬鹿野郎、てめえ〟と。これでは運動は瓦解しますよ。たいがいのオルガナイザーというのは、自分の思う通りの50％いけたら成功ですよ。いろんな人の言うことを、眼をつぶって、その通り、その通りと聞いて、まとめあげるのがオルガナイザーなんです。『戒厳令の夜』は、カメラマンは宮島義勇だったのですが、宮島さんを怒鳴り飛ばす。そうすると現場のスタッフは宮島さんにつきますから、竹中からは離れていってしまう。竹中さんは、オレがこんないいこと考えているのに、てめえがバカなことやるから、バカヤローと怒鳴り、現場は崩壊していく。そういう現場を何回か見ました。当人は気が晴れるけど、運動は瓦解しますよ。非常に優れたオルガナイザーなんだけど、組織を維持していく真のプロデューサーにはなれないと思いました。複数の人たちの考えを調整しながら進めることが出来ない、ロマンチストなんですね。

あるときは五木寛之を怒鳴り、あるときは矢崎泰久を怒鳴り、あるときは加藤康一を怒鳴り、私はそういう場に同席して、この人は最後までもってゆくことはできない、真のオルガナイザーにはなれないなと思いました。当人にも言ったことがありますけど。

上森子鐵と竹中労は似てるところがある。乱戦模様の中を生きてきたとか、人を巻き込んでしまう魅力とか。場が荒れれば、荒れるほど強くなる。」

「浪人街」の顛末については、「遊撃の美学　映画監督中島貞夫」所収の〝浪人街の魑魅魍魎〟で、中島（東映側）からの発言が載せられている。ここには、事の経過と竹中の人物像が冷静に書かれているので、興味のある方はそれを読んでいただければと思う。

まあ、しかし、中島貞夫、深作欣二にとってはたまったもんではなかったと思うが、竹中の煽動する冗舌な文章は圧倒的に面白く、読者だった私は、彼が進む世界を疑いもなく信じていた。

竹中が訴えた裁判は長引いた。

訴えは、〝編集側に一方的に原稿をボツにする権利はない〟というものだった。白井は、竹中の弁護側の証人として証言した。（黒井は、キネマ旬報社側として裁判に出席したが、白井が証言に立った記憶はないと言っているが。）

キネマ旬報社側の弁護士が「白井さんも竹中さんの原稿を断ったことあるんでしょ」と言った。それに対し白井は「竹中と話し合って、竹中の了承を得て断りました。ジャーナリストとして言っておきますが、筆者が原稿を編集長に出すにはふたつ方法がある。ひとつは依頼原稿、白井佳夫が頼んだから書いた。もうひとつは自主原稿、持ち込みですね。僕が断った原稿は、持ち込み原稿だから、僕がそれを受け入れるか否かは僕が決める。私が頼んだ原稿なら、原稿が気に入らないからといって、すぐに断るわけにはいかない。」と証言したという。

白井が断った原稿とは、竹中が、大映の倒産（1971年12月）に関して書いたもので、それを事前に掲載すると、事態の推移にも大きな影響が出ることが予測されたからだ。

竹中側からは映画評論家の松田政男も証人として立った。一方、キネマ旬報社側は文藝春秋社長、田中健五が立った。竹中は一度も裁判には出廷しなかった。

一審はキネマ旬報社が勝訴し、竹中側が控訴した。結局、裁判は1987年に示談で和解したかたちで終った。あらゆる経費、竹中の弁護士費用も上森が払った。上森も竹中も自分が勝ったと思うかたちで終った。黒井によれば、訴えからだいぶ時間が経って、その頃、竹中の健康が優れず、裁判所から、ある程度の金額で示談にしたらと提案されたという。

そして、竹中は1991年、肝臓癌のため死去した。

では、この一連の騒動のなかで、誰が勝利者だったのだろう。

白井は当時ことを次のように回想している。

「ぼくは今、思うと、44歳でクビになったことはいい事だと思いますね。あれをずっと続けていたら、とっくに死んでいますよ。あんな面白いことないけど、とにかく忙しくて。クビになったとき、朝日新聞から連絡があって、『週刊朝日』で批評書かないかと。その他、いろいろなオファーが来た。どうも、白井佳夫が、総会屋にヤラレタということで、ジャーナリズムがぼくを応援するような機運があったんですね。ほんと、ある意味ではいい遺産になった。こういう、マスコミの反応は、上森も意識してなかったんでしょうね。」

この回想からも、私は白井が最大の勝利者だったと思う。白井は「44歳でクビになったとはいい事だと思いますね」と書いているが、それは外部から見れば、ある編集部員が「白井が『キネマ旬報』の編集に情熱を失っていた」と感じたように、持続する熱が切れていたのであろう。つまり、この解任事件は白井にとっては、いい頃合だったと言えるのかもしれない。

一方、上森はこの件では一身に非難を浴び、終生、〝キネマ旬報社社長〟よりも〝総会屋〟として紹介された。また、黒井和男は、〝上森と共に白井の足を引っ張った〟という濡れ衣を着せられた側面もあるが、一方、キネマ旬報編集長、社長を歴任、キネ旬退社後は角川映画に吸収された角川大映の社長に就任した。

そして、竹中労は、TBSのアマチュア・バンド勝抜き番組「三宅裕司のいかすバンド天国」の審査員をつとめ、そこからデビューしたバンド「たま」を高く評価して彼らの活動を支援し、ジャーナリストとしては、相変わらずの鋭い観察力で活躍を続けたが、前記したように1991年に惜しまれながら逝去した。しかし、『竹中労　没後20周年・反骨のルポライター』（河出書房新社）が出版されるなど、死後も伝説の人物として若い世代からも支持を集めている。

白井佳夫解任後のキネマ旬報

白井佳夫が解任された直後の1977年2月9日、日比谷千代田劇場で1976年度のキネマ旬報ベスト・テン表彰式が行われた。節目の50回にあたるこの年、日本映画第1位「青春の殺人者」の監督・長谷川和彦、主演男優賞・水谷豊、主演女優賞・原田美枝子、製作者の今村昌平をはじめ、太地喜和子（助演女優賞「男はつらいよ・夕焼け小焼け」）、「シネマ・プラクティス」で読者賞を受賞した落合恵子、矢崎泰久、山藤章二らが出席していた。

1976年度キネマ旬報ベスト・テン授賞式

表彰式の日程が決まると、白井佳夫解任、〈日本映画縦断〉の連載中止に反対する一部の読者たちが、ベスト・テン表彰式粉砕に駆けつけるという情報があった。式の司会進行を担当する新編集長の黒井和男は、丸の内警察署に警備を依頼した。一方、粉砕側には、黒井が体育会系学生を雇って警備にあたらせたという噂も飛んだ。そんな騒然としたなかでの表彰式だった。この年の〝表彰式報告〟を3月下旬号で寺脇研氏が伝えている。

「高校生の頃、地方の一読者だったぼくにとって、キネマ旬報ベスト・テンは、憧れだった。決算特別号を、むさぼるように読み、表彰式の様子に思いをはせたものだ。」とは、早熟の映画評論家、寺脇研氏ならではである。そして「白髪の上森（子鐵）社長が中央マイクに進む――と、客席から大きな咳払いひとつ。

応じてふたつ、みっつと、方々から咳払いが発せられる。白井佳夫前編集長解任に対する、抗議の行動と思われる。」

上森社長はスピーチを続けるが、その間、編集長解任をめぐるヤジが絶え間なく飛び、紙ヒコーキが飛ばされた。黒井のたしなめる声もヤジにかき消された。

壇上の受賞者たちは、一様に沈痛な面持ちである。受賞者たちは白井佳夫に同志としての親近感をもっていたはずだ。そして、飛び交うヤジは自分たちに向けてのものではないことは分かりきっている。自分たちが賞を受けるこの場の混乱を、それぞれ複雑な気持ちで受け止めていたのだろう。

その後、7時から恒例になった帝国ホテルでのパーティーが催され、映画業界関係者、評論家の前で、上森社長は、取締役会にはからず「浪人街フィィリピン・ツアー」を独断で主催した白井編集長解任の理由を語った。

この上森のスピーチからすれば、やはり白井編集長解任の本当の理由が読売新聞、西沢正史記者の原稿であったとは考えにくい。

なんとか表彰式は乗り越えたものの、白井解任に反対し、現キネマ旬報の体制への抗議活動はその後もくすぶり続けた。黒井編集長の自宅には、無言電話、脅迫電話が絶えなかったという。しかし、『キネマ旬報』の誌面からは、そのような抗議活動はまったく感じとれなかった。

この授賞式があった1977年の春ころ、私は黒井編集長と出会った。出会った場所は、今、振り返れば、広い意味ではキネマ旬報の仕事の範囲と考えることも出来るのだが、その頃は、私が考えていた『キネマ旬報』の編集長とはかなり離れたところだった。そして、私は1978年

7月にキネマ旬報に入社するのだが、入社前にキネマ旬報社の活動を、黒井氏を通じて社外から見ることができたのは、実に興味深かった。

白井編集長の解任については、『キネマ旬報』の読者であった私は〈上森子鐵による不当な解雇〉と理解していた。そして、後から聞いたことだが、自宅には抗議の無言電話も度々あったということだが、出会った黒井新編集長は、解任騒動の影響、嫌がらせの電話など話題にあげることもなかった。

1972年4月、大学4年になった私は、卒業後は外国映画の配給会社を志望していたが、業界は斜陽の真っ只中にあり、定期採用の会社はなかった。銀座3丁目、昭和通りに面して、ワーナー・ブラザース（1〜2階）、20世紀フォックス（3〜4階）、MGM（5〜6階）が入居するフィルム・ビルという建物があった。何かのきっかけでもつかめないかとそのビルを訪ねて行ったが、すべての窓には、MGM日本支社撤退反対のアジビラが貼られ、くすんだビルは廃墟のようだった。とても中に入る勇気はなく、すごすごと帰った。

フィルム・ビル

私は就職活動の意欲を失い、72年の夏、アルバイトで貯めた資金で、アメリカに数カ月間、バックパックの旅に出た。留年するつもりだったが、年末に、ある関係から第一企画（現アサツーディーケー）の国際局という部署で求人があるから受けてみないかと誘われた。アメリカの提携先の広告会社に派遣されるチャンスもあるからという助言に、年明けに簡単な入社試験を受け、1973年4月に入社することになった。

入社して2年ほどした1975年、第一企画は新たにDDB（ドイル・デーン・バーンバック）というアメリカの広告代理店と提携を結んだ。DDBはインスタント・カメラのポラロイド社をメイン・クライアントにする、高いクリエイティビティで評判の会社だ。そのDDBのクライアントに20世紀フォックスがあったのだ。

国際局はメインのポラロイドに力を注ぎ、宣伝費も少なかった20世紀フォックスは、新入りだが映画好きの私にまかせてくれた。第一企画は昭和通りに面した銀座5丁目、20世紀フォックスの入るフィルム・ビルとは400メートルほどの距離にあった。

それから私は、あの廃墟のようなフィルム・ビルにある20世紀フォックスに入り浸った。フィルム・ビルは戦後の洋画配給の歴史が刻まれた建物でもある。

やがて私は宣伝部の古澤利夫氏と親しい関係になった。古澤氏は言葉がキツく、初対面では取っ付きにくかったが、親しくなると、今度はとても熱く迎えてくれた。その古澤氏には、二つの顔があった。勢力的に20世紀フォックス宣伝部員として働く昼の顔、「犬神家の一族」（76）以来、角川春樹事務所のブレーンとして活動する夜の顔だ。私は次第に古澤氏の二つ目の顔にも同行するようになり、関係者が集まる場で土橋寿夫氏（黒井和男キネマ旬報編集長）を紹介された。古澤さんや、関係者は皆、黒井氏を土橋さんと呼んでいた。黒井氏も、古澤氏とともに角川春樹事務所にアドヴァイザーのように関わっていた。黒井氏は、『キネマ旬報』誌面の写真（かなりアクの強い表情に見えた）以上に迫力があった。外見に似合わずアルコールを受け付けないのも意外だった。

黒井和男体制のキネマ旬報

第一企画で20世紀フォックスの担当となった私は、フレッド・ジンネマン「ジュリア」（77）、ハーバート・ロス「愛と喝采の日々」（77）、ポール・マザースキー「結婚しない女」（78）などの宣伝に関わった。

そして、1977年の夏、当時の20世紀フォックス日本代表、ディノ・トロニ氏に呼ばれ、これからスモール・ピクチャーの宣伝会議を行いたいと言われた。ボンド試写（通関前の保税試写）で上映されたのはジョージ・ルーカス監督「スター・ウォーズ」（77）だった。1977年5月にアメリカで公開され大ヒット中の噂の映画だった。今まで映画では体験したことのない驚き、感動は言葉では言い表わすことができるものではなかった。しかし、秘密厳守で誰にも話してはならなかった。

黒井和男

そして、日本公開は1年後の1978年の夏と伝えられた。広告代理店の立場から、1977末の正月公開を提案したが、そうはいかない事情があるようだった。当時の私は、配給会社と興行会社（20世紀フォックスの場合は東宝洋画系）の関係についてはまったくの無知だった。しかし、アメリカでの空前の大ヒットが日本に伝わると、映画ファンの期待は大きく膨らんだが、公開が78年の夏と発

「野性の証明」のオーディションでの薬師丸ひろ子

表されると、そこまで待てないという空気も広がった。フォックスの宣伝部は、公開までの1年間、ファンの関心を持続させるために、あらゆる手を尽くした。そして、ここから古澤さんは「スター・ウォーズ」の伝説の宣伝マンとなっていく。77年12月には雑誌『popeye』で〈STAR WARS なんか、もう見ない〉という特集も組まれた。これも古澤さんによる仕掛けだった。

同じころ、角川映画は東映洋画部配給で「人間の証明」（77年10月公開）の宣伝のピークと、次回作「野性の証明」（78年10月公開／日本ヘラルド映画＝東映共同配給）準備に追われていた。夜ごと、20世紀フォックス宣伝部の古澤利夫氏、キネマ旬報編集長の黒井和男氏、そして東映洋画部の原田宗親氏を中心に会議が行われていた。何故か私も、何度かその末席にいた。キネマ旬報社に入社前に、土橋（黒井）氏のこうした一面を垣間見たことは、私にとって、雑誌編集の仕事のイメージを打ち壊すもので、ある意味、貴重な体験となった。

古澤さんの昼の顔にも夜の顔にも『キネマ旬報』副編集長の酒井さんが頻繁に現れ、ふたりは強い信頼で結ばれていることが見て取れた。

1977年10月、角川書店から映画雑誌『バラエティ』が創刊された。編集長は『キネマ旬報』編集部から新雑誌のために角川に移った坂東護氏だった。このことからも土橋氏、古澤氏が角川とのつながりが深いことがわかった。

１９７８年2月、「野性の証明」の長井頼子役オーディションが行われ、薬師丸ひろ子が選ばれた。審査員には、森村誠一、阿久悠、つかこうへい等とともに黒井氏もいた。

１９７７年の春から、そうとうな頻度で、『キネマ旬報』の編集長である黒井氏とは会っていたことになる。しかし黒井氏からは『キネマ旬報』の仕事がどんなものかイメージができなかったのも正直なところだった。そして、私は次第にフォックス以外の様々な配給会社に顔を出すようになった。一方、広告代理店で映画の宣伝をしていても、これ以上、映画との距離は縮まらないと思うようになった。現在のように、広告代理店が映画の製作委員会に参加する時代ではなかった。そんな中で、土橋氏との関係から、キネマ旬報社に転職することにした。

１９７８年6月30日、「スター・ウォーズ」がテアトル東京をはじめ、全国２４０館の超拡大（当時は超だった）で公開された。アメリカ公開から13カ月後の公開だった。「スター・ウォーズ」は配給収入43億８０００万円の予想通りの大ヒットとなったが、〝空前の〟という勢いではなかった。それまでの配収記録、スピルバーグの「JAWS ジョーズ」（75）の50億０５００万円を抜くことは出来なかった。

「スター・ウォーズ」でSF映画ブームの火がつき、スピルバーグの「未知との遭遇」（77）がアメリカで77年11月16日に公開され大ヒット、映画ファンの関心は「未知との遭遇」に移った。「未知との遭遇」は日本では78年2月25日に公開され、配給収入32億９０００万円をあげる大ヒットとなった。

「未知との遭遇」の他にも、１９７７年12月17日「惑星大戦争」（東宝／監督＝福田純、中野昭慶・

特撮）、1978年4月29日「宇宙からのメッセージ」（東映／監督＝深作欣二）といった便乗企画映画も公開された。

「スター・ウォーズ」はSF映画ブームの火付け役だったが、日本で公開されたときには、熱心なファンを除く一般の人たちにはSFは食傷気味になっていた。もし、「スター・ウォーズ」が77年末に公開されていたら、「JAWS ジョーズ」を超える〝空前の〟大ヒットになったと思う。余談になるが、スピルバーグは「E.T.」（82年12月4日日本公開）で94億円の配給収入をあげ、自身の記録を塗り替えた。

「JAWS ジョーズ」、「スター・ウォーズ」で始まったルーカス＆スピルバーグは、80年代に入ると「レイダース／失われたアーク《聖櫃》」（81／配収13億8000万円、配収6位）、「インディ・ジョーンズ 魔宮の伝説」（84／同31億7000万円、同1位）、「グレムリン」（85／同31億8200万円、同2位）、「バック・トゥ・ザ・フューチャー」（36億9000万円、同1位）とヒットを飛ばし続け、圧倒的な洋高邦低時代に入る。

私は「スター・ウォーズ」の宣伝を終えると、7月1日からキネマ旬報社に転職した。給料は本当に半減した。芝パークビル、5階のオフィスは、マンション2世帯を事務所として使用していた。

私が入社したころのキネマ旬報社は、黒井和男が本誌編集長、嶋地孝麿が別冊、書籍担当編集長を担当していた。嶋地は、『作品記録全集』シリーズ、『人名事典』、『世界の映画作家』シリーズ、『エイゼンシュテイン全集』などを手掛けていた。その取材、調査は緻密を極め、一冊に投入する時間と手間は計り知れなかった。嶋地の手掛けた作品は、日本映画史の貴重な資料となって、今なお古びていないが、一方、コスト・パフォーマンスは非常に厳しく、別冊編集部は本誌との両輪にはなり得ず、経営の重荷となっていた。

本誌編集長の黒井は、各号の特集など大きな流れを決めると、編集現場を副編集長の酒井に委ね、社外の業務にも勢力的に活動していた。この社外の活動を私は見てきたのだ。編集部と黒井編集長の距離感は、何とも微妙なものだった。そして、微妙な距離の原因とも思える黒井の社外の顔と接していた私も、彼らから見れば微妙な存在だったと思う。副編集長の酒井は、「スター・ウォーズ」や角川映画のタイアップなどを担当し、黒井と古澤さんの間を『キネマ旬報』の仕事としてつないでいた。

私は編集部に入りながら、広告代理店にいたのだからと本誌の広告取りも担当させられた。代理店を辞めてキネマ旬報に転職したら、また広告をやらされ、ちょっとクサった。

そのころ、『キネマ旬報』や別冊などの広告は、事務所内に机を置いている石川博康氏に委託していた。石川博康氏の兄、石川俊重氏は、戦前『キネマ旬報』の社友であり、映画評論家として活躍し、戦後はＲＫＯ映画日本支社代表を務めた洋画一筋の映画人だった。そんな兄の影響からか、博康氏も映画には深い見識があった。

黒井には本誌、別冊を合わせればそれなりの額になる広告を石川氏を外して社内で扱おうという狙いがあった。石川氏はとても温厚な方で、私が入社したことで、石川氏の領域を犯すことになるのは、私には不本意なことだった。そこで、本誌は私、別冊は石川氏と分担することにしたが、それでも申し訳ない気分だった。しかし、経営状況は厳しく、黒井は私だけでなく、編集者にも営業意識を持たせたいという気持ちがあったと思う。

それから私は、毎号、広告取りに邦洋各社の宣伝部長を訪ねることになったのだが、そこで培った人間関係は、後の私の映画人生には大きな力となった。

キネマ旬報社の経営は決して楽なものではなかった。上森子鐵は莫大な財産を有していると聞いていたが、キネマ旬報社に資金を投入することはまったくなかった。会社には口も顔も出さないが、金も出さなかった。現状の資金で会社を運営しなければならなかった。

1975年、初めて洋画の配給収入が邦画を上回り、以後、邦画はジリ貧に陥る。洋画はルーカス&スピルバーグの時代が始まり配収を伸ばした。一方、邦画各社は、正月、お盆を定番シリーズでなんとかしのぎ、その間の上映作品の供給維持にも苦労していた。

こうした時代を背景に、異業種が映画界に進出し始めた。上映作品を埋めてくれるのだから、映画界も歓迎である。「犬神家の一族」(76)の角川春樹事務所、「キタキツネ物語」(78)のサンリオ、「南極物語」(83)のフジサンケイグループなどだ。

白井が解任されたころ、黒井は「JAWS ジョーズ」を配給したCIC(ユニヴァーサル、パラマウント作品の北米以外の地域を配給する会社。後にUIPとなる)のコンサルタントを務めていた。そして角川映画のブレーンを務めたことで、洋画、邦画の製作、配給のノウハウを深めていた。そして黒井は「野性の証明」公開後、角川映画と袂を分ち、キネマ旬報社で映画製作に乗り出すことになった。

ところで、1977年のキネマ旬報ベスト・ワンは「幸福の黄色いハンカチ」が選出された。任侠映画のスターだった高倉健が、イメージを一新し国民的スターになった。同作は監督賞・山田洋次、脚本賞：山田洋次・朝間義隆、主演男優賞：高倉健、助演男優賞：武田鉄矢、助演女優賞：桃井かおり、読者選出日本映画第1位、読者選出日本映画監督賞：山田洋次と主要な賞を独占した。

授賞式は2月15日、旧丸の内ピカデリーで行われた。監督、主演男女優、助演男女優をはじめとする受賞者が登壇することから、1000席を超える劇場は立ち見の観客で溢れドアが閉まらないほどだった。

1年前の授賞式粉砕騒動はすっかり忘れさられた。白井の〝一時の熱は冷める〟と語った言葉を証明する授賞式だった。

「刑事物語」製作発表会見

キネマ旬報社の映画製作

黒井が最初に手掛けた映画は、ニッポン放送による「笑顔が聞こえる」というドキュメンタリーだった。これは劇場公開作品ではなかった。

そして、キネマ旬報社として初めて手掛けた映画製作はサンリオの出資、キネマ旬報社製作、東宝配給「刑事物語」（82）だった。

そもそも、この企画は、黒井がプロデューサー（キネ旬の仕事ではない個人として参加）、武田鉄矢、名高達郎主演、東宝配給「マイ・ロード」（80）のアメリカ・ロケで生まれた。これは、アメリカ大陸を横断旅行する2人の日本人青年と、旅の途中で出会ったアメリカ人の若い女性をめぐるロード・ムービー。そこで、黒井が武田鉄矢にアクション映画をやらないかと提案した。武田鉄矢は、アクションはいいが、ヤクザ映画はやりたくないからと、刑事が主人公のコメディ・アクションのシノプシスを書いた。武田が扮する刑事が、ハンガーをヌンチャクのように振り回して話題となった。併映もサンリオ出資、女流カメラマン、吉田ルイ子が監督する「LONG RUN ロングラン」(82)で、ローラースケートでアメリカを横断する青年(永島敏行)の物語だ。

「刑事物語」は82年4月上旬号、「LONG RUN ロングラン」は同4月下旬号で表紙からの特集が組まれたが、これに関しては〝ヤリスギ〟と、一部の批評家、読者から否定的な声が寄せられた。しかし、この2作は1982年4月17日、東宝の邦画系で2本立公開され、東宝の予想を超えるヒットとなり、邦画番組としての役割を十分に果たした。観客のほとんどは『キネマ旬報』の読者ではなかったと思う。

東宝は、山口百恵が1980年に引退し、夏休み興行を担える新たなキャラクターを模索しているところだった。そこで松田聖子が抜擢され、83年7月、松田聖子主演「プルメリアの伝説」と、その併映作として「刑事物語2　りんごの詩」が製作された。以後「刑事物語」は1987年の5作目まで作られた。

キネマ旬報社の映画製作は、映画ジャーナリズムの世界でさまざまなハレーションを起した。まず、キネマ旬報ベスト・テンという映画賞の主催者が映画を製作するのは公平を欠くというものだった。しかし、小説を発行する出版社が文学賞を主催していることを考えれば、言いがかりのようにも聞こえた。それから、「『刑事物語』のようなプログラム・ピクチャーをキネマ旬報社が作るのはいかがなものか」という声もあった。いや、はっきり言えば「あんなくだらない映画を作って、黒井はキネ旬の恥さらしだ」と言われたのだ。

私個人としては、外部からの批判的な声には反感を覚えた。厳しい経営環境のなかで、あらゆる手段で生き残りを計らなければならない立場にいる我々としては、外部の声は理想論にしか聞こえない。また、批判的な人たちのなかには、くだらない映画を作って金儲けなんかするなと言いながら、「キネ旬の原稿料が安い」と苦言を呈する人もいた。出版だけでは足りない売上を、あらゆる手段で補って原稿料を捻出していたのだ。また吉田拓郎が作詞、作曲した「刑事物語」の主題歌『唇をかみしめて』はキネマ旬報社が50％の著作権を持ち、大きな印税収入をもたらし、それは現在でも僅かながら入り続けている。

余談だが、「刑事物語」はVHSしか出ていなかったので、私が2009年にサンリオと2次利用の権利を調整してDVD化したのだが、その売上は会社に少なくない貢献となった。

なにより「刑事物語」の公開後、そのヒットで臨時賞与が出た。こんなことはかってなかったことだった。それでも、映画製作をはじめとする黒井のやり方（個人プレーを含めて）に対しては、それぞれの編集部員によって、微妙に見方は異なっていた。一方、黒井にしてみれば、「俺は、出版の売上では足りない収入を、映画製作で補っているのに、編集スタッフは映画製作に関心を寄せない」という気持ちがあった。前例のない臨時賞与まで出しているという自負があったはずだ。そして、黒井は自身のやり方を、他者はどのように見ているかということに対して、悪びれることなく無防備だった。つまり、会社の利益をあげているのだから、個人的な活動も自由にやるということであり、それを隠そうとはしなかった。また、黒井は上森から経営を任され、それに応えているという自負もあったはずだ。

このズレ、距離感は後々まで尾を引くことになる。確かに黒井には様々な顔があったが、私は清濁併せ呑んで受け入れていた。

「刑事物語」（82）はヒットしたにもかかわらず、サンリオは製作から離れ、2作目「刑事物語　りんごの詩」（83）から出資は東宝となり、3作目「刑事物語　潮騒の詩」（84）、「刑事物語　くろしおの詩」（85）、「刑事物語　やまびこの詩」（87）まで作られた。また、その間に、日本テレビ『火曜サスペンス劇場』の何話かも手掛けた。

映像製作が恒常的になると、本社オフィスから50メートルほど離れた小さなビルに、映画部の部屋が作られた。〈キネ旬映画部〉には、「泥の河」（81）など小栗康平作品のプロデューサーを務めてきた藤倉博氏が常駐し、編集部とも交流が深まった。しかし、オフィスが離れていたこともあったが、出版活動と映像製作には、関わる人も異なり、その関係はどこか距離感があった。

この距離感を肌で感じた黒井は〝俺ひとりで映画を作っている〟という気持ちを持ったのだろう。藤倉氏は渋谷で「ペレの家」という酒場を経営しており、映画人の溜り場となっていた。我々キネ旬スタッフもしばしば足を運んでいた。

ところで、1980年代の『キネマ旬報』には藍色刷のコラムページがあった。〈小林信彦のコラム〉、小林亜星〈あざみ白書〉、赤瀬川原平〈妄想映画館〉、大平和登〈ブロードウェイ通信〉、泉谷しげる〈ヒマジン・クラブ〉、バロン吉元〈ギンマク悪党伝〉、ささや・ななえ〈井草日記〉、都筑道夫〈辛味亭事苑〉、手塚治虫〈観たり　撮ったり　映したり〉、小林久三〈空中試写室〉、連城三紀彦〈試写室のメロディー〉、森瑤子〈彼と彼女〉、〈池波正太郎のシネマ通信〉、萩尾望都の〈余談ですが〉、川本三郎〈降っても、晴れても〉、安西水丸〈シネマ・ストリート〉、林真理子の〈原宿マリオン〉、中野翠の〈月島シネマ〉、久石譲の〈気分はＪＯＥＪＯＥ〉などだ。作家、漫画家、音楽家、エッセイストなど、文芸雑誌並みの顔ぶれが並んでいる。原稿料は他の執筆者と同様、高くはなかったが『キネマ旬報』なら快く書いていただいた。確かに映画専門の執筆者に比べて、映画の深度は浅いところもあったが、広がり、余裕、豊かさを雑誌に与えていた。不定期の常連執筆者にも松本清張、辻邦生、赤川次郎などがいた。編集たちは、競って、様々な執筆者へアプローチしていた。密度の濃い映画情報ばかりでは、雑誌は息苦しくなると編集者たちは感じていたのだと思う。

こうして１９８０年代前半のキネマ旬報社の経営は低空飛行ながら小康状態を保っていた。このころは編集部員の有志で泊まりがけでスキーに行ったり、美容関係の業界誌の女性編集部員の方々とゴールデン街で合コンをやるなど、気分的にもゆとりを持てた時代でもあった。編集部員たちは皆30歳前後だった。

ところで、『キネマ旬報』とは創刊当初から関わってきた森岩雄が１９７９年5月14日に亡くなった。享年80歳。映画ひと筋の人生をまっとうした。また、森と同様、『キネマ旬報』の投稿から評論家となり東宝でプロデューサーとなった藤本真澄も１９７９年5月２日に亡くなっている。享年69歳、プロデューサーとして藤本の功績を讃え１９８１年に藤本賞が設立された。二人の追悼記事が１９７９年６月下旬号に森３ページ、藤本２ページで掲載された。田中、田村よりも大きな扱いは、この二人が映画界に残した足跡によるものであろう。

ビデオ・レンタルの普及とミニ・シアターの時代

１９８０年代に入ると、ビデオ・レンタルが普及し、１９８５年にカルチュア・コンビニエンス・クラブが創業、１９８６年1月、ビデオ・レンタル向け映画のエージェントとしてギャガ・コミュニケーションズ（現ギャガ）が藤村哲哉氏によって創業された。レコード会社、総合商社、家電メーカーなどの異業種から多くの会社がビデオ市場に参入した。

私は『ビデオ・デイズ』という別冊を創刊し、創刊号でギャガ藤村社長を取材した。この出会いが後に思いもよらない関係になるとは知る由もなかった。『ビデオ・デイズ』は新規参入の会社の広告を狙ったもので、幸先のいいスタートを切りながら、広告営業の体制がまったく整っていなかったことから、６号で終刊となった。

80年代、興行市場ではルーカス&スピルバーグの時代であったが、キネマ旬報ベスト・テンでは邦洋ともにミニ・シアターとアート系映画作家の時代となった。

ビデオ・レンタルが普及すると、既述したように多くの会社が外国映画の買付けに進出し、それらの作品の受け皿としてミニ・シアターが次々とオープンした。

１９８１年、シネマスクエアとうきゅう、１９８２年、ユーロスペース、１９８３年、シネ・ヴィヴァン六本木、１９８５年、シネセゾン渋谷、１９８６年シネマライズ、１９８７年日比谷シャンテ シネ、銀座テアトル西友、１９８９年、Bunkamura ル・シネマ、１９９４年、恵比寿ガーデンシネマといったミニ・シアターがオープン、特に渋谷はシネマライズを筆頭にミニ・シアター・ブームを牽引した。21世紀に入って、これらの劇場の多くが閉館したことは寂しい限りである。

洋画の配給ではフランス映画社作品の活躍が目立った。１９７８年「家族の肖像」（74／キネ旬1位、ルキノ・ヴィスコンティ、東宝東和共同配給）、１９７９年「旅芸人の記録」（75／1位、テオ・アンゲロプロス）、１９８１年「ブリキの太鼓」（79／1位、フォルカー・シュレンドルフ）、１９８２年「１９００年」（76／2位、ベルナルド・ベルトルッチ）、１９８３年「エボリ」（79／4位、フランチェスコ・ロージ）、「サン・ロレンツォの夜」（82／10位、パオロ&ヴィットリオ・タヴィアーニ）、１９８４年「欲望の曖昧な対象」（77／10位、ルイス・ブニュエル）、１９８５年「路《みち》」（82／2位、ユルマズ・ギュネイ）、「ミツバチのささやき」（73／4位、ビクトル・エリセ）、「パリ、テキサス」（84／6位、ヴィム・ヴェンダース）、「田舎の日曜日」（84／8位、ベルトラン・タヴェルニエ）、１９８６年「ストレンジャー・ザン・パラダイス」（84／1位、ジム・ジャームッシュ）、１９８７年「グッドモーニング・バビロン！」（87／1位、パオロ&ヴィットリオ・タヴィアーニ）、１９８８年「ベルリン・天使の詩」（87／3位、ヴィム・ヴェンダース）、１９８９年「マイライフ・アズ・ア・ドッグ」（85／5位、ラッセ・ハレストロム）、「恋恋風塵《れんれんふうじん》」（87／8位、侯孝賢）、「ペレ」（87／9位、ピレ・アウグスト）、１９９０年「悲情城市」（89／1位／侯孝賢）、「霧の中の風景」（88／3位、テオ・アンゲロプロス）、「冬冬《トントン》の夏休み」（84／4位、侯孝賢）がある。このように、１９７８年から１９９０年の13年間にキネ旬ベスト・ワン6回受賞はじめ、数々の作品をベスト・テンに送り込んだ功績は、世界のアート系映画関係者と広く深いネットワークを持っていた川喜多和子氏と柴田駿氏によるものである。その川喜多和子氏は１９９３年６月７日、クモ膜下出血により、53歳の若さで亡くなられた。フランス映画社は、その後も1994年、「ピアノ・レッスン」（83／ジェーン・カンピオン）、1997年「秘密と嘘」（96／マイク・リー）が1位に輝いたが、和子氏の亡き後、その勢いを失った。

フランス映画社の他にも、日本ヘラルド映画とヘラルド・エース、松竹富士、シネセゾン、コムストック、デラ・コーポレーション、アルシネテラン、ユーロスペース、セテラ・インターナショナルなど、多くの配給会社がレオス・カラックス、パトリス・ルコント、ピーター・グリーナウェイ、コーエン兄弟、デヴィッド・リンチ、チャン・イーモウ、エドワード・ヤン等、世界中から多様な作品を買付け、東京は世界で最も豊かな映画文化を享受できる都市とも言える状況だった。

今、日比谷シャンテ、シネスイッチ銀座、ル・シネマに行くと、多くの高齢層の観客で賑わっているが、その観客の多くは、80年代のミニ・シアター時代を過ごした人々であるに違いない。

一方、日本映画のキネマ旬報ベスト・テンは80年代に入ると、大きな転換を迎える。小栗康平「泥の河」（81）、森田芳光「家族ゲーム」（83）、「それから」（85）、伊丹十三「お葬式」（84）、「マルサの女」（87）と撮影所出身でない監督たちが台頭した。

他にも、自主映画出身の石井聰亙（岳龍）は自作の8ミリをリメイクした「高校大パニック」（76／澤田幸弘監督と共同）、大森一樹は「オレンジロード急行」（78）、長崎俊一は「九月の冗談クラブバンド」（82）で商業映画デビューしている。また、森田芳光の8ミリ作品「ライブイン・茅ヶ崎」（78）を作家の片岡義男が『キネマ旬報』1978年5月下旬号で〈ライブイン・茅ヶ崎に感動した〉と絶賛して注目を集めた。

そして、フリーの助監督から、柳町光男「ゴッド・スピード・ユー！ BLACK EMPEROR」（76）、阪本順治「どついたるねん」（89）、ピンク映画からは、井筒和幸「ガキ帝国」（81）、滝田洋二郎「コミック雑誌なんかいらない！」（86）、周防正行「ファンシーダンス」（89）、伊丹十三に続いてタレントの北野武が「その男、凶暴につき」（89）で監督デビューした。

現在の日本映画を支えるこれらの監督たちは、撮影所が育てた人材ではない。

助監督の採用を続けた日活だけが、根岸吉太郎、池田敏春、那須博之、中原俊、金子修介をはじめ多くの監督を輩出した。斜陽の日本映画界は、日活を除いて、助監督の定期採用をやめた結果、映画監督への道は撮影所から、自主映画、ピンク映画、そしてテレビ局へと移った。この流れは現在も変わらず、実写映画の人材育成は大学の映画学科と個人の頑張りに依存している。

集団退職と上森子鐵の死

黒井体制になって2年余が過ぎた１９７９年は創刊60周年の年であり、11月下旬号が記念号となった。編集部員が手分けして関係各社に名刺広告のお願いに出向くことになった。白井編集長時代の１９６９年は創刊50周年の年だったが、編集部員に広告取りをやらせるどころか、創刊50周年記念号すら出さなかったのだから、大きな変化である。戦前は節目の号は必ず記念号を出していたが、戦後、大橋社長時代に１９５７年9月上旬号で創刊１００号記念、１９６４年10月上旬号、下旬号に復刊15周年記念号を出しただけで、業界から広告を取るようなことはしていなかった。

黒井の指名で私がアンカーとなり、狙いをつけた会社をリスト・アップして編集スタッフに振り分けた。リストには、配給会社、興行会社、製作プロダクション、俳優事務所、予告編製作会社、ポスターや宣材のデザイン事務所、印刷会社など、映画に関連するあらゆる会社があげられた。編集部員には、比較的馴染のある配給会社を担当するように割り当てたが、それでも、編集部員の誰もが広告取りは苦手だったので、私としては非常に心苦しかった。

邦洋の映画配給会社や配給に関連する会社は銀座に集中しており、午後それほど遅くない夕方、私が有楽町駅から山手線にそって東宝本社に向かって歩いていると、何人かの編集スタッフが早々とガード下の屋台でビールを飲んでいた。皆、口々に〝やってられないよ！〟と言いながら、慣れない仕事の愚痴を語り合っていた。私もやけビールに参加した。皆、30歳前後と若く、愚痴を言いながらも、けっこう明るく屈託がなかった。

ところで、広告取りは、思いの外の好結果だった。それは、映画業界（他の業界も同じかもしれないが）は、この種の広告は付き合うことが、ほぼ慣例となっていたからだ。縁もゆかりもない地方の興行会社に電話してファックスで広告申込書を送ると、あっさりと引き受けてくれる。これは、黒井が長いあいだ築いてきた〝人脈〟、〝顔〟によるものだった。このときばかりは、黒井のパワーを思い知らされた。以後、記念号の名刺広告取りは恒例となったが、編集部員には極めて評判が悪かった。

１９８０年代も半ばを過ぎると、出版の環境は厳しさを増し、何かというと記念号を出し、名刺広告を取ることになった。１９８５年1月上旬の戦後復刊９００号、１９８９年1月上旬号の

同1000号、1989年9月上旬、下旬の創刊70周年記念号と、編集部員の広告取りが続いた。これだけ続くと、いくら慣例といっても、相手から嫌がられる。89年の創刊70周年記念号のころには、編集部員の年齢は40歳前後になっており、60周年のころのような屈託のない気分にはなれなくなっていた。

1980年代を振り返ると、1982年、私は73歳になった淀川長治氏に自伝の連載のお願いをした。他の編集スタッフは高齢の淀川氏に自伝を依頼することに驚いていたが、淀川氏は快諾してくれた。連載は1982年4月上旬号から始まり、同年度の読者賞を受賞した。

その後、私は別冊や事業部の担当として本誌編集部から離れ、1985年11月『思い出の森田芳光』を編集した。

森田芳光監督の名は「ライブイン・茅ヶ崎」（78）で知っていた。その森田監督が新作「の・ようなもの」（81）を撮るというので、高島平のロケ現場を取材し、意気投合した。以後、森田監督とは公私にわたる付き合いとなった。そして20世紀フォックスの古澤氏（後に藤峰貞利という名前でプロデューサーに与えられる藤本賞受賞）がサンダンス・カンパニーという製作会社を設立して「それから」（85）を製作した。古澤氏も、黒井と同様に角川映画から離れ、自身で邦画の製作に関わるようになっていたのだ。そして、キネ旬副編集長の酒井が古澤氏の関わる邦画の特集を担当していた。

私は「家族ゲーム」（83）の取材で松田優作さんとも親しくなり、「それから」のときは、頻繁に顔を合わせていた。そして「華の乱」(88)のとき、大手出版社から出た新雑誌が現場取材を申込むと、優作さんは私が取材することで了解した。私は東映京都撮影所で取材を終えると、まとめた原稿を出版社に渡したのだが、編集部は優作さんに校正を見せずに掲載した。私は優作さんに呼び出され、編集部と意思疎通を欠いたことで強い非難を浴びた。わだかまりが残り、丁寧に説明しなければと思っていたとき、その翌年の1989年11月6日、優作さんは膀胱癌のため急逝してしまった。「華の乱」のときから既に具合は悪かったというが、そんな気配はまったく感じさせなかった。私にとっては何とも心残りな結末だった。

そんなころ、酒井は1988年10月下旬号を最後に、キネマ旬報社を退社した。次の11月上旬号は、ビクター音楽産業と古澤氏のサンダンス・カンパニーの製作、和田誠監督による「快盗ルビイ」(88)が表紙から特集が組まれた。酒井は「快盗ルビイ」の特集の準備をして『キネマ旬報』を去ったのだ。

この酒井の退社からほぼ1年余のあいだに、6人の編集部員が後を追うように退社した。そして1990年6月、「快盗ルビイ」を製作したビクター音楽産業から映画雑誌『new FLIX』(92年5月号から『FLIX』)が創刊された。編集長は酒井、キネ旬を退社した3人が編集スタッフ(契約編集スタッフを入れると4人)として参加していた。退社したが『new FLIX』には参加しなかった編集スタッフは独自の道を進んだ。

酒井の退社をきっかけに、何人かの編集者が後を追い、競合する映画雑誌を創刊したことは、1950年代後半、大橋重男キネマ旬報社長と対立した編集長の清水千代太が退社して『映画旬刊』を創刊し、そこに荻昌弘、品田雄吉らが参加した事件を彷彿とする出来事だった。

この編集スタッフの退社については、しばしば触れた黒井体制と編集部員の違和感、距離感が限界に達したためではないか。また皆、40歳という年齢を迎えようとしていたころで、決して高くない給与と厳しい労働環境のなか、会社を出るか残るかを考える時期であったことも事実である。『キネマ旬報』の多くの先輩編集者たちも、この年齢に達したとき、退社してそれぞれの道を歩んでいった。

私は既に記したが、古澤氏との関わりで映画界に入ったこともあり、恩人である。私も古澤氏から誘いの言葉を受けたことがあったが、キネ旬に残ると答えた。キネマ旬報社で自分がやれることがまだあると考えていたからだ。

同じころ、キネマ旬報社にとっては、酒井をはじめとする多くの編集者の退社どころではない大事件が起った。１９８９年８月16日、社長の上森子鐵が88歳で死去したのだ。１９８９年９月下旬号の奥付が上森の最後の発行人となった。翌10月上旬号から非常勤取締役で会社の経理を見ていた加藤定徳が発行人となった。

上森子鐵の亡き後のキネ旬の行方

１９８９年2月15日、キネマ旬報ベスト・テン表彰式が有楽町マリオンの日劇東宝で開催された。例年通り、冒頭に挨拶に立った87歳の上森（１９０１年3月12日生まれで、88歳の誕生日の直前だった）は「若きあなた方よ」と観客に熱く語りかけ、肉体的衰えはまるで感じさせなかった。「異人たちとの夏」（88）で助演男優賞を受賞した片岡鶴太郎は、上森を初めて見て驚いたのか、受賞の挨拶で〈主演男優賞は社長〉とコメントするほどの迫力があった。その後、上森が入院していることは聞いていたが、亡くなるとは思ってもいなかった。

上森子鐵が腎不全で亡くなったのは1989年8月16日。酒井の退社が前年の88年10月で、その後、6人の編集部員が後を追うように退社したのだから、この時期は慌ただしい時を過ごしたはずなのだが、その実感はあまりない。強く記憶していることは、退社した編集スタッフの補充で、頻繁に面接をしたことだ。後に編集長になる青木眞弥、関口裕子はこの後に入社した。

上森子鐵の死後、キネマ旬報社がどうなるのかは、まったく分からなかった。上森家の相続については、我々には情報は下りてこなかった。漏れ聞くところによれば、上森子鐵の家族構成は極めて複雑で、一族が納得する合意までに時間がかかるということらしかった。

我々社員は年に2度、キネマ旬報ベスト・テン表彰式と、数日後のパーティーで上森子鐵の顔を見ているが、上森の全体像については、まったく分からなかった。上森の経歴は不明なことが多く、総会屋、キネマ旬報社と競馬新聞の社主の顔を合わせても全体像は完成しない。同時代の児玉誉士夫はロッキード事件で、裏社会の黒幕としてその名が世間に知れ渡ったが、上森の名は表の社会ではほとんど出てこなかった。しかし、上森は総会屋の世界では強大な影響力を持っていた。上森は亡くなる3ヶ月ほど前、慈恵医大病院に入院したが、家族以外の面会を受け付けなかったという。誰と会うことも拒否したことが、一層謎を深めている。これほどの人物に評伝がないのも不思議である。

そこで、改めて上森について紹介したい。

中田潤『競馬怪人』(流星社)によれば、上森は1901年に金沢の資産家の家に生まれるが、小学校を卒業するころに家業は倒産し、尋常小学校を卒業すると着の身着のままで上京、新聞配達をしてしのいだ。新聞配達のコースに菊池寛の家があった。十代の終りころで上森の配達する『時事新報』を菊池はとっていなかったが、上森は勝手に新聞を入れ続け、これがきっかけとなって、菊池の書生となった。

菊池寛が1948年3月6日に亡くなったとき、文藝春秋社の編集者から作家となった永井龍男は菊池の訃報を受けると「小林秀雄、今日出海、上森子鉄に電話。」(『へっぽこ先生その他』に収められた「三月七日」〈初出昭和二十三年五月「文芸読物」〉)と記している。ここからも、上森と菊池の関係が浅くないことがうかがえる。

1920年代半ばから後半にかけて、共産主義に傾倒した上森は左翼文芸誌『文芸市場』を発刊、同時に猟奇的性風俗を扱った『変態十二史』は隠れたベストセラーとなり、また欧米の性風俗文学の翻訳で大きな利益をあげた。上森は、この性風俗出版で稼いだ金を、日本共産党再建のための資金として援助した。1926年山形県五色温泉で行われた日本共産党再建第三回大会は、上森の資金援助がなかったら成功しなかったと言われている。

左翼文芸雑誌『文芸市場』は、『デカメロン』や『ロシア大革命史』の翻訳で名を知られるようになった梅原北明が責任編集を任された。『文芸市場』はまったく売れず、赤字解消のために『変態十二史』を刊行、これが予想外に大当たりした梅原は、そこで得た利益を資金に1926年、雑誌『変態・資料』を発刊、この雑誌もヒットしたとある。左翼雑誌から風俗本をめぐって、梅原北明をはじめ何人かの文化人が活動していたが、上森子鐵はその中心的な役割を果たしていたようだ。雑誌『変態・資料』は編集・発行・印刷の名義人、上森健一郎とある。

その後、上森は前述したように、1931年に不二映画を設立して2年で潰し、終戦前後は古川緑波のマネッジメントを行っていた。

大正時代、法曹界や産業界が、株主総会を円滑に進めるために法理論と実務に通じた総会協力者が必要と考え、弁護士、花井卓蔵の弟子で株式市場に通じている久保祐三郎に総会運営を研究させた。久保祐三郎は保守本流の総会屋となり、上森はその久保の門下生となって本流の総会屋になった。

小川薫『実録総会屋』（ぴいぷる社）によると「この人は三十九社しか面倒を見ないということで徹底していた。子分を持たず、一匹狼的な存在だったけれど、三菱銀行をはじめとする三菱グループ、アサヒビール、鐘紡、日本航空、富士写真フィルム、四大証券など、一級品の会社をがっちり押さえていた。」という。

四大証券をキネマ旬報社の株主にしたこと、ある時期の『キネマ旬報』の表3に三菱銀行、富士フィルムのレギュラー広告が掲載されていたことでも、上森の総会屋としての力を示している。

中田潤による前掲書によれば「上森の怪人性は『損だとわかっていてもやる』という奇妙なロマンチシズムにあった、と私は思う。それは、大量のハズレ馬券を生み続けた競馬とのつきあいについても同様だった。」と書いている。

競馬については、「一年間のハズレ馬券、それも特券だけで風呂を沸かしてもまだ余った」そうで、無謀な穴場券ばかりを買う上森は、吉川英治未亡人に「そんな穴場券がありますか、当たるはずがない」とたしなめられ、頭から湯気をだして買い足し、一千万円を超す配当金を得たこともあったという。そして、アナキストで『競馬週報』の社主だった白井新平に「(競馬)新聞を出していない者に、経営者の苦悩なんてわからない」と言われ、上森は『競馬新報』を創刊した。『競馬新報』は徹底した取材とデータを掲載して高い評価を得るが、製作費に販売益が追いつかず、長続きしなかったという。

上森はこのように、左翼雑誌、エログロ風俗雑誌、映画会社、俳優のマネッジメント、総会屋、競馬新聞のオーナーという複雑な人生をたどってきた。

しかし、われわれは、キネマ旬報社の社長の顔しか知らなかった。当時、私たち編集部員は、上森が競馬新聞に大金を注ぎ込んで大損をしたということは知らなかった。上森は競馬新聞に大きな金額を投資しても、キネマ旬報には1円も出さなかった。社員の給料やオフィスの環境はまったくひどいものだった。

毎年、ベスト・テン表彰式後に行われる帝国ホテルでのパーティーで、上森は招待された業界人に対して、映画界への提言を30分余にわたって演説した。私は、演説を聞くたびに、うなるほど金をもっているのに、社員は薄給で、この人はキネマ旬報社とその社員をどう考えているのかと訝った。

上森が亡くなっても会社の業務は以前と変らず平穏に続いた。この安定は黒井の守りの経営方針によるものだ。黒井は投資をして事業拡大することには極端に慎重だった。上森のもと、失敗は許されないということもあったのだろう。会社は無借金で、低空飛行ながら順調に回っていた。この経営方針は、外部からは縮小均衡と見られた。後で触れるが、キネマ旬報社は、その後、いくつかの会社の傘下を転々とするが、株主が変るたびに「キネ旬の持つリソースを活かしていない」と指摘された。

１９９０年代、映画産業の斜陽はピークに達していた。１９９３年、全国の映画館数は１７３４と最小を記録し、１９９６年、年間映画観客数は1億１９５８万人と最小を記録した。映画人口が減り続けるなか、映画関連出版は苦戦を余儀なくされていた。

アニメ「となりのトトロ」がキネ旬ベスト・ワン

実写の邦画が低迷する中、スタジオジブリ作品をはじめとするアニメが興行収入ばかりか、キネマ旬報ベスト・テンでも気をはいた。

宮崎駿監督が初めてキネマ旬報ベスト・テンに登場したのは１９８４年。「風の谷のナウシカ」が7位に入った。この作品は徳間書店と博報堂の製作で、スタジオジブリ設立以前の作品。宮崎駿が監督・脚本、プロデューサーに高畑勲と雑誌『アニメージュ』副編集長だった鈴木敏夫、音楽に久石譲と後のスタジオジブリ作品を支えるスタッフが参加している。ふだんはアニメを見ない、私の知るベスト・テン選考委員は「アニメにこんなに見応えのある作品があるとは知らなかった」と投票した。大人の鑑賞に耐えるアニメとして評価されたのだ。しかし、東映の配給で配給収入は5億８０００万円と平凡なもので、宮崎アニメが一般ファンに浸透するよりも『キネマ旬報』での評価が先行した。続くスタジオジブリ設立第1作「天空の城ラピュタ」（86／東映）はキネ旬8位、配収5億８０００万円とほぼ前作並に終った。

そして、配給を東宝に移したジブリの次作「となりのトトロ」(88)がキネマ旬報ベスト・テン史上初めてアニメでベスト・ワンに輝いた。明らかに、多くの選考委員のアニメに対する印象が変ったのだ。「風の谷のナウシカ」には点を入れなかったが「となりのトトロ」に10点を入れた委員が4人いた。また併映の高畑勲監督の「火垂るの墓」も6位に入った。しかし配収は5億9000万円と傑出したものではなかった。まだ、一般の観客には広く浸透していなかった。ところで、80年代後半はビデオ・レンタル店が全国に急速に普及し、その数は1万店を超えていた。そして、「風の谷のナウシカ」、「天空の城ラピュタ」、「となりのトトロ」、「火垂るの墓」は口コミで一般ファンに広がり、レンタル店の高回転作品となっていた。その勢いにのって公開された「魔女の宅急便」(89)はついに配給収入1位となり、キネ旬ベスト・テンでも5位に入った。以後、ジブリ・アニメのほとんどの作品が興行ランクで1位の座を占め、興行が作品評価を上回るようになった。

21世紀に入ると、ジブリ以外のアニメも高い評価を受けるようになり、もはやアニメは成人の観客にも日常的に受け入れられるようになった。その意味でスタジオジブリの果たした役割は大きいと言えよう。

私はながいあいだキネマ旬報ベスト・テンに関わってきたが、ジブリ・アニメの歴史を振り返っても分かるように、監督がメジャーになるに従って、評価は反比例していく傾向を感じる。これは、選考委員は常に新しい才能、陽の当らない作品を無意識に注目する傾向があるのではと思う。そして、その無意識の集合の投票が常に新たな才能の発掘につながっているのではないか。これもキネ旬ベスト・テンが果たしてきた役割である。

スタジオジブリ作品のキネマ旬報ベスト・テンと興行収入（●はジブリ以前の作品）

公開年	タイトル	配給	監督	キネ旬ベスト・テン	配給（興行）収入	配収（興収）ランキング
1979年12月5日	●ルパン三世 カリオストロの城	東宝	宮崎駿	54位	9.15億円	9位
1984年3月11日	●風の谷のナウシカ	東映	宮崎駿	7位	5.8億円	
1986年8月2日	天空の城ラピュタ	東映	宮崎駿	8位	5.8億円	
1988年4月16日	となりのトトロ	東宝	宮崎駿	1位	5,9億円	
	火垂るの墓		高畑勲	6位		
1989年7月29日	魔女の宅急便	東宝	宮崎駿	5位	21.5億円	1位
1992年7月18日	紅の豚	東宝	宮崎駿	4位	28億円	1位
1994年7月16日	平成狸合戦ぽんぽこ	東宝	高畑勲	8位	26.5億円	1位
1995年7月15日	耳をすませば	東宝	宮崎駿	13位	18.5億円	1位
1997年7月12日	もののけ姫	東宝	宮崎駿	2位	（193億円）	1位
1999年7月17日	ホーホケキョ となりの山田くん	松竹	高畑勲	18位	（8.2億円）	8位
2001年7月20日	千と千尋の神隠し	東宝	宮崎駿	3位	（304億円）	1位
2002年7月20日	猫の恩返し	東宝	森田宏幸		（64.6億円）	1位
2004年11月20日	ハウルの動く城	東宝	宮崎駿	14位	（196億円）	1位
2006年7月29日	ゲド戦記	東宝	宮崎吾朗	48位	（76.5億円）	1位
2008年7月19日	崖の上のポニョ	東宝	宮崎駿	13位	（155億円）	1位
2010年7月17日	借りぐらしのアリエッティ	東宝	米林宏昌	29位	（92.5億円）	1位
2011年7月16日	コクリコ坂から	東宝	宮崎吾朗	32位	（44.6億円）	1位
2013年7月20日	風立ちぬ	東宝	宮崎駿	7位	（116.1億円）	1位
2013年11月23日	かぐや姫の物語	東宝	高畑勲	4位	（24.7億円）	12位（2014年）
2014年7月19日	思い出のマーニー	東宝	米林宏昌	61位	（35.3億円）	9位

西友傘下となるキネマ旬報社

時代はバブルの後期、1989年にNHKが、1991年にWOWOWがBS本放送を開始することで、映像コンテンツへの関心が高まっていた。1989年、ソニーがコロンビア映画を、1990年、松下電器産業がMCA（ユニヴァーサル映画）を買収して世界的な話題になった。また、同じ1990年、ITベンチャーの先駆者、西和彦氏が立ち上げた（株）アスキーが「ダーティー・ダンシング」(87)などを製作したベストロン映画を買収、パイオニアLDCが「ターミネーター」(84)のキャロルコ作品に出資、日本ビクターが「ダイ・ハード」(88)のプロデューサー、ローレンス・ゴードンとラルゴ・エンタテインメントを設立するなど、大手企業による映像製作会社への投資が活発化していた。

1988年に創刊された『日経エンタテインメント』は、このようなハリウッドや日本の映像ビジネスを活発に取材していた。こうした異業種からの映像産業への進出が続くなかで、社主が亡くなり、宙に浮いているキネマ旬報社にも、いくつかの会社が関心を寄せていた。

1989年8月16日の上森の死後、上森家の相続ではキネマ旬報社の処分もひとつの問題ではあったが、なかなか決まらなかった。上森の死後、私はあるITベンチャー企業の経営者と青山スパイラルの上階にある会議室で、キネマ旬報社への強い投資意欲を聞いていた。私は黒井をその経営者に紹介し、数回行った会議には、黒井も参加したことがあった。その経営者は『キネマ旬報』の映画データベースに強い関心を寄せ、経営する会社のＩＴ事業との連携を計画していた。そしてデータベースの入力に動き出そうとした矢先のことだった。

上森が亡くなった半年後の１９９０年の春ごろ、キネマ旬報社の新しい株主は西友に決定したと黒井から伝えられた。

キネマ旬報社は西友グループの出版会社、『レタスクラブ』などを発行するエス・エス・コミュニケーションズ（ＳＳＣ）の子会社となった。ＳＳＣは、１９８３年、セゾン・グループとタイム・インコーポレイテッドの合弁会社・株式会社西武タイムとして発足した会社で、映像産業にも積極的にアプローチしていた。前記『日経エンタテインメント』からもたびたび取材を受けていた。

そのころ、日本の多くの企業は、イメージ戦略として文化事業に取り組んでいた。１９８９年、サントリーは「ノー・ライフキング」（89／市川準）、「櫻の園」（90／中原俊）などのアルゴ・プロジェクトに出資していた。

そんなトレンドの中、最も積極的に文化事業に取り組んでいたのが西友、西武百貨店を擁するセゾン・グループだった。西友映画事業部では「人間の約束」（86／吉田喜重）、「次郎物語」（87／森川時久）、「嵐ヶ丘」（88／吉田喜重）、「千利休 本覺坊遺文」（89／熊井啓）などを製作していた。また１９８４年に映画配給、製作、興行（シネ・ヴィヴァン六本木、シネセゾン渋谷 etc）を手掛けるシネセゾンを設立、「火祭り」（85／柳町光男）を製作、ルイ・マル監督「さよなら子供たち」（87）をはじめ多くの外国映画を配給していた。他にもロバート・レッドフォードが主宰するサンダンス・フィルム・フェスティバルのスポンサーとなり、日本で「ＵＳフィルム・フェスティバル・イン・トーキョー」を開催していた。また別の製作会社エクゼは「帝都物語」（88／実相寺昭雄)、「ZIPANG」(90/林海象)などを製作していた。そういったことから、私は既に、セゾン・グループの映画事業に関しては、深い関わりを持っていた。しかし、シネセゾンもＳＳＣも源流は同じだが、私はＳＳＣとは接点はなかった。

西友は、資本金1，２００万円のキネマ旬報社を2億円で引き受けたという。１２００万円の株主の内訳は上森が１，０００万円(四大証券に出資させ、それを後に自分の持ち分とした)、旧経営陣、白井佳夫、嶋地孝麿、加藤定徳の3人が合わせて２００万円だった。結果、この株主変更により上森家は1億６６００万円強、白井、嶋地、加藤の三人合わせて３３００万円強を手にした。余談だが、三人の持ち株は均等ではなかったらしく、白井が手にしたのは８００万円ほどだったという。白井の解任時、自ら辞職のかたちにすれば退職金を支払うと上森は提示、そのとき白井は喉から手が出るほど金がほしかったが、やせ我慢して断った過去がある。そんなことがあったからか、忘れていた株が現金になったことに白井は驚き、ちょっとうれしかったという。

ＳＳＣの社長は毎日新聞社出身の佐治俊彦氏で、取締役は毎日新聞、旧西武タイム、西友からの人たちだった。ある日、役員のひとり、T氏が芝公園のキネマ旬報社のオフィスを訪ねて来た時のことだ。オフィスに入った瞬間、彼の表情が一瞬たじろいだ。それを私は見逃さなかった。社名こそ天下のキネマ旬報社だが、膨大なバックナンバーやプレス類、写真などを詰めた書庫で床が傾く古くて狭いマンションの一室に、彼は明らかに驚愕していた。

西友が株主となって、佐治俊彦がキネマ旬報社の会長となったが、黒井社長体制は変らなかった。変ったことといえば、黒井の他に三人の社員(私を含む)が取締役となり、麹町にあるＳＳＣの本社で毎月、ＳＳＣからの非常勤取締役を含めて取締役会が開かれるようになったことだ。

SSCの取締役は、私たちが日常的に接する映画会社的〝活動屋〟と異なり、皆、よく言えば礼儀正しく紳士的、意地悪く見れば平凡な人たちだった。取締役会は黒井の司会で進行、議事は的確にこなし、私の知らない黒井の一面を見た。

SSCは西友の経営企画を立案する部署を交え、キネマ旬報社をどのように発展させるか、研究を始めた。彼らから見れば、ブランド力、豊富なデータなどを活用しきっていないということだった。経営企画からあがってきた事業計画書は、西友グループと連携した戦略で、ものすごい説得力があったが、果たして実現できるかは疑問だった。その後、こうした試みは、株主が変る毎に行われるのだが……。

そんな中、1992年1月上旬号から表4（裏表紙）に、SSCの紹介でUCCコーヒーの広告が掲載されることになった。すると、読者から、「『キネマ旬報』に映画会社以外の広告が掲載されるのはいかがなものか」という苦言が記されたハガキが届いたことがある。

これは極端な例だが、熱心な読者が『キネマ旬報』に抱いているイメージを表した出来事だと思う。それは、良くも悪くも、〝キネ旬はキネ旬らしくなければならない〟ということで、ある部分、社員もこの自縄自縛にとりつかれていた。

そのころ、私は中堅出版社の経営者たちとの情報交換会に参加しており、ある出版社が星占いの本で大きな成功を収めたことを聞いたが、仮に同じ企画をキネマ旬報社でやっても、受け入れられないだろう。キネマ旬報らしくないからだ。しかし、キネマ旬報らしくやっていればジリ貧になる。何か現状を打破する施策に手をつけなければならないが、それは大きなリスクを伴った。

竹内正年社長のキネマ旬報

1992年10月上旬号から、『キネマ旬報』の発行人が土橋寿男（黒井）からSSCの社長、佐治俊彦に変った。黒井が西友映画事業部に出向することになったのだ。そのとき、会社には定期預金が8000万円あり、それをSSCの経理担当に残して黒井は西友に向かった。黒井が去ったキネマ旬報に、非常事態体制が終り、重しのような暗雲が遠のき、解放的気分を感じたのは私だけではなかったはずだ。しかし、これが弛み、油断につながるのだが。

黒井が西友に移るとき、なぜか、東京会館で激励パーティーが催された。岡田茂東映社長、徳間康快大映社長、フジサンケイグループの羽佐間重彰といった業界の大物の各氏が挨拶に立った。そのころ羽佐間氏とフジサンケイグループ議長、鹿内宏明氏の確執の話題がマスコミを賑わしており、ここにもメディアの取材が来ていたと思う。そこで岡田社長が黒井を〝野盗のような男だ（褒め言葉として）〟とスピーチで話したとき、的を射た表現に会場は笑いに包まれた。誰もが同感したのだろう。それにしてもすごい顔ぶれのパーティーだった。

10月、黒井が西友映画事業部に向かうと、翌1993年4月、SSCの編集担当取締役、竹内正年（既に紹介したキネ旬を訪れたT氏とは別人）がキネマ旬報社の常勤社長となった。ここから佐治俊彦会長、竹内正年社長の体制が始まり、1993年4月上旬号から竹内正年が発行人となった。黒井が去った後、編集長には植草信和が就任した。

竹内は弘文堂、西武タイムを経た正当派の出版人だった。他のSSCの取締役は毎日新聞社出身や流通の西友の出身だった。竹内は本を愛し、編集という仕事に誇りと理想を持っていた。社員は、竹内のもとで、のびのびと出版の仕事に取り組むことが出来た。しかしキネマ旬報社は、普通の出版社ではない。UCCの広告の例でも紹介したが、読者からも、映画業界からも、強く限定されたイメージを持たれていた。キネマ旬報社の経営は、サッカーに例えれば、芝の整備されたピッチでの試合ではなく、砂利だらけの河川敷での試合で、荒技が求められた。竹内は、このアウェイの厳しい環境で理想の出版活動を模索した。

余談だが、竹内が東京教育大学（現筑波大）を卒業して最初に入社した弘文堂では、竹中労が1965年に『美空ひばり』を上梓している。編集者への謝辞にこそ入社間もない竹内の名は記されていないが、現場で編集を担当したのは竹内だったという話もある。事実とすれば何という奇縁であろうか。

竹内は、自身の社長のデスクを、編集部とは別のビルにある、キネ旬映画部があった部屋に置いた。編集部には社長の机や来客と話す場所すらなく、映画部の部屋の方が、少しはマシだった。しかし、神谷町オフィスの環境に耐えられない竹内が最初に着手したのは、会社の移転だった。竹内が着任して半年後の1993年10月、オフィスは文京区小石川に移ることになった。都営三田線、春日駅から徒歩6～7分、新築ビルで半年ほど未入居のため6カ月間家賃無料の条件の、82坪（約271㎡）のワンフロアのオフィスである。家賃も都内の他の地域と比べ割安だった（もちろん神谷町の家賃よりは高額だったが）。トイレも男女別々となった。拙著『ぴあの時代』の取材のとき、1972年に創業した『ぴあ』が、業績が上向いて引越し、男女別々のトイレになって女子社員が大喜びしたのが1976年ころと聞いたが、キネ旬でそれが実現したのは、『ぴあ』から遅れること16年後のことである。オフィス移転については、すべての社員が竹内に感謝していた。

オフィスは春日駅の他に、もう少し歩けば、丸ノ内線と大江戸線の後楽園駅も徒歩圏内で、交通の便も神谷町より良かった。

仕事の環境は大幅に改善されたとはいえ、給与は低く抑えられたままであった。西友グループと比較すれば、その開きは驚くほどだった。竹内は私に「君たちの給与も、もう少し上げていきたい」としばしば漏らしていた。

しかし、これは難問だった。神谷町オフィスの末期、アップル・コンピューターを導入して初歩的なDTPを始めていた。インターネット前夜の時代であり、ポケベルから携帯電話に発展するころでもあった。紙からデジタル情報に向かいつつある時代である。そんな時代に、出版事業で業績を上げようとするのは困難なことだった。竹内は様々な試みに挑戦したが、なかなかうまくいかなかった。黒井の残した留保を取り崩し、借入金が増えはじめた。

SSCの本社で行われる毎月の取締役会は苦痛となっていった。全取締役が顔を揃えたなかで、佐治会長から竹内社長への言葉は耳を覆いたくなるほど厳しいものだった。ふたりの出版事業に対する考え方の相違が、さらに溝を深めていた。何人かの役員は、追い打ちをかけるように、激しい言葉を投げた。このとき、はじめて会社の経営者の厳しさというものを味わった。

映画100年の前年である1995年、竹内社長の大学の同級生であるNHKの方が「映画100年のイヴェントを放送でやりたいのだが、何かいいアイディアはないか」と訪ねて来た。

同席した私は、西友がサポートするサンダンス・フィルム・フェスティバルへの参画を提案した。西友は東京で開催していた「USフィルム・フェスティバル・イン・トーキョー」を「サンダンス・フィルム・フェスティバル・イン・トーキョー」と改称して開催していた。事務局は西友傘下の広告代理店、I&S（現I&S BBDO）に置いていた。私も映画祭事務局に参加していた。NHKはこの案に乗り、業績が下降しつつあった西友にとっても渡りに舟の申し出だった。こうしてNHKサンダンス国際賞が始まった。

サンダンス映画祭イン・トーキョーの事務局スタッフとNHKによる新たなサンダンス国際賞の事務局が設立された。我々はアメリカ、ユタ州パーク・シティにあるサンダンス映画祭の本拠地に向い、ディレクターのジェフリー・ギルモア氏とNHKサンダンス国際賞の方針を協議した。そして、北米、南米（ラテン・アメリカ）、ヨーロッパ、日本の4地域から脚本及び過去の映像作品の総合評価でそれぞれ1名を選び、製作支援をすることが決まった。当初は中国を入れた5地域を検討していたが、選ばれた脚本が国内の検閲に通らない場合も考えられ、中国は除外された。

第1回サンダンス国際賞の選考会は、1995年12月16日、日本側は北野武監督、崔洋一監督、プロデューサーの井関惺氏、アメリカ側からは「スター誕生」（76）のフランク・ピアソン監督、「がんばれ！ベアーズ」（76）のマイケル・リッチー監督、「ターミネーター」（84）、「アビス」（89）の女性プロデューサー、ゲイル・アン・ハードといった大物映画人が審査員となり、ハワイで行われた。

受賞は

「スモーク・シグナルズ」（アメリカ／クリス・エア）

「セントラル・ステーション」（ブラジル／ウォルター・サレス）
「フラミンゴの季節」（ヨーロッパ／シーロ・カペラッリ）
「Mr.Pのダンシングスシバー」（日本／田代廣孝）
の4人が選ばれた。

ウォルター・サレスの『セントラル・ステーション』は1998年ベルリン国際映画祭の金熊賞（最優秀作品賞）、銀熊賞（主演女優賞）を受賞した。また、アメリカでゴールデングローブ賞で最優秀外国語映画賞を受賞するなど、各国で様々な賞を受賞した。

このようにNHKサンダンス国際賞は幸先のいいスタートを切った。これは、竹内が仲介しなければ実現しなかった企画である。

前後するが、サンダンス映画祭イン・トーキョーにピーター・フォンダが来日したときは、〈映画プロデューサー・セミナー〉を開催、それが、その後のキネマ旬報事業部の主要な活動となった。

このように、竹内は長い出版のキャリアからとても顔が広く、NHK以外にも様々なパートナーをキネマ旬報に紹介したが、すぐに結果が出るものは少なかった。

1997年に入ると、竹内の健康が優れなくなった。そして、同年12月末に黒井が西友から戻り、竹内に代わってキネマ旬報の指揮に再登板することになった。これは社員にとっては晴天の霹靂、5年ぶりの帰還である。この黒井の復帰に複雑な思いを抱くスタッフもいた。人生には何が起きるか分からない。また、黒井が戻ると、編集長は植草に替って青木眞弥が就任した。

竹内は脳腫瘍のため入院生活に入ったが、1998年7月に逝去された。まだ若く、本当に惜しまれる急逝だった。

また、佐治俊彦氏も2019年1月11日に逝去された。享年86歳。

キネマ旬報社、角川書店の傘下に

1998年1月、黒井が戻って会社の決算書を見た途端、顔色を変えた。黒井は「俺が残しておいた定期預金の8000万円はどこに行った?」と低い声で唸った。

会社には、黒井が爪に火を点す思いで残していた定期預金どころか、それより大きい額の借入金があった。そして私を「お前がA級戦犯だ」と激しく叱責した。まあ、怒る気持ちも分からないではなかった。しかし、SSCの経営方針では、ジッと耐える、座してチャンスを待つ経営は許されず、何かをやらなければならなかった。そして、やればリスクがともなう。黒井に「お前は、キネ旬という会社がどういうものか知っているはずだ。それを承知の上で、理想を追う竹内社長を止めるどころか、リスクを竹内に預けて好き勝手なことをやったお前が戦犯」と言われれば、反論のしようがなかった。前記したように、頭上の重しがなくなって油断したことは確かだった。

黒井社長、佐治会長の体制が再び始まった。黒井はディフェンスを固め、慎重、安全な方針に徹した。竹内時代のやり方は見直され、出版企画は通りにくくなった。黒井が西友に去った後に採用された社員は、黒井の方針に当惑したに違いない。ディフェンスだけでは業績は上がらない。

それでも、何かをやって傷を深くするよりはましというわけだった。しかし、無借金ならじっと我慢の経営もできるが、竹内時代に残した億を超える借入金があり、その返済をすすめる経営を考えなければならなかった。

取締役会では親会社のSSCから相変わらずキツイ言葉が投げかけられたが、黒井に対しては遠慮がちで、それらの言葉は直接、我々平取締役に降り注いだ。SSCの役員も黒井にはただならぬ雰囲気を感じ取っていたのかもしれない。

黒井は西友映画事業部時代に「写楽」(95)、「Focus」(96)、「月とキャベツ」(96)などの製作を手掛け、巨大組織のなかでも巧みに役割を果たして来た。そして、黒井が戻ってきて我々はその変化に驚いた。黒井のキャラでもある不穏当な発言が激減したのだ。西友という巨大な組織のなかで自制するようになったのだろう。

そのころ、西友グループの業績は低迷を続けていたが、その下降がやがて現実のかたちとなって現れた。

2001年8月21日、西友が所有するSSCの株式の80%を角川書店(現KADOKAWA)に譲渡したのである。この意味するところは、SSCの100%子会社であるキネマ旬報社も角川書店の孫会社になるということである。

西友の傘下になったのが1990年の春だから、10年と数カ月間、西友の子会社だったわけだ。角川書店には系列に角川映画があり、『キネマ旬報』との付き合いは、西友グループの映像事業よりも深いものがあった。角川の映画事業は、1976年に角川書店の元社長、角川春樹氏が立ち上げ、1993年に辞任すると、弟の角川歴彦氏が引き継いでいた。角川は、日本ヘラルド映画にいた原正人氏が1981年に設立したヘラルド・エースと提携してエースピクチャーズと社名を変更した。さらに、1998年、エースピクチャーズとアスミック（1985年に住友商事、講談社、アスクが共同で設立）を合併してアスミック・エースエンタテインメント株式会社とした。エースピクチャーズ時代に「スワロウテイル」(96)、「失楽園」(97)、「リング」(98)、「らせん」(98)、アスミック・エース エンタテインメント時代には「雨あがる」(00)などを製作また配給していた。良質な作品を手掛け、『キネマ旬報』とは親和性も強かった。また、原正人氏には、私が企画するセミナーにパネラーとして出席いただき何度もお世話になっていた。

しかし、角川グループの末端に『キネマ旬報』が連なっても、『キネマ旬報』編集部とアスミックのスタッフが改めて顔合わせをする場を設けることもなく、大きな変化はなかった。西友の傘下になったときは、グループとして『キネマ旬報』を発展させ、活用しようとしたが、角川では組織全体として、『キネマ旬報』をどうしようということはまったくなかった。映画の宣伝部とキネマ旬報の編集部は従来と変らぬ交流が続いた。

SSC（2005年4月に角川エス・エス・コミュニケーションズに改称）の社長には桃原用昇《とうばるようしょう》が就任し、同時にキネマ旬報社の会長となった。桃原は学習研究社（現株式会社学研ホールディングス）出身、同社が「南極物語」(83)の製作委員会に参加したときの担当者で、同作に関わっていた黒井とはその時に出会っていた。桃原は個性の強い性格の持ち主で、様々な評判が私たちに聞こえていた。

こうして黒井、桃原というアクの強いキャラクターの体制が始まった。ふたりはあらゆる面で、百年の知己のような〝阿吽の呼吸〟で役割を演じた。出版、映画の荒波のなかを、知恵と荒技で渡り歩いてきたことでは、ふたりに共通する部分が多かったのではないか。もともと映画が好きだった桃原はキネマ旬報社の会長職を楽しんでいたようだ。そして、我々に対しても、噂と違って、とても紳士的態度で接してくれた。ＳＳＣの取締役は角川からの顔ぶれが並び、その中に東京ニュース通信社から角川に移ったＴ氏がいた。キネ旬の非常勤取締役にも就任したＴ氏とは古い付き合いだっただけに、その彼と毎月の取締役会で顔を合わせることには気まずい思いがした。

角川傘下になってからの取締役会は、西友時代ほど厳しいものではなくなった。出版産業の現状を熟知する角川の取締役には、業績を上昇させることが容易でないことはよく分かっていたのではないか。いたずらにキツイ言葉を投げても無意味なことを理解していたのかもしれない。借入金を増やさず、現状維持を保ちながら、慎重に手掛ける事業を模索した。厳しい状況ではあったが、現状維持はじゅうぶんに可能だった。

ところで、２０００年7月に『キネマ旬報』は韓国の映画週刊誌『Cine 21』と提携を交わした。韓国の金大中政権は日本文化の解放を進め、１９９６年、第1回プサン国際映画祭で日本映画を上映し、１９９９年には岩井俊二監督『Love Letter』（95）が大ヒットした。日本映画ブームが韓国で起きるのではという期待が生まれ、日本映画情報を求めて『Cine Bus』、『Film 2.0』、『Cine 21』の3誌から提携の話が寄せられた。当時、ハンギョレ新聞社の傘下にあった『Cine 21』が最も安定していた。編集長のアン・ジョンスク女史をはじめ、ハンギョレ新聞の役員も来日して契約を交わした。アン・ジョンスク氏はその後、ＫＯＦＩＣ（韓国映画振興委員会）の委員長となって韓国映画産業の発展に貢献した。

キネマ旬報社はこの後、韓国映画関係の事業で大きな成果を残すことになるが、そのきっかけとなる提携だった。

西友グループ、角川グループの傘下にいたこの時代、それぞれの組織の構成、経営手法などを内側から見ることができ、私にとっては貴重な時間であり、この経験は後に大いに役立った。

『踊る大捜査線 THE MOVIE ―シナリオ・ガイドブック』が大ベストセラーに

黒井がキネマ旬報社に復帰してしばらくたった1999年5月、『踊る大捜査線 THE MOVIE ―シナリオ・ガイドブック』が大ベストセラーになった。

フジテレビのドラマを映画化した「踊る大捜査線 THE MOVIE」(98／東宝)は1998年10月31日に公開され、最終的に配給収入53億円(興収換算101億円)のスーパー・ヒットとなった。1997年1月7日から始まったドラマは高視聴率ではなかったが、SNSの黎明期のネットでは、熱心なファンのあいだで広がりをみせていた。そのころから、このドラマに注目していた編集者がいた。映画が大ヒットしたことから、関連書籍は権利者のフジテレビ系列におさえられていた。そこで、まだ残っていたのが映画のシナリオだった。それも公開後、半年以上たってからの発売だった。キネマ旬報らしくない娯楽映画のシナリオ本企画に不安視する声もあったが、店頭に出ると注文が殺到、すごい勢いで重版を重ねるベスト・セラーとなった。その編集者の快挙だと言える。

また、「踊る大捜査線 THE MOVIE」のヒットは日本映画の流れを変える画期的なものだと私は考えている。この作品は、製作・フジテレビ、制作プロダクション・ROBOT、配給・東宝の3社に、脚本・君塚良一、監督・本広克行のドラマのスタッフが顔をそろえ、ドラマの面白さをそのまま映画の画面で描いた。視聴率競争で培われた、観客が求めるものに対する発信力に優れていた。

「踊る大捜査線」以前にも、テレビ局の映画製作への参加はあったが、それまでは、映画スタッフが主導していた。映画、テレビの世界では映画のことを〝本編〟と呼び、暗黙に映画は上位にとらえられていた。90年代前半、京都の撮影所で取材をしていたとき、古参の映画スタッフが、テレビ局からの来訪者を〝テレビ屋〟と侮蔑的に言うのを聞いたことがあった。映画産業の斜陽のなかで、映画人のプライドと屈折を感じた。

続く「踊る大捜査線 THE MOVIE 2 レインボーブリッジを封鎖せよ!」は、2003年7月19日に公開され、興行収入173億5000万円をあげる空前のヒットとなった。これは、未だに破られていない実写映画の興収記録である。

「踊る大捜査線」以後、フジテレビのみならず、地上波キー局各社は映画会社との映画製作を積極的にすすめた。そして、「世界の中心で、愛をさけぶ」(04/東宝=TBS、興収85億円)、「いま、会いにゆきます」(04/東宝=TBS、48億円)、「海猿 ウミザル」(04/東宝=フジテレビ、17・4億円)、「容疑者 室井慎次」(05/東宝=フジテレビ、同38・3億円)、「NANA」(05/東宝=TBS、40・3億円)、「交渉人 真下正義」(05/東宝=フジテレビ、42億円)、「ALWAYS 三丁目の夕日」(05/東宝=日本テレビ、32・3億円)、「LIMIT OF LOVE 海猿」(06/東宝=フジテレビ、

71億円)、「HERO」(07／東宝＝フジテレビ、81・5億円)、「ALWAYS 続・三丁目の夕日」(07／東宝＝日本テレビ、45・6億円)、「アンフェア the movie」(07／東宝＝関西テレビ、フジテレビ、27・2億円)、「花より男子ファイナル」(08／東宝＝TBS、77・5億円)、「容疑者Xの献身」(08／東宝＝フジテレビ、49・2億円)、「相棒 －劇場版－ 絶体絶命! 42・195㎞ 東京ビッグシティマラソン」(08／東映＝テレビ朝日、44・4億円)といった作品が興収上位を占めた。

これらの作品では、ドラマのディレクターが映画の監督を務めることも多く、それは、映画の撮影がフィルムからデジタルに移行したことも後押しとなった。また、2000年以降、シネコンが普及し、観客が邦洋分けへだてなく選択するようになったこともあげられる。こうした傾向に対して、映画とドラマの境界が曖昧になった、つまり映画らしさが失われたという批判も出た。しかし、1984年以来続いていた洋高邦低の興行収入はついに2006年に22年ぶりに逆転、邦高洋低となった。そして、2008年以降、現在(2018年)まで邦高洋低が続いている。

邦画各社とテレビ局が接近し、ドラマのディレクターが監督を務める機会も増え、大手映画会社の企画はCGの多様、ポストプロダクションの役割も増え、自主映画出身の若手監督には対応できない環境になった。また、大手は若い人材の育成にも積極的ではなかった。こうした環境を背景に、大手と独立系の2極化は広がっていった。

キネマ旬報社が配給に参加した「山の郵便配達」が大ヒット

『踊る大捜査線 THE MOVIE―シナリオ・ガイドブック』がベストセラーになっても、竹内時代に残した負債を消すまでには及ばなかった。しかし、前向きな気分にはなっていたと思う。

そして2000年の秋ころ、元東宝東和の深沢一夫氏が、書籍編集を担当していた植草信和と映画祭で見た中国映画「那山　那人　那狗　Postman in the mountains」(99)という作品の買付け、配給を持ちかけて来た。深沢氏は中国映画界に深いつながりを持っており、そのときは、エフプロモーションという自身の会社で活動していた。買付け価格は中国映画としても高くはなく、しかも、条件はフラット(買切りで、どんなにヒットしても追加で印税を支払う必要はない)。この作品は1999年の中国金鶏賞で、最優秀作品賞、最優秀主演男優賞を受賞していた。中国山間部で暮らす郵便配達人の父と息子、妻と母の関係を通して、家族の絆を描く地味な内容ながら、試写を見た黒井も私もいたく感動した。黒井は作品のクオリティと高額ではない買付け価格から、深沢氏の持ち込みを承諾した。そして、キネマ旬報社、東宝東和、エフプロモーションの共同配給で、岩波ホールに交渉にすると、高野悦子氏も即座に上映を快諾した。

邦題は「山の郵便配達」と決まり、2001年4月7日に公開された。そのころ岩波ホールには劇場についている固定客がおり、一定の観客動員が見込まれたが、「山の郵便配達」は、同ホールに来たことのない人たちにまで広がり、22週間のロングラン上映となった。岩波ホールでの観客動員は12万5194人、興収2億0173万円をあげた。公開館数は全国50館を超え、全国興収4億7000万円という単館系では空前のヒットとなった。また、キネマ旬報外国映画ベスト・テンでも4位に入った。

ところが、映画業界は古くからの慣例があり、このときも岩波ホールで上映するには、東宝東和に配給を委ねなければならなかった。そして、東宝東和の配給手数料は相当に高いパーセントで、つまり、2億円の配給収入でも50%ほどが手数料として控除される。これればかりは、業界に影響力を持つ黒井でも、どうにもならないことだった。それでもテレビの放送権、ビデオ化権の配分でキネマ旬報社には少なからぬリターンがあった。また、既述したように、もし買付け契約がフラットではなく、印税契約なら、これほどの利益にはならなかった。

黒井の経営は守りを固め、堅実にやっていれば、『踊る大捜査線 THE MOVIE —シナリオ・ガイドブック』や「山の郵便配達」のようなヒットに出会うことがあり、無借金常態なら堅調な経営ができる。しかし、西友や、後に株主となる会社は、現状維持ではなく、投資をしてリスクをとっても利益拡大を求めた。黒井は、網を張って待っていれば、いつかその網に大物が引っかかるというやりかたで、一方、株主は、資金を投入して船を仕立てて沖に出て、大物を捕まえて来いというやりかたである。長年、映画関連の出版と映画ビジネスに取り組んできた黒井や私には、大物がそんな簡単に釣れるものではないと考えていた。

ところで、この頃、事業活動に従事していた私は出版に戻り、本誌編集長に就任した。田村幸彦、田中三郎、清水千代太、嶋地孝麿、白井佳夫、黒井和男、植草信和、青木眞弥に続く9代目である。私の後には関口裕子、明智恵子が編集長を務め、その後、青木、明智が交互に編集長を担当している。

角川からギャガ・コミュニケーションズへ

キネマ旬報社が角川の傘下になって程なく、ギャガ・コミュニケーションズ（以後ギャガ）の藤村哲哉社長から「相談したいことがある」と連絡をもらった。藤村氏とは、彼がギャガを創業した1986年、私が創刊したビデオ雑誌でインタビューして以来の付き合いだった。2001年の冬のころのことで、ギャガのオフィスは六本木1丁目にあり、藤村氏が待ち合わせに指定した場所は、オフィスの近くにあった六本木プリンス・ホテル（2006年営業終了）だった。私はギャガの多くのスタッフに顔が割れているためなのか、なんとなく密談めいた気配を感じた。

藤村氏はいきなり「角川歴彦社長はキネ旬を売る気があるのだろうか」ときりだした。つまり、藤村氏はキネ旬を買収したいということで、私は相当に驚いた。

藤村氏が1986年に創業したギャガ・コミュニケーションズは、ビデオ・レンタル市場にむけた映像ソフトのエージェントとして急成長したが、レンタル店が飽和状態になると、映画の劇場配給に乗り出した。

ビデオ業界は新しい産業で、立ちはだかる壁はなかったが、劇場配給は既得権者の厳しい参入障壁があった。ビデオ市場が誕生したころ、ビデオ・レンタルは映画興行の敵として捉えられていたのだ。劇場の観客がレンタル店に奪われると考えられていたからだ。そしてビデオ・ソフトのエージェントであるギャガは、映画業界から軽視されていた。

ギャガが１９８８年「マザー・テレサ／母なることの由来」（86）で大手興行網に進出したとき、ヒューマックスと提携して《ギャガ・ヒューマックス》ブランドで配給業務を手掛けた。興行会社から、新参のギャガ単体では信用がないので、ヒューマックスの暖簾を借りて来いと言われたからだ。以後の10年余、ギャガは何度か厳しい局面にぶつかり、その度に様々な離れ業で乗り越えてきた。社長の藤村氏の手腕によるものだ。

その藤村氏がキネマ旬報社を買収したいという。私はその真意を訊いたが、藤村氏からは明確な答えは得られなかった。

私は、角川ＳＳＣの社長でキネ旬の会長でもある桃原が『キネマ旬報』に強い愛着を持っていることから、その可能性はゼロに近いのではないかと答えた。藤村氏は簡単には諦めず、その後、何度もこの件で話合ったが、私は、角川がキネマ旬報社を手放すとはまず思わなかった。

だから２００２年12月に、角川はキネマ旬報社をギャガに譲渡すると伝えられたときは、本当に驚いた。私は、藤村氏とは親しい関係にあるが、キネマ旬報社がギャガの傘下に入ることには強烈な違和感があった。両社は映画を扱いながらも対極に位置している。それに、ギャガには西友や角川のような安定感も感じられなかった。

キネマ旬報社が角川の傘下に入ったのが２００１年８月21日だから、14ヶ月余しか経っていない。私は角川歴彦社長（当時）とは取材や映画祭など、様々なところでご一緒する機会があったが、キネマ旬報に対する意欲を感じたことはなかった。たまたまキネマ旬報は買収したＳＳＣの子会社だっただけということのように思えた。

角川は、キネマ旬報社をギャガに譲渡する1ヶ月前の2002年11月、大映の営業権を引き受け、角川大映を設立していた。その後も角川は2005年に日本ヘラルド映画を買収、角川ヘラルド映画へと社名も変わり、小規模のキネマ旬報社はものの数にも入らなかったのかもしれない。今、思うに、大胆に自社の事業の再編を進める角川氏にとって、伝統の上にあっても、未来の展望が描けないキネマ旬報社を魅力的には捉えられなかったのではないか。

キネマ旬報社は、ギャガの出版子会社、『ビデオ・インサイダー・ジャパン』を発行するギャガ・クロスメディア・マーケティングの子会社になった。

この会社は、もともとはギャガ内部の出版部門だったが、2000年4月、(株)ギャガ・パブリッシングとして分社独立、さらに2002年4月には映画情報番組会社である株式会社カミングスーン・ティービーと合併してギャガ・クロスメディア・マーケティングと名称を変えた。

私は2016年10月4日(以前、白井佳夫氏を取材したのも10月4日だった)に藤村氏に久しぶりに会い、この当時のことを聞いた。

藤村氏は、「『キネマ旬報』を通じて映画業界に役立つことをやりたかった。そして、新しい可能性を追求したかった。『ビデオ・インサイダー・ジャパン』は絶好調だったが、社員が誇りに思えるものが必要と考えていた。」という。角川歴彦社長は、藤村氏の話を好意的に受け止めてくれたものの、コトはそう簡単には進まなかった。決め手となったのは、そのころギャガの関連会社カミングスーン・ティービーの社外取締役を務めていたある人物が角川書店に移ったことだった。藤村から〈キネマ旬報社買収〉の強い意欲を聞いたこの人物は、角川社長に「赤字会社のキネマ旬報社は手放した方がいい」と進言・説得したという。

角川の役員となっていたこの人物は、もともと映画と関係のない業界の出身で、映画を扱う角川書店にあっても、『キネマ旬報』の利用価値も興味もなかったのだろう。

これは、角川社長を説得するには、ギャガから角川にいったこの人物からの筋しかないと考えていた私の推理と一致していた。この人物は、間もなく角川書店を去っていった。キネマ旬報社の存在と赤字額は角川にあって、それほど大きな影響はなかったはずで、この人物は、藤村の頼みに応えたいだけだったのではないか。もし、この人物が角川書店に行かなければ、キネマ旬報社はそのままSSCの子会社であり続けたのであろうか。こういう人物によってキネマ旬報社の行方が決まったというのは、なんともやりきれない気持ちである。そして、その後のキネマ旬報社は、映画と映画ビジネスに経験のない外部からの人間たちによって翻弄されることになる。

株主が角川からギャガに移ることになったとき、黒井は「オレは行かないからな」と言った。当然だと思った。ビデオ業界から映画業界への進出を目指していたギャガは、映画界の多くのベテランたちをスカウトしていた。映画業界は〝顔の世界〟であり、テレビ局に映画の放映権を販売するにも、顔の通った人のほうが売りやすかった。ギャガに転職した業界のベテランの方々は劇場営業、テレビ放送権の販売といった専門職の人材だった。ギャガにはそういう人材が必要だった。しかし、黒井は、既述した東京会館の激励パーティーで挨拶に立った顔ぶれとの付き合いからも分かる通り、あまりにも特殊だった。だから、ギャガの若い社員のなかに立つ黒井の姿など想像できなかった。

そして黒井は、何と！　角川が吸収したばかりの角川大映の社長に就任することになったのだ。角川社内に旧大映という会社を知る人間はおらず、黒井に白羽の矢が立ったのか。何というタイミングであろう。角川の大映買収とキネマ旬報社の譲渡が、わずか1カ月のあいだに行われ、そこで我々の運命が別れていった。

黒井は、菊池寛、永田雅一から続く大映の社長である。残された社員はギャガに移って行く。世の中、人の人生には、こんなことも起りうると、しみじみ感じたものである。もっとも黒井は興行通信社の記者時代、大映の社長だった永田雅一を取材して「大映の配当は高過ぎる」と指摘、永田から「生意気なこと言うな！」と追い出された逸話もあり、この人事も実は適任だったのかもしれない。

激しく事態が動いていたある日、黒井は私に「お前はどうするんだ」と言った。その言葉の背後に〝大映についてくるか〟という誘いを忍ばせていた。私はこのときも、ギャガに行くと答えた。「このときも」というのは、以前に記したことだが、20世紀フォックスの古澤氏から『FLIX』に誘われたときもキネ旬を選んだからである。

小林光社長のキネマ旬報

キネマ旬報社の社長はギャガ・クロスメディア・マーケティングの社長、小林光が兼務することになった。小林は朝日新聞社の事業部からギャガに移ったキャリアの持ち主だった。事業部時代に映画のタイアップでギャガとの接点があったことが転職のきっかけだった。

小林が社長になっても、春日のオフィスから移転することもなく、『キネマ旬報』の編集方針も急激に変ることはなかった。ビデオ業界の経験はあっても、特にキネマ旬報社が関係する映画界には不案内な小林は慎重に様子を見ているように感じられた。また、温厚な性格の小林は、クロスメディアとキネマ旬報の給与の格差、取材などで使用できる経費に大きな差があることに驚き、なんとかキネマ旬報の環境の改善を図ろうともしていた。そして、黒井時代の戦時下の耐乏生活のような状況から少しはゆとりのもてる環境になった（逆に言えば、ギリギリまで切り詰めなければキネマ旬報社の経営は成立しないということでもある）。この環境改善は竹内時代のデジャヴュのようでもあり、私はゆとりの気分とともに不安も感じた。そして、ギャガも西友と同様に、キネマ旬報社にはまだまだ〈伸びしろ〉があり、我々がそれを活用しきっていないと考えていた。というより、上場しているギャガはキネマ旬報社を活用しなければならなかったのだ。

小林社長になってから2年ほどして、二人の人物から「今度、キネマ旬報の社長になるから」と連絡をもらった。ともに私の古くから知る人物だった。背景にあったのは、親会社ギャガの藤村社長が期待する「キネ旬」改革の速度感と小林の経営のズレだろうか。キネ旬は外から見るのと、中でやって見るのではまったく違う。そのひとりの人物とは、ホテル・オークラのバーでしばしば話をすることになった。

そんな中、2004年ころ、私は経済産業省、文化庁の委託事業の獲得を目指してキネマ旬報映画総合研究所を立ち上げた。

まず、このキネ旬総研では、文化庁が準備していた、日本映画のデータベース〈日本映画情報システム〉への協力だった。ここで、1919年の創刊以来、『キネマ旬報』本誌に掲載されてきた日本映画紹介の原稿が大いに役立った。戦前の映画についてのストーリー、解説を網羅的に保有しているのは『キネマ旬報』以外にはないからだ。まさに田中三郎、田村幸彦の思いが今日でも役にたったのだ。

キネ旬総研では、他にもあらゆること（映画業界就職セミナー、映画プロデューサー・セミナー、映画検定試験、「冬のソナタ」のカツラ販売etc）を試み、出版以外でかなりの利益をあげ、キネ旬の新たな活路を模索していた。しかし、藤村が期待する変化とは、この種の小手先のことではなかった。新たな大きな事業展開だったと思う。思い浮かぶのは、情報誌の『ぴあ』が「チケットぴあ」でチケット・ビジネスに進出したような改革だ。当時、ぴあ社内は雑誌編集者と新勢力のチケット担当者の間で大きなハレーションを起したが、そのくらいの変化を期待したのであろう。しかし、何度も記してきたことだが、読者や業界が期待し、思い描く〈キネ旬像〉は大きな変化ではなかった。そんな中で、小林も小林なりに、キネ旬を取り巻く空気の中で変化を模索していたことは間違いなかった。しかし、映画情報が携帯電話で入手できる時代に、可能性が期待できる新規事業の絵を描くのは容易なことではなかった。

映画検定試験

ここで映画検定試験と田辺弁慶映画祭について触れなければならない。

２００５年ころ、検定試験がブームとなった。〈漢字検定〉をはじめ〈大江戸検定〉など様々な検定試験が行われていた。そこで、社内でも〈映画検定試験〉の企画があがった。私は、映画の知識を試験で計るというのはナンセンスと即座に反対した。しかし、キネ旬がやらなければどこかがやるだろうという意見も出た。私はどこかにやられるなら、と２００６年6月、第1回映画検定試験の実施に踏み切った。問題の制作委員を集め、映画史、製作技術、配給、興行など広い幅で問題を作った。第1回は、予想以上の反響で、東京、大阪、福岡、札幌まで会場を広げる盛況だった。映画検定のための問題集も増刷を重ねた。

テレビ局からの取材も多かった。検定合格者を集めたところを取材したいという。合格者は、当然、そういう人たちだから、外見から映画オタクの集団と予想したのだろうが、実際の合格者は、大手百貨店、企業の社員も多く、なかにはオタクもいたが、テレビ局が期待する奇妙な集団の絵にはならなかった。

しかし、この映画検定も回を重ねるに従い、受験者数は減少していった。他の検定試験も同様と思うが、TOEICのように就職につながる要素がなければ、頭打ちになってしまう。

ところで、第1回映画検定試験の直後、和歌山県田辺市の市議会議員（当時）の谷口和樹氏が突然、私を訪ねて来た。田辺市で映画祭を開催したいので協力して欲しいという申し出だった。

私は、映画祭はお金がかかるばかりで、よほど情熱のある人がやらなければ長続きしない、止めたほうがいいと忠告した。近畿経済産業局のサポートがあるとのことで、この時も、私が協力を断れば他のところに行ってクイモノにされるだろうと思い、要請を受けることにした。しかし、谷口氏は発想力、行動力に優れ、次々とアイデアを出し、実行に移した。まず、始めたばかりの映画検定試験の1級合格者20名を、映画祭のコンペティションの審査員として招待するということだ。これが素晴らしいアイデアだった。全国から集まった検定審査員は、日常では周囲に映画について話す相手がいないことから、田辺に来て、同好の仲間と出会い、映画祭の夜は朝まで映画談義に明け暮れた。作品を出品した監督たちも、これほど熱いファンに取り囲まれたことはなく、一緒になって夜を明かした。弁慶映画祭は回を重ねるごとに審査員を変え、一度参加した検定審査員は、リピーターとして自腹で参加するようになった。これが定着し、弁慶映画祭は映画ファンの聖地として、また新人監督の登竜門として、現在では最も活気のある映画祭に成長した。

社長交代の話は絶ち消えになったが、キネマ旬報社とギャガ・クロスメディアの連携を強化するためか、２００３年10月下旬号からキネマ旬報社は港区麻布十番に引っ越して、クロスメディアと同居することになった。新しい動きの中で、最早、小石川より高くなる家賃などささやかな問題だったのか。

このあたりから事態はめまぐるしく動いていく。

まず、２００５年1月、ギャガが（株）ＵＳＥＮの子会社となった。２００２年12月に角川からギャガに譲渡されてから2年余のことだ。ギャガはそうとうに厳しい状況に追い込まれており、ＵＳＥＮの子会社になることで、その危機を逃れた。

それから間もない２００５年3月上旬号から、キネマ旬報社とクロスメディアは赤坂見附のオフィスに移転した。麻布十番から更に家賃の高い赤坂へ。麻布十番には1年5カ月いたことになる。キネマ旬報社が赤坂見附にオフィスをかまえるとは驚きだった。まあ、考えてみれば、田中三郎が初めてキネマ旬報社の事務所をかまえたのが赤坂だから、原点に戻ったといえる。

麻布十番、赤坂オフィス時代、書籍編集部では韓国ドラマ『冬のソナタ・シナリオ対訳』全3

巻が、会社として空前のベストセラーとなった。まさに『踊る大捜査線 THE MOVIE―シナリオ・ガイドブック』の再来であった。また、毎年発行する『韓国テレビドラマ・コレクション』もベストセラーとなり、韓国ドラマ関連の企画は会社の大きな支えとなった。まだデータ・ベースの活用としては、東芝やTokyo Walkerに携帯電話のための映画情報を提供し、大きくはないが安定収入になっていた。しかし一方で、この頃は、会社の規模も、運用する資金もはるかに巨大になっていた。

そのころ、キネ旬の社外取締役に、ギャガの会長だった依田巽氏が就任した。業績の低迷するキネ旬の取締役会では、依田氏の言葉は厳しかったが、SSCの役員とは異なり、エンタテイメント業界の経験に裏打ちされた指摘は説得力があった。

21世紀のキネマ旬報日本映画ベスト・テン

テレビ局による積極的な映画製作は興行収入で洋画を凌ぐ勢いをもたらしたが、限られた作品にヒット作が集中する2極化が進んだ。もともとキネマ旬報日本映画ベスト・テンは独立系の作品が多かったが、さらにその傾向が強まった。

そして、撮影所が助監督の採用を止めてから、映画人の育成は大学などの映画教育の場に移った。次ページの表は、1970年以後に生まれた主な監督たちの日本映画キネ旬ベスト・テンでの活躍ぶりである。

監督名	生まれ	タイトル	キネマ旬報ベスト・テン	公開年	配給	出身校
大森立嗣	1970	ゲルマニウムの夜	10	2005	荒戸映画事務所	駒沢大学映画サークル、自主映画、フリー助監督
		まほろ駅前多田便利軒	4	2011	アスミック・エース	
		さよなら渓谷	8	2013	ファントム・フィルム	
		日日是好日	9	2018	東京テアトル／ヨアケ	
佐向大	1971	教誨師	10	2018	マーメイドフィルム／コピアポア・フィルム	成城大学、脚本家
内田けんじ	1972	運命じゃない人	5	2005	クロックワークス	サンフランシスコ州立大学芸術学部映画科
		アフタースクール	10	2008	クロックワークス	
		鍵泥棒のメソッド	8	2012	クロックワークス	
熊切和嘉	1972	海炭市叙景	9	2010	スローラーナー	大阪芸術大学芸術学部映像学科
		私の男	7	2014	日活	
荻上直子	1972	かもめ食堂	10	2006	メディア・スーツ	南カリフォルニア大学大学院映画学科
		彼らが本気で編むときは、	10	2017	スールキートス	
富田克也	1972	サウダージ	6	2010	REALWAVE	映画美学校
		バンコクナイツ	6	2017	空族	
中野量太	1973	湯を沸かすほどの熱い愛	7	2016	クロックワークス	京都産業大学、日本映画学校（現・日本映画大学）
李相日	1974	フラガール	1	2006	シネカノン	日本映画学校（現・日本映画大学）
		悪人	1	2010	東宝	
		怒り	10	2017	東宝	
西川美和	1974	ゆれる	2	2006	シネカノン	早稲田大学、是枝裕和監督のスタッフ
		ディア・ドクター	1	2009	エンジンフィルム	
		夢売るふたり	10	2012	アスミック・エース	
		永い言い訳	5	2016	アスミック・エース	
白石和彌	1974	凶悪	3	2013	日活	中村幻児監督主催の映像塾、若松プロ
		彼女がその名を知らない鳥たち	9	2017	クロックワークス	
		孤狼の血	5	2018	東映	
野尻克己	1974	鈴木家の嘘	6	2018	松竹ブロードキャスティング／ビターズ・エンド	東京工芸大学芸術学部映画学科
タナダユキ	1975	ふがいない僕は空を見た	7	2012	東京テアトル	イメージフォーラム附属映像研究所
富永昌敬	1975	ローリング	10	2015	マグネタイズ	日本大学藝術学部映画学科
山下敦弘	1976	リンダ　リンダ　リンダ	6	2005	ビターズ・エンド	大阪芸術大学芸術学部映像学科
		天然コケッコー	2	2007	アスミック・エース	
		マイ・バック・ページ	9	2010	アスミック・エース	
		苦役列車	5	2012	東映	
		もらとりあむタマ子	9	2013	ビターズ・エンド	
		オーバー・フェンス	9	2016	東京テアトル、函館シネマアイリス	
松江哲明	1977	フラッシュバックメモリーズ３D	10	2013	SPOTTED PRODUCTIONS	日本映画学校（現・日本映画大学）
呉美保	1977	そこのみにて光輝く	1	2014	東京テアトル／函館シネマアイリス	大阪芸術大学芸術学部映像学科
		きみはいい子	10	2015	アークエンタテインメント	
横浜聡子	1978	ウルトラミラクルラブストーリー	7	2009	リトルモア	横浜市立大学国際文化学部、映画美学校
濱口竜介	1978	ハッピーアワー	3	2015	神戸ワークショップシネマプロジェクト	東京大学文学部、東京芸術大学大学院映像研究科
		寝ても覚めても	4	2018	ビターズ・エンド／エレファントハウス	
深田晃司	1980	淵に立つ	3	2016	エレファントハウス	大正大学文学部、映画美学校
真利子哲也	1981	ディストラクション・ベイビーズ	4	2016	東京テアトル	法政大学文学部、東京藝術大学大学院映像研究科
安藤桃子	1982	０．５ミリ	2	2014	彩プロ	ロンドン大学芸術学部
石井裕也	1983	川の底からこんにちは	5	2010	ユーロスペース／ぴあ	大阪芸術大学芸術学部映像学科、日大学大学院芸術学研究科
		舟を編む	2	2013	アスミック・エース	
		ぼくたちの家族	5	2014	ファントム・フィルム	
		夜空はいつでも最高密度の青色だ	1	2017	東京テアトル／リトルモア	
三宅唱	1984	きみの鳥はうたえる	3	2018	コピアポア・フィルム／函館シネマアイリス	一橋大学、映画美学校

彼らは映画の教育機関で学び、その後、自主映画を製作し、映画祭に出品して評価を受けたり、フリーの助監督として撮影現場を経て、低予算商業映画デビューを果たしている。そして、多くの作品が世界の映画祭で高い評価を受けている。ハリウッドを始め、中国、韓国でも映画の企画が大型化する中で、小規模作品で若い監督たちが活躍する現在の日本映画界は良くも（デビューしやすい）悪くも（劣悪な仕事環境）特異な環境といえよう。

ところで、その低予算映画だが、私は今でもしばしばインディ系の撮影現場を訪れるが、その環境は本当に厳しい。

かつてATG映画の撮影現場、「ヒポクラテスたち」（大森一樹／80）「家族ゲーム」（森田芳光／83）、「逆噴射家族」（石井聰亙／84）「台風クラブ」（相米慎二／85）などを取材したことがあるが、当時はフィルム撮影ということもあり、スタッフの人数も多く、そのころは厳しいと感じていたが、現在と比べると色々なところで余裕があったと思う。デジタル撮影の現在の現場はダウンサイジングしている分、余計につつましく見える。

そんな厳しい環境にあっても、製作本数は増え続けている。しかし、低予算にも限界がある。2018年、上田慎一郎監督の「カメラを止めるな!」が300万円の製作費で興収30億円を超えるヒットとなったことが話題になった。そもそも300万円で映画を作ったことが話題になることが問題である。真っ当な賃金を支払えば300万円で映画を作れるわけがない。「カメラを止めるな!」の300万円を話題にしても、労働環境については誰も触れなかった。勝手に作っているのだからほっとけばいいということか。

好きで映画を作っている人たちを支えているのは映画への情熱である。しかし、職業として映画の仕事が成立しなければ、精神論だけでは長続きしない。このままでは日本の実写映画の人材は先細るだろう。

私は和歌山県田辺市の弁慶映画祭で〝プログラム・ディレクター〟を務めており、若い映画人とは接する機会も多く、彼らの映画への情熱には強く心を打たれる。しかし、彼らの向かうこれからの道はあまりにも険しく、彼らの背中を押すことに不安も感じる。

『キネマ旬報』を創刊した田中三郎たちは、何か問題があれば、すぐに映画界に向けて提言を発した。今こそ、現キネ旬編集部にこの問題を取り上げて欲しい。実写映画の未来に向けて、キネマ旬報ベスト・テンで活躍する監督たちの声を聞いて見たい。

ギャガからの独立

2007年6月、ギャガ・クロスメディア・マーケティングはMBOにより㈱USENから完全独立した。当然、子会社のキネマ旬報社もUSENから離れた。背後にはアライズ・キャピタル・パートナーズというベンチャー・キャピタル（VC）が存在し、MBOは膨大な金額だった。確かにギャガ・クロスメディア・マーケティングは大きな額の内部留保もあり、業績は絶好調だったが、それにしても想像を絶する金額だった。このMBOには当然、将来の上場が計画されていたはずだ。

MBOの背景には、業績が傾いていたUSENがギャガ・クロスメディア・マーケティングとキネマ旬報社の株式をどこかに売り出すという話が水面下で進んでいたようだ。外資系出版社など、いくつかの会社が私たちにも噂として聞こえてきた。小林社長は、どこかの傘下で振り回されるよりは、自分たちでMBOして、自主路線で運営しようという方針をとったのであろう。

同年9月、クロスメディアは（株）フットノートと社名を変更。このMBOから社名変更などの一連の動きについては、子会社であるキネマ旬報の私をふくめ3人の取締役（青木眞弥、関口裕子）にはまったく知らされていなかった。

手続きが成立すると、懇親会のような席で、私はVCの担当者に「キネ旬は儲からないよ」と強く警告した。しかし、キネ旬の取締役会でVCの非常勤取締役の追求は、意地の悪い物言いの、今まで経験しことのない厳しいものだった。SSCや角川時代の取締役会で使用される語彙には、激しくはあっても大人の経営者の節度があったが、VCが使用する言葉は直情的でヒステリックだった。また映画、映像業界の実情からかけ離れた指摘も多く、強い脱力を感じた。私は年末の納会の席で、担当者に「頼んでキネ旬を買ってもらったのなら（小林は頼んだかもしれないが私は頼んでいない）、甘んじて叱責は受けるが、勝手に買っておいて、しかも、儲からないよと警告したのに、あの言い草は何事だ！」と言うと苦笑いを浮かべてお茶を濁された。

そして2008年1月、（株）フットノートと（株）キネマ旬報社は合併した。上場を計画していた株主はキネマ旬報社の赤字を相殺するために、黒字のフットノートと合併させたのだ。そして、存続会社名は世間に認知されているキネマ旬報社となった。このときも私をはじめキネマ旬報社取締役は何も知らされなかった。この決定を私は本当に悔やんだ。社員15人ほどのキネマ旬報社がフットノートと合体して70人を超える会社になった。キネマ旬報社は小規模だからこそ、どんな苦境も乗り越えてきた。身軽さゆえのフットワークが出来たし、沈むこともなかった。

社員70名を超えるキネマ旬報社は、小林が社長とＵＳＥＮとのＭＢＯの交渉をまとめた金融会社エス・ネットワークの清水勝之が指揮をとった。

このころ、キネマ旬報社は社長の小林を除き、取締役は経営不振の責任をとって解任となった。私は契約社員という立場で、キネマ旬報映画総合研究所の所長を務めた。

そして２０１２年５月、小林社長が退任し、エス・ネットワークを退社して清水勝之がキネマ旬報社の社長に就任、５月上旬号から本誌発行人となった。

ここからＶ字回復を目指して様々な企画が次々と打ち出され、多くの社員は精神的に傷つき退社していった。

様々な取り組みを始めるが、大きなことでは、千葉県の柏駅ビルで映画館ビジネスを始めたことだ。２０１１年９月に閉館した柏ステーションシアターをリニューアル・オープンした。ＭＯＶＩＸ柏の葉（松竹）、ＴＯＨＯシネマズ柏がオープンしたことで閉館に追い込まれた劇場を再生するのは、映画館ビジネスに関わる誰もが困難であると考えていた。

そして２０１３年７月、アライズ・キャピタル・パートナーズが筆頭株主から撤退、替わってエス・ネットワークがアライズの株を引き受けた。つまり、株主はエス・ネットワーク、社長は元同社の清水勝之ということである。

ところで私は、２０１３年３月末でキネマ旬報社の契約社員からも離れることになった。１９７８年７月の入社から35年間キネマ旬報社に在籍していたことになる。しかし、30代、40代の第一線で活躍する社員たちの退社が続く困乱の中で、35年間の過去を振り返り、感慨に浸っている余裕はなかった。

そして、私事になるが、2013年3月末にキネマ旬報を退社した私は、4月1日から城西国際大学メディア学部の教員となった。千葉県東金市に本部のある同大学は2005年に千代田区紀尾井にキャンパスを作った。当初は学生も少なく、私はキネマ旬総研時代にプロデューサー・セミナーなどで教室を使用させていただいた。そんな縁で関係があった。また同大は日活と産学連携の教育活動を行っており、日活の佐藤直樹社長の後押しもあってお世話になることになった。場所は文藝春秋社に隣接しており、キネマ旬報社からも徒歩の距離にあって、周囲の風景は変わらず、転職した気分にはなれなかった。

新生『キネマ旬報』

清水が社長になった2013年からは厳しい緊縮体制に入り、2016年6月上旬号から、オフィスは赤坂見附から九段南に移転した。赤坂の家賃は重荷だった。この移転も遅きに失した感がある。

キネマ旬報社の苦境は続き、ついに社内に社員組合ができた。株主のエス・ネットワークはキネマ旬報社を支援する意思はなく、有力社員たちは新たなオーナーを求めた。いくつもの名があがって消えた。

そして、2017年ついに映画の放送権をテレビ局に販売することで映画業界に実績と信頼を持つ中央映画貿易が新たな株主となった。中央映画貿易の星野晃志氏がキネマ旬報社の社長に就任し、発行人の名前も2017年3月下旬号から星野晃志となった。オフィスも2017年12月下旬号から中央区銀座5丁目に移った。銀座といっても、昭和通りを築地方面にわたった、日比谷線東銀座駅の近くである。中央映画貿易のオフィスに近いことが理由である。40年前、私がキネマ旬報社に入社する前に勤めていた第一企画があったビルの裏でもあり、訪れたとき、そのあたりだけ昔と変っていないことに驚き、また懐かしくもあった。

キネマ旬報社は、上森子鐵が亡くなったあと、西友、角川書店、ギャガ・コミュニケーションズ、アライズ・キャピタル・パートナーズ、エス・ネットワークと株主が変わり、たびたび株主の映画に対する理解不足に翻弄されてきた。ここで、やっと中央映画貿易という映画ビジネスを理解し、映画を愛する株主に出会えた。私は星野氏とは古くからの関係であり、よく決断したと思う。キネマ旬報社を背負っていくのは、生易しいことではないことは、映画ビジネスに長い経験のある星野氏は承知のうえのことだと思う。そんな星野氏のもとなら、社員も安心して仕事に取り組めるだろう。また、経営の重荷になっていた柏の映画館も、映画館経営に理解のある新体制になってプラス、マイナス均衡を保つほどにまでなったという。

出版産業、特に雑誌は厳しい環境にあるが『キネマ旬報』はオンリー・ワンの存在である。1919年7月11日、田中三郎、田村幸彦らによって創刊され、2019年7月で創刊100周年を迎える。

星野晃志のもと、創刊100周年を節目に、新たな一歩を踏み出すことを期待してやまない。

あとがき

本書は『キネマ旬報』2013年1月上旬号から2016年12月下旬号までの4年間、98回の連載をまとめたものである。『キネマ旬報』は1919年7月11日に創刊され、2019年の7月で創刊100周年を迎える。

本書でも触れているが、私は1978年7月1日にキネマ旬報社に入社し、2013年3月末まで在職していたことから、『キネマ旬報』の100年には当然、深い思い入れがあった。その思い入れを、活字にしてみようとしたきっかけは、2011年、WOWOWでノンフィクションW『映画人たちの8月15日』（前編8月8日、後編8月15日）の企画を担当したことにある。この番組は『キネマ旬報』1960年8月下旬号〈八月十五日の日本映画〉をもとにしたものである。この企画にあたって、戦中の映画人の活動、また国の検閲によってカットを強要された稲垣浩監督「無法松の一生」（43）などを調べるために戦前、前後の『キネマ旬報』を読むことになった。

また、同じ2011年、情報誌の『ぴあ』が7月21日発売号で休刊となった。『ぴあ』は矢内廣氏が1972年、中央大学4年生の時に創刊し、39年で休刊となった。矢内氏と大学同学年だった私は『ぴあ』の読者となり、1978年に私が『キネマ旬報社』の社員になると、映画ジャーナリストとして親交を結んだ。外から見続けて来た『ぴあ』の39年間を、「『ぴあ』の時代」（キネマ旬報社刊）として上梓した。『ぴあ』の39年間を振り返ることは『キネマ旬報』の同時代を振り返ることでもあった。

『映画人たちの8月15日』と「『ぴあ』の時代」を手がけたことで、私の関心は必然的に「キネマ旬報」の100年に向いていった。しかし『キネマ旬報』の100年と言っても、人によって見方が異なる。最も真っ当な視点は、キネマ旬報ベスト・テンを中心とした、日本映画史に残る作品と監督たちを再検証することではないか。しかし、『ぴあ』が求められていた名画座全盛の1970年代、銀座並木座をはじめ、多くの劇場でキネマ旬報ベスト・テン特集が組まれ、今さらそれもないだろうとも思った。

私が関心を持ったのは、どんな人たちが、どんな思いを抱いて『キネマ旬報』を作り、発展させていったかということだった。雑誌は作る人や環境によって顔色を変えていく。田中三郎、田村幸彦の二人が中心となって、映画産業の発展を背景に誕生し、戦中の企業統合で廃刊した戦前、映画産業の復活と急激な斜陽、人間関係に揺れた戦後、『キネマ旬報』は笑顔や苦痛に満ちた表情で映画ファンと接して来た。この笑顔や苦痛の表情は、編集者をはじめ雑誌作りと販売に関わる営業マン、広告担当者、さらには外部の執筆者、映画業界人の姿を反映したものである。

また、個人的には1966年、高校1年のときから『キネマ旬報』を定期的に読みはじめ、記述したように1978年から2013年までキネマ旬報社に在籍していた。後半は私の眼を通した『キネマ旬報』の歩みであり、私の表情かもしれない。

実際のキネマ旬報社での仕事（他の専門誌も同じかもしれないが）は、編集、販売営業、広告であれ、仕事の域を超えた執念、信念に支えられたものであり、そこに経営、ビジネスとして持続させるべくプラグマティズムを意識しなければならない。特に2000年以降は、SNSの普及による情報の拡散、映画館はシネマ・コンプレックスとなり、2次利用はDVDから配信へと移行する中で映画雑誌は翻弄されている。歯を食いしばる顔が続く。それでも、好きな映画の仕事に笑顔も忘れない。

私はこれらの表情を中心に100年間の『キネマ旬報』に関わった人々の群像史として追うことにした。それはまた、『キネマ旬報』を通した100年の日本映画産業史でもある。しかし、これはあくまでも、私の眼を通した『キネマ旬報』の100年で、他の編集者から見れば、全く異なった『キネマ旬報』の100年があるはずだ。

『キネマ旬報』の100年を振り返ると、改めて映画狂(活キチ)の気質に驚かされる。田中三郎、田村幸彦、森岩雄、双葉十三郎、友田純一郎、清水千代太、荻昌弘、品田雄吉などなど。たかが映画に人生を捧げ、映画をめぐって連帯したり敵対する。元東宝社長、高井英幸氏の『映画館へは、麻布十番から都電に乗って。』(KADOKAWA 2010)を読んだとき、少年時代、青年時代の高井氏のみずみずしい映画愛に感動し、前記した映画狂に通じるものを感じ、連載の執筆の励みとなった。多くの映画関係者がそうであるように、私も洋画ファンだった母に連れられて映画を見ることから映画ファンとなり、幸運にも好きな映画の仕事に、40年以上にわたって携わることができた。なんとか活キチ先輩諸氏の末席を汚させていただければ幸いである。

最後に、執筆にあたって、長時間の取材に協力していただいた白井佳夫氏、黒井和男氏、古澤利夫氏、故品田雄吉氏、胡小藤田千栄子氏をはじめ多くの方々に感謝いたします。それから連載の終盤、田村幸彦氏のお孫さんの南裕子様から連絡をいただき、お嬢様の淑子様ともお会いすることができた。淑子様からは田村氏の素敵な思い出をお伺いし、貴重なお写真も提供していただきた。ありがとうございました。そして、映画雑誌の研究家である武内重弘氏からは『フィルム・レコード』、『キネマ・レコード』、『日本映画』写真をご提供いただきました。武内氏は2014年に『映画監督吉村幸三郎描く、語る』（ワイズ出版）の編集に携わりましたが、その後、病のため逝去されました。武内氏の協力には感謝の言葉もありません。また、連載時に編集を担当していただいた明智恵子編集長、校正を担当していただいた竹田賢一氏にはたいへんお世話になりました。改めて感謝いたします。そして書籍化にあたって、校正と助言をいただいた、かつて『キネマ旬報』の編集者だった原田雅昭氏、高橋千秋氏、そして、出版に協力していただいた愛育社の伊東英夫氏にも感謝いたします。

参考文献一覧

『人物・日本映画史』岸松雄（ダヴィッド社）
『追悼　キネマ旬報　田中三郎』（田中会事務所・発行／非売品）
『数字でみる日本の百年』（財・矢野恒太郎記念会）
『夢声自伝・上』徳川夢声（講談社文庫）
『日本映画発達史』田中純一郎（中央公論社）
『植草甚一自伝』植草甚一（晶文社）
『ぼくの特急二十世紀』双葉十三郎（文春新書）
『ぼくの明治・大正・昭和』飯島正（青蛙房）
『私の藝界遍歴』森岩雄（青蛙選書）
『カツドウヤ水路』山本嘉次郎（筑摩書房）
『明治・大正家庭史年表』（河出書房新社）
『映画とともに五十年』大黒東洋士（高知新聞社）
『キネマ旬報別冊　小津安二郎　人生と芸術』（1964年2月）
『大正・雑司ヶ谷』森岩雄（青蛙房）
『アメリカ映画製作者論』森岩雄（垂水書房）
『セッシュウ』中川織江（講談社）
『日本映画人名事典・女優編』（キネマ旬報社）

『小説田中絹代』新藤兼人（文春文庫）
『俳優になろうか』笠智衆（朝日文庫）
『夢見る趣味の大正時代』（論創社）
『映画が若かったとき』岩崎昶（平凡社）
『占領されたスクリーン』岩崎昶（新日本出版社）
『松竹百年史』（松竹）
『友よ映画よ』山田宏一（話の特集）
『アメリカ映画製作者論』森岩雄（垂水書房）
『世界の映画作家31 日本映画史』（キネマ旬報社）
復刻版『キネマ旬報』（第181号～197号／雄松堂出版）
『「月給百円」のサラリーマン―戦前日本の「平和」な生活』（講談社現代新書
『東京の横丁』永井龍男（講談社文芸文庫）
『へっぽこ先生その他』永井龍男（講談社文芸文庫）
『映画往来』1930年2月号
『虹を掴んだ男　サミュエル・ゴールドウィン』（文藝春秋）
『くらがり二十年』徳川夢声（清流出版）
『映画五十年』清水俊二（早川書房）
「我が青春の黒沢明」植草圭之助（文春文庫）
『女優　岡田茉莉子』岡田茉莉子（文春文庫）

『日本映画傳―映画製作者の記録』城戸四郎（文藝春秋新社）
『プロデューサー人生　藤本真澄　映画に賭ける』（東宝株式会社出版事業室）
『映画往来』１９３０年2月号
『全日記　小津安二郎』（田中眞澄編纂／フィルムアート社）
『日本映画縦断　２　異端の映像』竹中労（白川書院）
『映画往来』１９３２年5月号
『夢声自伝・中』徳川夢声（講談社文庫）
『淀川長治自伝』淀川長治（中公文庫）
『日本映画の若き日々』稲垣浩（毎日新聞社）
『古川ロッパ昭和日記・戦前篇』（昭文社）
『蓼科日記』（「蓼科日記」刊行会／小学館スクウア）
『エノケンと菊谷栄　昭和精神史の匿れた水脈』山口昌男（晶文社）
『植草甚一読本』植草甚一（晶文社）
『私説　安藤鶴夫伝』須貝正義（評論社）
『映画字幕五十年』清水俊二（早川書房）
『新外国映画ビジネスが面白い』（キネマ旬報社）
『心に残る人びと』（文春文庫）
『白井佳夫の映画の本』白井佳夫（話の特集）
『映画渡世　地の巻』マキノ・雅弘（平凡社）

『哀しすぎるぞ、ロッパ』山本一生（講談社）
『遊撃の美学・映画監督中島貞夫』中島貞夫（ワイズ出版）
『浪人街通信』1号（1976.12.8／「浪人街通信」を発行する会・発行）
『競馬怪人』中田潤（流星社）
『実録総会屋』小川薫（ぴいぷる社）
（『キネマ旬報』本誌は除く）

人物索引

田中三郎　1p, 2p, 3p, 4p, 5p, 6p, 7p, 15p, 16p, 17p, 19p, 20p, 21p, 22p, 23p, 24p, 25p, 26p, 27p, 29p, 31p, 32p, 33p, 34p, 35p, 36p, 37p, 40p, 41p, 42p, 44p, 45p, 47p, 48p, 49p, 50p, 51p, 52p, 53p, 55p, 56p, 57p, 58p, 59p, 65p, 66p, 67p, 68p, 70p, 71p, 72p, 74p, 78p, 79p, 82p, 83p, 84p, 86p, 87p, 89p, 90p, 91p, 92p, 94p, 95p, 96p, 98p, 100p, 101p, 103p, 104p, 105p, 106p, 107p, 108p, 109p, 110p, 111p, 112p, 114p, 120p, 121p, 122p, 123p, 125p, 126p, 128p, 129p, 131p, 136p, 138p, 139p, 142p, 143p, 144p, 145p, 146p, 147p, 148p, 150p, 151p, 152p, 153p, 154p, 155p, 156p, 157p, 158p, 159p, 160p, 161p, 163p, 175p, 180p, 184p, 191p, 194p, 198p, 199p, 200p, 203p, 204p, 205p, 207p, 209p, 212p, 213p, 214p, 215p, 216p, 217p, 218p, 219p, 220p, 221p, 222p, 223p, 224p, 229p, 230p, 231p, 233p, 235p, 236, 240p, 245p, 246p, 247p, 266p, 267p, 268p, 269p, 270p, 292p, 298p, 299p, 300p, 301p, 378p, 385p, 391p, 395p

田村幸彦　14p, 15p, 16p, 17p, 19p, 20p, 21p, 22p, 23p, 24p, 25p, 26p, 27p, 29p 31p, 32p, 34p, 35p, 37p, 38p, 40p, 41p, 42p 44p, 47p, 48p, 49p, 50p, 51p, 52p, 53p, 55p 56p, 57p, 59p, 60p, 61p, 65p, 66p, 67p, 68p, 71p, 74p, 76p, 81p, 82p, 83p, 84p, 85p, 86p, 92p, 95p, 96p, 97p, 98p, 103p, 105p, 107p, 108p, 109p, 110p, 111p, 122p, 123p, 131p, 134p, 140p, 141p, 142p, 143p, 144p, 145p, 146, 147p, 151p, 152p, 153p, 154p, 155p, 157p, 158p, 161p, 163p, 164p, 167p, 168p, 169p, 170p, 171p, 172p, 173p, 174p, 179p, 188p, 191p, 198p, 199p, 200p, 213p, 218p, 219p, 220p, 221p, 223p, 224p, 227p, 233p, 238p, 245p, 246p, 247p, 266p, 269p, 270p, 272p, 292p, 298p, 299p, 300p, 301p, 345p, 378p, 385p, 395p

増戸敬止郎　1p, 14p, 20p, 24p, 25p, 32p, 41p, 49p, 51p, 54p, 68p

日浦武雄　1p, 20, 32p, 35p, 36p, 41p, 49p, 50p, 149p

矢内廣　2p, 37p, 43p, 44p, 45p, 111p, 276p, 284p, 303p

リュミエール兄弟　3p

稲畑勝太郎　3p

ジョルジュ・メリエス　3p

エドウィン・S・ポーター　3p

岸松雄　5p, 6p, 25p, 36p, 50p, 65p, 67p, 87p, 92p, 94p, 95p, 98p, 99p, 123p, 147p, 180p, 189p, 195p, 196p, 205p, 207p, 215p, 216p, 217p, 221p, 229p, 242p, 243p, 244p, 246p, 256p, 267p, 268p, 269p 270p,

徳川夢声　7p, 10p, 13p, 15p, 16p, 23p, 28p, 47p, 50p, 51p, 53p, 54p, 55p, 56p, 58p, 66p, 77p, 78p, 98p, 126p, 134p, 170p, 171p, 199p, 268p, 299p

梅屋庄吉　7p, 8p

大杉栄　8p, 52p

神近市子　8p

堀保子　8p

伊藤野枝　8p

瀬戸内晴美（寂聴）　8p

吉田喜重　8p

島村抱月　9p

松井須磨　9p

細山喜代松　9p

関根達発　9p

立花貞二郎　9p

小林喜三郎　9p

D・W・グリフィス　9p, 58p, 76p, 119p, 235p, 236p

チャールズ・チャップリン　10p, 11p, 75p,

101p, 112p, 119, 126p, 127p, 138p, 168p
宮沢賢治　10p
サトウ・ハチロー　10p
小林秀雄　10p, 355p
東郷青児　10p
川端康成　10p
小津安二郎　10p, 18p, 62p, 63p, 64p, 132p, 151p, 176p, 184p, 188p, 189p, 190p, 193p, 194p, 195p, 196p, 197p, 204p, 209p, 210p, 211p, 212p, 213p, 217p, 218p, 221p, 253p, 264p
トーマス・H・インス　10p, 55p, 80p, 136p
尾上松之助　10p, 15p, 136p, 149p
根岸（立花）寛一　10p, 74p。116p, 192p
植草甚一　11p, 226p, 227p, 246p, 256p
双葉十三郎　11p, 177p, 192p, 193p, 224p, 225p, 246p, 256p, 261p
外山国彦　14p
堀内敬三　14p
五所平之助　14p, 177p, 184p, 189p, 190p, 197p, 253p
マートル・ゴンザレス　17p, 19p
田中純一郎　17p, 18p, 19p, 255p, 257p, 258p, 259
帰山教正　11p, 18p, 23p, 29p, 30p, 56p, 58p, 59p, 268p
衣笠貞之助　18p, 194p, 196p, 197p, 198p, 222p
山本嘉次郎　18p, 23p, 24p, 57p, 58p, 89p, 90p, 99p, 114p, 122p, 123p, 137p, 138p, 174p, 204p
リン・F・レイノルズ　19p
トム・D・コクレン　19p, 52p, 76p, 82p, 97p, 103p, 111p, 155p, 166p, 168p, 213p, 300p
播磨勝太郎　19p
飯島正　4p, 18p, 21p, 28p, 30p, 35p, 52p, 61p, 68p, 69p, 70p, 81p, 86p, 89p, 93p, 99p, 100p, 101p, 126p, 152p, 199p, 210p, 224p, 246p, 258p, 259, 261p
森岩雄　4p, 18p, 22p, 35p, 46p, 71p, 72p, 73p, 74p, 75p, 76p, 86p, 90p, 98p, 113p, 114p, 116p, 126p, 127p, 128p, 129p, 130p, 131p, 132p, 133p, 145p, 149p, 161p, 171p, 189p, 199p, 221p, 224p, 227p, 264p, 268p, 345p
加藤まさを　25p
佐々木すぐる　25p
ハインリッヒ・ヴェルナー　26p
近藤朔風　26p
如月敏（渡辺恒茂）　28p, 66p, 86p, 98p, 99p, 100p, 101p, 161p, 269p
溝口健二　28p, 139p, 102p, 138p, 148p, 197p, 204p, 214p, 253p
吉山旭光　28p
飯田心美　28p, 52p, 66p, 86p, 98p, 195p, 198p, 225p, 229p, 230p, 232p, 244p, 258p, 266p, 267p, 270p, 298p
岡崎真砂雄　28p, 81p, 86p, 99p
岩崎昶　28p, 52p, 99p, 112p, 113p, 114p, 116p, 116p, 123p, 173p, 199p, 210p, 224p, 267p, 270p
井関種雄　28p
井関惺　28p, 368p
武内重弘　30p
古川緑波　35p, 56p, 61p, 76p, 77p, 86p, 95p, 99p, 106p, 130p, 136p, 147p, 149p, 150p, 151p, 188p, 199p, 215p, 216p, 224p, 225p, 255p, 266p, 268p, 269p, 286p, 356p
内田岐三雄　35p, 52p, 61p, 62p, 63p, 65p, 69p, 86p, 99p, 101p, 102p, 151p, 170p, 172p, 173p, 174p, 175p, 188p, 195, 196p, 199p, 224p, 225p
原敬　36p, 85p

中橋徳五郎　36p
マーガレット・フィッシャー　38p
ドロシー・ギッシュ　38p
森富太　42p
田辺茂一　43p
中村義治　43p
谷崎潤一郎　47p, 57p, 99p, 100p, 180p, 204p, 205p, 206p, 207p, 208p, 216p, 233p
白井佳夫　48p, 260p, 262p, 264p, 265p, 273p, 274p, 275p, 276p, 277p, 278p, 279p, 280p, 281p, 282p, 283p, 284p, 285p, 286p, 287p, 288p, 289p, 290p, 291p, 292p, 293p, 294p, 295p, 296p, 297p, 301p, 302p, 303p, 304p, 305p, 306p, 307p, 309p, 310p, 311p, 312p, 313p, 314p, 315p, 316p, 317p, 318p, 319p, 320p, 321p, 322p, 323p, 324p, 325p, 327, 328p, 329p, 330p, 331p, 332p, 333p, 340p, 349p, 363p, 378p
大黒東洋士　48p
鹿野千代太　53p
清水千代太　52p, 95p, 99p, 112p, 113, 126p, 152p, 222p, 246p, 247p, 248p, 250p, 252p, 253p, 254p, 255p, 256p, 257p, 258p, 259p, 260p, 261p, 292p, 325p, 352p, 378p
東健而　54p, 65p, 66p, 125p, 128p, 131p, 198p, 199p, 298p
城戸四郎　54p, 75p, 88p, 178p, 181p, 182p, 183p, 184p, 185p, 186p, 188p, 194p, 201p, 202p, 227, 316p, 317p, 318p, 319p, 325p
三遊亭円歌師　55p
清水霊山　55p
伊沢蘭奢　55p
小山内薫　55p, 58p, 59p, 66p
近藤伊與吉　56p, 57p, 58p, 68p, 74p, 81p, 89p, 90p, 129p, 130p, 191p
村田実　56p, 58p, 74p, 75p, 106p, 127p, 129p, 130p, 131p, 132p, 136p, 138p, 198p
青山杉作　56p
トーマス栗原　56p, 57p, 58p, 100p, 136p, 137p
浅野良三　57p
岡田時彦（高橋英一／エーパン）　58p, 89p, 99p, 100p, 137p, 159p, 160p, 161p, 178p, 179p, 180p, 181p, 182p, 183p, 184p, 186p, 187p, 203p, 204p, 205p, 206p, 207p, 208p, 233p, 286p, 318p
葉山三千子　58p, 100p, 204p, 206p
内田吐夢　58p, 89p, 100p, 137p, 190p, 214p, 221p
鈴木要三郎　59p, 60p, 122p
田中榮三　59p, 60p
衣笠貞之助　59p, 138p, 197p, 198p, 221p
清水俊二　62p, 173p, 174p, 175p, 188p, 225p, 238p, 239p, 242p, 246p, 256p, 261p
伏見晁脚本　63p
斎藤達雄　63p, 64p, 182p 183p
飯田蝶子　63p, 64p, 195p
伊藤大輔　67p, 106p, 176p, 177p, 189p, 190p, 196p, 197p, 277p, 293p, 294p
梶井基次郎　69p
友成用三　71p, 74p
黒澤明　74p, 174p, 229p, 235p, 253p, 282p
植草圭之助　74p, 174p
野田高梧　74p, 77p, 88p, 184p, 217p, 218p, 219p
高田保　74p
岡田嘉子　74p, 99p, 129p
武内良一　75p
秦豊吉　75p

フリッツ・ラング　75p, 102p, 124p, 131p
フランク・ムルナウ　75p, 131p, 138p, 139p
上山草人　75p
セシル・B・デミル　76p, 80p, 101p
ルイス・B・メイヤー　76p, 133p
榎本健一（エノケン）　76p, 225p, 226p
大辻司郎　77p, 78p
山野一郎　77p
三益愛子　77p
山内久　77p
立原りゅう　77p
松井翠聲　78p
鈴木重三郎　78p, 98p, 105p, 201p, 268p
早川雪洲　80p, 81p, 86p, 136p
山本緑葉　81p, 99p, 107p, 268
ウィリアム・ランドルフ・ハースト　85p, 111p
ピーター・ビー・カイン　85p
マリオン・デイヴィス　85p
中岡艮一　85p
五月信子　87p, 88p, 89p, 92p, 93p, 94p, 149p, 267p
英百合子　87p, 88p, 89p, 199p
川田芳子　88p, 93p
栗島すみ子　88p, 185p
田中絹代　88p, 151p, 185p, 264p
新藤兼人　88p
松井千枝子　88p
八雲恵美子　88p
筑波雪子　88p
三村千代子　88p
笠智衆　88p, 89p
牛原虚彦　88p, 94p, 136p, 172p, 176p, 184p, 268p
江川宇礼雄　89p
宇留木浩（トヨシュー／横田豊秋）　89p, 99p, 122p, 123p
坪内逍遥　90p
水口微陽　90p, 91p
小杉勇　91p
島耕二　91p
八木保太郎　91p
佐分利信　91p
井上重正　92p
国島昇　93p
志賀晴郎　93p
河村惣吉　93p
伊志井寛　93p
勝見庸太郎　93p
花川環　93p
池田義信　94p, 185p, 268p
田中まこ　95p, 96p
石川俊重（俊彦）　98p, 128p, 161p, 339p
鈴木俊夫　98p
山路健夫　98p
平尾四郎　98p
上司小剣　98p
谷幹一　99p, 161p
上山珊瑚　100p
川口松太郎　100p, 150p, 187p
直木三十五　100p
エルンスト・ルビッチ　101p, 102p, 112p, 119p, 169p, 176p, 191p, 235p, 236p

アムレット・バレルミ　101p
エリッヒ・フォン・シュトロハイム　101p
フレッド・ニブロ　101p
ジョン・ロバートスン　101p
ヘンリー・キング　101p, 138p
ジェームズ・クルーズ　102p, 119p
後藤新平　102p
青山虎雄　105p
島津保次郎　106p, 136p, 184p, 190p, 196p, 197p, 209p
グッドマン　111p
宮崎駿　115p, 358p, 360p
川喜多長政　116p
甘粕正彦　116p
品田雄吉　116p, 250p, 251p, 252p, 255p, 257p, 260p, 261p, 352p
ハロルド・ロイド　119p
レックス・イングラム　119p
ダグラス・フェアバンクス　119p
メアリー・ピックフォード　119p, 168p
エドナ・パーヴァイアンス　120p
アドルフ・マンジュー　120p
澤登翠　120p, 139p
筈見恒夫　120p, 125p, 187p, 246p, 255p, 256p, 259p
滋野辰彦　120p, 230p, 255p, 257p, 261p
杉山静夫　120p, 266p
マキノ（牧野）省三　121p, 136p
山上伊太郎　121p, 147p, 295p, 296p, 304p, 305p, 306, 307p, 309p, 310, 318p, 324p
須田鍾太　122p, 123p, 124p, 125p
西田幾太郎　122p
伊東六郎　122p, 123p
伊東六郎の妻・英子　123p, 124p
テア・フォン・ハルボウ　124p
熊谷久虎　124p, 214p
田坂具隆　124p, 125p, 189p, 190p, 196p, 221p
原節子（昌江）　124p, 125p, 210p
マキノ光雄　124p, 192p
森一生　124p
水野治　124p
鈴木英夫　124p
田中重雄　124p
吉村廉　125p
野淵昶　125p
アレクサンドル・ヴォルコフ　125p, 134p
アレクサンドル・デュマ　125p
イワン・モジューヒン　125p
久米正雄　126p
広津和郎　126p, 127p
マルセル・レルビエ　126p, 127p
ジャック・カトラン　126p, 127, 134p
ジョセフ・フォン・スタンバーグ　127p, 134p, 167p, 169p, 190p, 191p
ジョージ・アーサー　127p
佐藤雪夫　129p
山田宏一　130p, 280p
ジャック・ドゥミ　130p
キング・ヴィダー　132p
アーヴィング・サルバーグ　132p, 133p, 165p, 166p
アルフレッド・ヒッチコック　133p
マルレーネ・ディートリッヒ　134p, 166p,

167p, 191p, 294p
チャールズ・ブライアント　134p
アラ・ナジモバ　134p
オスカー・ワイルド　134p
坂東妻三郎　136p
寿々喜多呂九平　136p
二川文太郎　136p
井上金太郎　136p, 138=p
ルドルフ・ヴァレンティノ　136p
ジャッキー阿部豊　137p, 138p, 139p, 187p, 204p
徳永フランク文六　137p
竹村信夫　137p
津田時雄　138p
ミラード・ウェッブ　138p
アベル・ガンス 138p
ジョージ・フィッツモーリス　138p, 139p
アルバート・パーカー　138p
サム・テイラー　138p
ジョージ・B・サイツ　138p
野村芳亭　138p
池田富保　138p
悪麗之助　138p
エミール・ヤニングス　139p, 166p
牧野守 141p, 152p
クラレンス・ヘイグ　147p
松井翠声　147p, 154p
マキノ正博（雅裕．雅弘）　147p, 196p, 286p, 294p, 295p, 304p, 305p, 306p
池田重近　147p
菊池寛　148p, 150p, 180p, 227p, 355p, 383p
山根郁子　148p, 149p, 150p, 151p, 184p, 217p, 266p, 267p, 268p, 269p
（田中）正継　148p, 269p
村松梢風　148p
永井龍男　148p, 150p, 355p
石井桃子　149p
岸田国士　149p
横光利一　150p
（田村）淑子　151p, 152p
清水宏　151p, 209p, 214p
あや子（岡田時彦の最初の妻）　159p, 160p, 184p
立花良介　160p
髙田稔　160p, 178p, 181p, 183p, 184p, 205p
森山豊三郎　162p
村上久雄　163p
ベンジャミン・p・シュルバーグ　164p, 166p, 167p
アドルフ・ズーカー　164p
バッド・シュルバーグ　164p
サミュエル・ゴールドゥイン　165p
アニタ・ペイジ　166p
ビービー・ダニエルズ　166p
マルクス兄弟　166p
ジョン・ギルバート　166p
グレタ・ガルボ　166p
ゲーリー・クーパー　167p, 175p
クララ・ボウ　168p, 169p
フィリップス・ホームズ　169p
シルヴィア・シドニー　169p
リチャード・ウォーレス　169p

レヂス・トウミイ　169p
ウィン・ギブスン　169p
小林いさむ　171p
堀口大学　171p
楢原茂二　173p, 175p
鈴木重吉　176p, 187p, 190p
志波西果　176p
ルイス・マイルストン　176p
フセヴォロド・プドフキン　176p
ヨーエ・マイ　176p
郡司次郎　177p
上森子鐵（健一郎）　177p, 178p, 179p, 180p, 181p, 182p, 184p, 185p, 186p, 188p, 191p, 285p, 286p, 287p, 288p, 289p, 290p, 303p, 304p, 305p, 307p, 310p, 311p, 312p, 314p, 318p, 319p, 321p, 322p, 323p, 324p, 328p, 329p, 330p, 331p, 332p, 333p, 340p, 349p, 353p, 354p, 355p, 356p, 357p, 361p, 362p
鈴木傳明　177p, 178p, 179p, 180p, 181p, 182p, 183p, 184p, 185p, 186p, 187p, 188p, 191p, 204p, 286p, 318p
犬丸徹三, 一郎　180p, 290p
佐藤春夫　181p, 204p
窪井義道　181p, 185p, 186p, 187p
加賀四郎　182p
加賀まりこ　182p
岡田茉莉子　182p, 183p, 184p, 205p, 206p, 207p, 208p, 209p
ベティ稲田　182p
中川三郎　182p
田鶴園子（岡田茉莉子の母）　184p, 205p
川崎弘子　185p, 186p
佐々木啓祐　185p
北村小松　185p
稲垣浩　189p, 190p, 193p, 196p, 211p, 213p, 221p, 236p, 264p, 294p, 305p
山中貞雄　189p, 196p, 198p, 209p, 210p, 211p, 212p, 213p, 218p, 268p
成瀬巳喜男　189p, 196p, 197p, 253p
藤本真澄　189p, 256p, 345p
永田雅一　189p, 223p, 300p, 301p, 383p
小林一三　189p, 201p, 202p, 203p, 204p
冬島泰三　190p
沖博文　190p
ルネ・クレール 190p, 193p
ルーベン・マムーリアン　190p
セルゲイ・エイゼンシュテイン　191p, 235p, 236p
アーチー・メイヨウ　191p
クルト・ベルンハルト　191p
水町青磁　192p, 193p, 229p, 230p, 231p, 232p, 243p, 244p, 267
片岡千恵蔵　193p
山田五十鈴　193p
菅原秀雄　194p
突貫小僧　194p, 195p
田中眞澄　194p
坂本武　195p
伊丹万作　189p, 196p, 197p, 198p, 221p, 235p, 235p, 236p
益田甫　199p
静江（東健而未亡人）　199p
大川平三郎　201p, 202p
大谷竹次郎　202p, 213p
井上周　202p

五島慶太　203p

竹中労（夢野京太郎）　203p, 280p, 293p, 294p, 295p, 296p, 297p, 301p, 304p, 307p, 309p, 319p, 320p, 323p, 324p, 325p, 327p, 328p, 329p, 330p, 366p

岡田茂　203p, 294p, 365p

白井信太郎　205p

中野英治　205p

寺井竜男　205p, 207p, 208p, 233p

川端康成　206p

吉田喜重　206p, 282p, 362p

蒔田忠夫　207p

小谷野敦　207p

橘弘一郎　208p, 216p, 270p

淀川長治　208p, 242p, 256p, 289p, 351p

津田時男　209p

齋藤寅次郎　209p

野村浩将　209p

池田忠雄　209p

アーノルド・ファンク　209p

吉村公三郎　210p, 235p

山本薩夫　211p, 212p

西河克己　211p

森脇清隆　212p

山中照雄 . 山中勝照　212p

友田純一郎　215p, 216p, 220p, 223p, 225p, 229p, 230p, 231p, 232p, 233p, 234p, 235p, 236p, 237p, 239p, 240p, 241p, 242p, 244p, 245p, 246p, 247p, 255p, 256p, 260p, 266p, 268p, 275p, 288p, 305p, 314p, 324p

館林三喜男　217p

信欣三　217p

堀久作　223p, 281p

山口昌男　225p, 226p

蘆原英了　225p

川本孝栄　226p

並木路子　227p

グリア・ガースン　228p

ディアナ・ダービン　228p, 230p

ジュリアーナ・ストラミジョリ　229p

村上忠久　230p

日色恵　232p, 268p

早田秀敏　232p

松浦幸三　232p

安藤鶴夫　232p, 237p

小島貞二　232p

大橋重男　233p, 236p, 241p, 242p, 244p, 246p, 247p, 254p, 256p, 257p, 258p, 259p, 260p, 262p, 264p, 265p, 266p, 273p, 274p, 275p, 285p, 286p, 287p, 288p, 292p, 314p, 325p, 349p, 352p

木下恵介　235p, 253p, 254p

須貝正義　237p

吉川英治　238p

時実象平　240p

深作欣二　240p, 295p, 296p, 297p, 302p, 304p, 306p, 309p, 328p, 338p

浦山桐郎　240

勝間勝　241p, 242p

山本恭子　242p, 246p

堤芳子　242p

野口久光　246p, 256p, 261p

ロベルト・ロッセリーニ　248p, 252p

荻昌弘　249p, 251p, 252p, 254p, 255p, 257p, 261p, 293p, 324p, 325p, 352p

中平康　249p
渡辺祐介　249p
田山力哉　249p, 252p
進藤光太　249p, 250p, 255p, 257p, 261p
ウディ・アレン　250p
佐藤忠男　252p, 277p
今井正　253p
豊田四郎　254p
松村武夫　255p, 257p
岡俊雄　256p
北川冬彦　258p, 259p
永戸俊雄　258p
南博　258p
森満二郎 258p
武田泰淳　259p, 262p
大橋恭彦　261p
向田邦子　262p
嶋地孝麿　262p, 264p, 265p, 276p, 286p, 291p, 297p, 311p, 319p, 320p, 321p, 322p, 323p, 325p, 338, 339p, 363p, 378p
岸信介　264p
樺美智子　264p
李香蘭　267p
御手洗彦麓　267p
上田光慶　268p
黒井和男（土橋寿男）268p, 287p, 290p, 291p, 292p, 303p, 305p, 311p, 313p, 319p, 321p, 322p, 323p, 328p, 329p, 330p, 331p, 332p, 333p, 334p, 335p, 336p, 337p, 338p, 339p, 340p, 341p, 342p, 343p, 344p, 349p, 350p, 353p, 357p, 361p, 362p, 363p, 364p, 365p, 369p, 370p, 371p, 374p, 377p, 378p, 382p, 383p, 384p
月形竜之介　268p
小谷ヘンリー　268p
碧川道夫　268p
岡部竜　270p
澤田隆治　274
白井鋼之助（白井の父親）　274p, 275p, 286p, 288p
小藤田千栄子　275p
野坂昭如　276p, 277p, 282p
五木寛之　276p, 277p, 282p, 328p
星新一　276p
福島正実　276p
小松左京　276p
大島渚　276p, 277p, 293p, 294p
中曽根康弘　276p
石井輝男　277p
鈴木尚之　277p, 293p
松田政男　277p, 294p, 329p
落合恵子　277p, 281p, 320p, 331p
矢崎泰久　277p, 281p, 282p, 313p, 320p, 328p, 331p
山藤章二　277p, 281p, 320p, 331p
尾形敏朗　279p, 280p
寺脇研　279p, 331p
酒井良雄　279p, 301p, 305p, 336p, 339p, 351p, 352p, 353p, 354p
原田眞人　279p, 303p
藤田真男　279p
秋本鉄次　280p
石井保氏　280p
内海陽子　280p

黒田邦雄　280p
大高宏雄　280p
大森一樹　280p, 285p, 348p, 388p
野村正昭　280p
都築道夫　280p
斉藤正治　281p, 302p, 320
和田誠　281p, 313p, 352p
小林信彦　281p, 320p, 344p
永六輔　281p, 320p, 325p
鈴木清順　281p
白石和彌　282p, 389p
藤田敏八　283p
蔵原惟二　282p
中村とうよう　283p
森田芳光　285p, 348p, 351p, 390p
石井聰亙（岳龍）　285p, 348p, 390p
長崎俊一　285p, 348p
花嶋英雄　286p, 289p
井沢淳　286p, 287p, 290p
山本一生　286p
原正人　292p, 372p
中村 (萬屋) 錦之助 292p
蜷川虎三　293p
清水邦夫　293p
山田和男　293p, 294p
竹中英太郎　294p
佐藤重臣　294p
南部僑一郎　294p
紅沢葉子　294p
嵐寛寿郎（アラカン）　294p, 297p
滝沢一　294p, 295p, 304p
団徳磨　294p
中島貞夫　295p, 296p, 297p, 304p, 306p, 328p
笠原和夫　295p, 297p, 304p, 306p
鶴田浩二　296p
高倉健　296p, 340p
宮川一夫　301p
高沢瑛一　301p
板東護　302p, 305p, 336p
原田雅昭　302p, 305p, 325p
植草信和　302p, 305p, 365p, 369p, 377p, 378p
吉田成己　302p, 305p
神代辰巳　302p
村川透　302p
伊佐山ひろ子　302p
清水晶　302p
斉藤耕一　302p, 303p
江波杏子　303p
高岩淡　304, 325p
渡辺京都撮影所所次長　304p, 325p
日下部 五朗　304p, 325p
塩田時敏　305p
奥仁志　306p
小沢昭一　313p
ばばこういち　313p
林冬子　313p
ディノ・デ・ラウレンティス　314p
西沢正史　315p, 316p, 317p, 318p, 332p
松岡功　316p
児玉誉士夫　317p, 354p

宮島義勇　327p
加藤康一　328p
田中健五　329p
長谷川和彦　331p
水谷豊　331p
原田美枝子　331p
今村昌平　331p
太地喜和子　331p
古澤利夫　333p, 336p, 339p, 351p, 352p, 382p
フレッド・ジンネマン　335p
ハーバート・ロス　335p
ポール・マザースキー　335p
ディノ・トロニ　335p
ジョージ・ルーカス　335p, 338, 346p
原田宗親　336p
薬師丸ひろ子　337p
森村誠一　337p
阿久悠　337p
つかこうへい　337p
スティーブン・スピルバーグ　337p, 338p, 346p
福田純　337p
中野昭慶　337p
石川博康　339p
山田洋次　341p
朝間義隆　341p
武田鉄矢　341p, 342p
桃井かおり　341p
名高達郎　341p
吉田ルイ子　342p
永島敏行　342p
山口百恵　342p
松田聖子　342p
吉田拓郎　343p
小栗康平　344p, 348p
藤倉博　344p
小林亜星　344p
赤瀬川原平　344p
大平和登　344p
バロン吉元　344p
ささや・ななえ　344p
都筑道夫　344p
手塚治虫　344p
小林久三　344p
連城三紀彦　344p
森瑤子　344p
池波正太郎　344p
萩尾望都　344p
林真理子　345p
中野翠　345p
久石譲　345p, 358p
川本三郎　345p
安西水丸　345p
松本清張　345p
辻邦生　345p
赤川次郎　345p
藤村哲哉　346p, 379p, 380p, 381p, 383p
ルキノ・ヴィスコンティ　347p
テオ・アンゲロプロス　347p
フォルカー・シュレンドルフ　347p

ベルナルド・ベルトリッチ　347p
フランチェスコ・ロージ　347p
パオロ&ヴィットリオ・タヴィアーニ　347p
ルイス・ブニュエル　347p
ユルマズ・ギュネイ　347p
ビクトル・エリセ　347p
ヴィム・ヴェンダース　347p
ベルトラン・タヴェルニエ　347p
ジム・ジャームッシュ　3467p
ラッセ・ハルストロム　347p
侯孝賢　347p
ビレ・アウグスト　347p
川喜多和子　347p
柴田駿　347p
ジェーン・カンピオン　348p
マイク・リー　348p
レオス・カラックス　348p
パトリス・ルコント　348p
ピーター・グリーナウェイ　348p
ジョエル&イーサン・コーエン兄弟　348p
デヴィッド・リンチ　348p
チャン・イーモウ　348p
エドワード・ヤン　348p
伊丹十三　348p, 349p
澤田幸弘　348p
片岡義男　348p
柳町光男　349p, 362p
阪本順治　349p
井筒和幸　349p
滝田洋二郎　349p
周防正行　349p
北野武　349p, 368p
根岸吉太郎　349p
池田敏春　349p
那須博之　349p
中原俊　349p
金子修介　349p
松田優作　351p, 352p
加藤定徳　353p, 363p
片岡鶴太郎　354p
青木眞弥　354p, 369p, 379p, 391p
関口裕子　354p, 378p, 391p
中田潤　355p, 356p
今日出海　355p
梅原北明　355p
花井卓蔵　356p
久保祐三　356p
小川薫　356p
吉川英治未亡人　356p
白井新平　357p
鈴木敏夫　358p
高畑勲　358p, 359p, 360p
森田宏幸　360p
宮崎吾朗　360p
米林宏昌　360p
西和彦　361p
ローレンス・ゴードン　361p
森川時久　362p
熊井啓　362p
ルイ・マル　362p

ロバート・レッドフォード　362p
佐治俊彦　363p, 365p, 367p, 370p
市川準　362p
中原俊　362p
実相寺昭雄　363p
林海象　363p
徳間康快　365p
羽佐間重彰　365p
鹿内宏明　365p
竹内正年　365p, 366p, 367p, 369p, 370p, 371p, 376
ジェフリー・ギルモア　368p
崔洋一　368p
フランク・ピアソン　368p
マイケル・リッチー　368p
ゲイル・アン・ハード　368p
クリス・エア　368p
ウォルター・サレス　369p
シーロ・カペラッリ　369p
田代廣孝　369p
角川春樹　371p
角川歴彦　371p, 379p, 380p, 381p, 382p
桃原用昇　372p, 373p, 379p
岩井俊二　373p
アン・ジョンスク　373p
君塚良一　375p
本広克行　375p
深沢一夫　377p
高野悦子　377p
明智恵子　378p
小林光　383p, 384p, 385p, 393p
谷口和樹　386p
依田巽　388p
相米慎二　390p
上田慎一郎　390p
大森立嗣　389p
佐向大　389p
内田けんじ　389p
熊切和嘉　389p
荻上直子　389p
富田克也　389p
中野量太　389p
李相日　389p
西川美和　389p
野尻克己　389p
タナダユキ　389p
富永昌敬　389p
山下敦弘　389p
松江哲明　389p
呉美保　389p
横浜聡子　389p
濱口竜介　389p
深田晃司　389p
真利子哲也　389p
安藤桃子　389p
石井裕也　389p
三宅唱　389p
清水勝之　393p, 394p
佐藤直樹　394p
星野晃志　395p

掛尾 良夫

1950年生まれ。早稲田大学政治経済学部卒業。「キネマ旬報」編集長、キネマ旬報映画総合研究所所長、WOWOW番組審議委員、NHKサンダンス国際賞国際審査員などを歴任。主な編・著作に「外国映画ビジネスが面白い」「映画プロデューサー求む」「映画プロデューサーの基礎知識　映画ビジネスの入り口から出口まで」、「『ぴあ』の時代」、「日本映画の世界進出」など。映画「40歳問題」、「ポエトリーエンジェル」プロデューサー、テレビ・ドキュメンタリー「映画人たちの8月15日」(WOWOW)企画など。現在、和歌山県、田辺弁慶映画祭ディレクター、『デジタルコンテンツ白書』編集委員、京都映像企画市審査員などを務める。城西国際大学メディア学部招聘教授 学部長

キネマ旬報物語

――前途は遥けく、行路難く――

写真提供
キネマ旬報社　南 裕子

2019年8月30日初版第一刷発行

著者　掛尾良夫

発行者　伊東英夫

発行所　愛育出版

〒116-0014　東京都荒川区日暮里5-5-9
電話　03(5604)9431
ファクシミリ　03(5604)9430

装填／組版　株式会社プロシード

印刷／製本　有限会社 国宗

定価はカバーに表示してあります。
万一乱丁、落丁などの不良品がありました場合はお取り替えいたします。

ISBN978-4-909080-95-0 C0074